年度主题　　**阅历史文脉　读现代文明**

2023 年度深圳市宣传文化事业发展
专项基金资助项目

★ ★ ★

主　　编：唐汉隆

副主编：聂雄前　邱　刚

统　　筹：许全军　关　婷　吴易懋

编　　辑：王玉文　甘思蓉　向　往

唐汉隆　主编

深圳全民阅读
发展报告 2024

SHENZHEN QUANMIN YUEDU
FAZHAN BAOGAO 2024

深圳出版社

图书在版编目（CIP）数据

深圳全民阅读发展报告 . 2024 / 唐汉隆主编 . -- 深圳 : 深圳出版社 , 2024.4
ISBN 978-7-5507-3124-0

Ⅰ . ①深… Ⅱ . ①唐… Ⅲ . ①读书活动—研究报告—深圳— 2024 Ⅳ . ① G252.17

中国国家版本馆 CIP 数据核字 (2024) 第 069060 号

深圳全民阅读发展报告 2024

SHENZHEN QUANMIN YUEDU FAZHAN BAOGAO 2024

出 品 人　聂雄前
特约策划　深圳市华文国际传媒有限公司
责任编辑　关　婷　叶小丽　毛小清　易晴云
责任校对　万妮霞
责任技编　郑　欢
装帧设计　知行格致

出版发行　深圳出版社
地　　址　深圳市彩田南路海天综合大厦　（518033）
网　　址　www.htph.com.cn
订购电话　0755-83460239（邮购、团购）
设计制作　深圳市知行格致文化传播有限公司
印　　刷　深圳市华信图文印务有限公司
开　　本　787mm×1092mm　1/16
印　　张　25
字　　数　300 千字
版　　次　2024 年 4 月第 1 版
印　　次　2024 年 4 月第 1 次
定　　价　86.00 元

序言

创新引领全民阅读高质量发展
坚定推进文化自信自强

　　人无精神则不立，国无精神则不强。2023 年全国宣传思想文化工作会议首次提出习近平文化思想，在党的宣传思想文化事业发展史上具有里程碑意义。习近平总书记强调，要"坚定文化自信，秉持开放包容，坚持守正创新""不断提升国家文化软实力和中华文化影响力，为全面建设社会主义现代化国家、全面推进中华民族伟大复兴提供坚强思想保证、强大精神力量、有利文化条件"。阅读作为人民精神文化生活重要的组成部分，受到各级党委和政府高度重视。从党的十八大报告提出"开展全民阅读活动"，到党的二十大报告提出"深化全民阅读活动"，至 2024 年，有关全民阅读的推进工作已进入第十二年。今年的政府工作报告再次强调了"丰富人民群众精神文化生活"的重要性，并将"深入推进国家文化数字化战略""深化全民阅读活动"以及"大力发展文化产业"作为实现这一目标的关键措施，这是自 2014 年起，"全民阅读"连续 11 次写入政府工作报告。在以习近平同志为核心的党中央引领推动下，全民阅读工作进展显著，形成积极构建书香社会的文化氛围。

2024 年是中华人民共和国成立 75 周年，是实现"十四五"规划目标任务的关键一年，其中深圳市"十四五"发展目标是，"到 2025 年，建成现代化国际化创新型城市，基本实现社会主义现代化"，还发出了"率先塑造展现社会主义文化繁荣兴盛的现代城市文明"的号召。在今年年初发布的深圳市政府工作报告中，"持续提升城市文化软实力和影响力，积极打造展示中华民族现代文明的重要窗口"被明确写进 2024 年重点工作安排中，可见深圳在满足群众精神文化生活新期待、践行社会主义核心价值观上勇当尖兵的坚定决心。

"十四五"规划中明确提出"深入推进全民阅读，建设'书香中国'"。作为经济特区、先行示范区，深圳在推动全民阅读发展上不遗余力，率先就全民阅读立法，2023 年相继印发《深圳市进一步深化全民阅读工作实施意见》《深圳全民阅读进基层、进系统、进机关、进一线、进场所行动计划》，继续在全民阅读领域发挥示范引领作用。深圳以习近平新时代中国特色社会主义思想为指导，全面系统深入学习贯彻党的二十大精神，继续发扬身为"全球全民阅读典范城市"的先行先试精神，着力提升城市文化软实力和影响力，讲好中国故事、大湾区故事、深圳故事，持续推动全民阅读高质量发展。

一、"读"与"讲"：全民阅读高质量发展，讲好中国故事

党的十八大以来，文化建设一直处于治国理政的突出位置。随着经济稳健发展，中华文化也日益走进世界舞台中央。2023 年 12 月 22 日，春节（农历新年）被确定为联合国假日便是其中一例佐证。因此，向世界讲

好中国故事，能够为坚定文化自信、建设中华民族现代文明注入一股强大的精神力量。

首届文化强国建设高峰论坛于 2023 年 6 月 7 日在深圳开幕，习近平总书记发来贺信，要求"在新的历史起点上继续推动文化繁荣、建设文化强国、建设中华民族现代文明，不断促进人类文明交流互鉴，为强国建设、民族复兴注入强大精神力量"。在建设文化强国、讲好中国故事的叙事体系中，深圳充当着独一无二的角色。短短四十余年，深圳从一个边陲小镇一跃而成中国乃至全球经济中心之一，"科技创新""经济腾飞"成为世人对深圳的印象，新能源车、无人机、5G 通信设备等科技产品是深圳"遥遥领先"的成果。深圳的发展是中国由高速发展转向高质量发展的缩影之一，讲好深圳故事就是讲好中国故事。而"讲"和"读"息息相关，阅读不仅能够孕育出一个城市的科学精神、人文精神和艺术精神，进而反哺城市的经济发展和科技创新，而且能够更具说服力地讲好中国故事。

（一）开卷有益，树立全民阅读典范

推动形成全民阅读的氛围有助于为中华民族伟大复兴奠定更深的基础、提供更强的动力。深圳在发展经济的同时，紧抓文化发展、文艺繁荣，推动公共文化服务标准化、均等化，让文化发展成果更公平地惠及全体市民。深圳已建成近 1000 座公共图书馆和近 200 家书城书吧，其中上万平方米的大型书城有 6 座，24 小时开放的自助图书馆多达 307 家，探索"城市公共文化空间 +"的全新公园书吧文化品牌紫陌书吧、迁鸟书吧于 2023 年 12 月 21 日、2024 年 2 月 7 日正式面向公众开放，持续为全民阅读点亮一盏盏 24 小时的灯。2023 年 12 月，深圳首批建设完工的新时代重大文化设施——深圳图书馆北馆正式开馆，建筑面积超 7 万平方米，是提升城市公共阅读空间、丰富阅读产品供给的生动实践。2023 年 12 月 28 日，作为粤港澳大湾区标志性公共文化设施和市重大文体惠民工程的湾区书城，历经两年紧锣密鼓施工建设，主体建筑顺利封顶，旨在建设全新一代文化综合体，吸引年轻客群和来深旅游客群。可以说，深圳无愧于联合国教科文组织唯一认证的"全球全民阅读典范城市"称号。

浓郁的全民阅读氛围并非一蹴而就，而是深圳长期坚持和高度重视的硕果。继全民阅读立法、阅读空间拓展等系列举措后，深圳不断提升全民阅读城市品牌影响力，连续 24 年举办"深圳读书月"。第二十四届深圳读书月组织开展 339 项、2400 多场主题活动，吸引超 1000 万人次参与；第五届深圳书展也在读书月期间同步举行，组织 600 余家全国优质出版机构参展，举办活动 200 余项，吸引 209 万人次参与，实现总销售码洋 3626 万元，客流销售均创历届之最；深圳书城中心城连续 15 年开展"周五书友会"公益活动……此类活动不胜枚举，全民阅读蔚然成风。通过举办高品质的阅读文化活动，深圳进一步推进全民阅读高质量发展，树立全民阅读典范。

（二）文化繁荣，精品创作持续焕新

通过推进全民阅读高质量发展，培育和践行社会主义核心价值观，深圳文化产业、文化事业日益繁荣兴盛。第十九届中国（深圳）国际文化产业博览交易会共有 3596 家政府组团、文化机构和企业线上线下参展，展出文化产品超 12 万件，4000 余个投融资项目在现场展示交易，总成交额 1724 亿元，"中国文化产业第一展"地位得到巩固提升；2023 年，6 部深圳原创文艺精品荣获华表奖、荷花奖和白玉兰奖，深圳作家海漄作品《时空画师》获评世界科幻领域的国际最高奖项之一的雨果奖，深圳舞剧《咏春》亮相春晚，该舞剧一年内曾在中国、新加坡等国的 34 个城市巡演 132 场，成为本土文艺新品牌。深圳出版社全新布局图书产品线，推出《问苍茫》《中国科幻新锐系列》等 12 本重点好书，《为什么是深圳》荣获第八届中华优秀出版物（图书）奖，入选 2023 年中宣部丝路书香工程。

正如经济基础决定上层建筑，上层建筑反作用于经济基础，"读"和"讲"的辩证关系也体现在经济和文化的发展上。深圳不仅在经济和物质文明建设方面勇当尖兵，在精神文明建设方面也勇于探索，让经济和文化齐头并进，相互作用。推进全民阅读，既能满足群众精神文化生活新期待，又能培养群众的创新能力，成为经济、科技创新的驱动内核。

二、"共读"与"共荣"：深港加速发展融合，从经济共荣到文化互融

习近平总书记在广东考察时指出："使粤港澳大湾区成为新发展格局的战略支点、高质量发展的示范地、中国式现代化的引领地。"随着港珠澳大桥、广深港高铁、南沙大桥、广汕高铁等硬件设施的建成，以及"数字湾区"等软件设施的逐步落地，便捷通达的交通网络和高效一体化的跨境服务，进一步加速了大湾区的融合发展。其中深港两地山水相依，在多个领域深度合作，形成优势叠加效应，既为香港拓展发展空间，也为深圳增强创新助力，共同讲好大湾区故事。

（一）在经济领域，深港推进"双城生活"共荣发展

一是跨城消费热情高涨。自深港口岸恢复通关后，2023 年全年出入境人次超 1.6 亿，日均超 40 万人次，最高峰突破 80 万人次，深港居民双

向奔赴，推进经济共荣。其中香港居民平均每天超 25 万人次到深圳消费，非现金支付交易金额达 85.8 亿元人民币，同比增长 70.5%。深圳 2023 年社会消费零售总额首次突破万亿元人民币，其强劲增速与港人"北上"消费有关。二是深港科技互促双强。加强科技创新协同合作是粤港澳大湾区的重大战略定位。河套深港科技创新合作区将于年内交付，助推深港两地深化科技合作，打造世界级研发高地。

（二）在文化领域，城际交流共寻双城文化脉络

一是"共读双城"促进文化交流。在第二十四届深圳读书月启动仪式发布《深港"共读双城"共识》；联合举办"共读双城"主题活动，深港两地新锐作家、设计师、青少年等群体积极联动，开展了三场"深港文化对谈"，举办了两场书展，双方以书为载体，促进彼此在文化、经济、科研等内容上的深度交流，为深港两地未来发展带来新启示。二是合作出版续写双城故事。深圳出版社实行"走出去"出版计划，与香港的出版社达成 6 套 12 种合作协议，让两地读者同阅优秀的文字作品，协力推动深港两地文化繁荣。三是文化设施日益完备。由深圳市委、市政府统筹规划，深圳出版集团全力打造的新一代文化综合体——湾区书城取得阶段性进展，于 2023 年 12 月顺利完成主体封顶，计划于 2024 年底全面竣工，2025 年上半年盛大开业，建成后将为大湾区人民提供高质量的公共文化服务，成为粤港澳大湾区地标级文化综合体、文化体验目的地。

建设粤港澳大湾区是习近平总书记亲自部署的国家战略。如今大湾区建设进入纵深推进阶段，从深港"共读"到深港"共荣"，两地将继续强化协同，携手打造国际一流湾区和世界级城市群，向世界、向全国讲好大湾区故事。

三、"创"与"闯"：全民阅读创新发展，闯出文化新赛道

深圳是一座以创新进取为动力的改革之城，也是以勇当尖兵为己任的未来之城。习近平总书记在深圳经济特区建立40周年庆祝大会上强调：永葆"闯"的精神、"创"的劲头、"干"的作风，努力续写更多"春天的故事"。2024年农历春节后首个工作日，广东省高质量发展大会在深圳召开，广东省委副书记、深圳市委书记孟凡利在会议中提出，"坚决在新时代走在前列、新征程勇当尖兵，在奋力谱写中国式现代化广东篇章的伟大历史进程中努力作出深圳最大的贡献"。在强调新质生产力、建设文化强省的发展浪潮中，深圳不仅在推动科技创新方面担负重任，也在文化建设方面肩负使命，推动全民阅读创新发展，闯出文化发展的新赛道。

（一）新业态新服务迭代升级，为推动全民阅读注入新活力

一是打造阅读文化高地。深圳出版集团与50家单位合作开展"书香五进"，实施"三品书店"工程。"全国新书首发中心"持续打造阅读文化新热点，聚集名家大咖、流量作家和新锐作家，开展重磅新书首发活动和抖音直播140余场，全网触达超1.5亿人次。二是完善阅读网络阵地。由书城、百姓书房、公园书吧、移动书吧、图画书博物馆等组成的"十分钟阅读圈"，提高全民阅读便利性。三是阅读服务数字化。打造线上"深圳书城"数字消费品牌，形成体系化、生态型、开放式的城市文化产品服务一站式平台，丰富市民读者数字阅读新体验。

（二）"走出去""引进来"双向发力，持续打造全民阅读典范城市

一是传播深圳声音，推广深圳经验。与对口帮扶协作地区联动开展"圳兴乡村·同心共读"系列活动，将阅读服务送到广东潮州、江西寻乌、新疆喀什等地区；与加拿大、日本、阿联酋、新加坡等国外出版社对接，推动《深圳创业故事》《草木深圳》以及《中华传统剪纸艺术绘本》等图书在国外出版发行。《深圳全民阅读发展报告》连续 9 年在"4·23"世界读书日发布，为全国乃至全球阅读推广工作贡献可供借鉴的经验范式。二是拓展文化视野，开启新的增长曲线。深圳勇于创新，也善于学习。与杭州、香港等城市开展共读活动，互相交流发展经验；与法国领事馆联动，策划法国图书展暨中法文学专家对话活动，引进《走读亚马孙》《马丁一家》等一批法语文学图书，丰富城市"精神粮仓"，让全民阅读开启新的增长曲线，推进高质量发展进程。

作为率先践行"实现市民文化权利"的城市，深圳探索出了全民阅读的全新模式，成为以全民阅读推动城市发展的"深圳样本"。

四、结语

文化是一个国家、一个民族的灵魂。坚定文化自信、增强文化自觉，传承革命文化、发展社会主义先进文化，实现中华民族伟大复兴，是每个中华儿女坚定不移的共同信念。文化繁荣是民族复兴的必要条件，全民阅读是促进文化繁荣的催化剂。深圳市委、市政府在推进全民阅读方面先知先觉，通过率先立法、长期坚持和优化服务等举措，将一个移民城市的

千万人心凝聚起来，将阅读变成日常化、长期化的行为，形成爱读书、读好书、善读书的浓厚氛围。在深圳建市 45 周年之际，全民阅读活动将继续欣欣向荣，为推动深圳加快建设高质量文化强市、打造中国特色社会主义城市文明典范作出积极贡献。

编者

目 录

总报告

"阅读高质量发展"专题报告

年度观察：一座城市的阅读之光与文化繁荣

深港共读

数字阅读

阅读建言

阅见世界

附录

后记

SHENZHEN
QUANMINYUEDU FAZHANBAOGAO 2024

总报告

2023 年深圳全民阅读发展总报告

杨立青 熊德昌

一、2023 年深圳全民阅读工作回顾

2023 年是全面贯彻落实党的二十大精神的开局之年，也是深圳获评联合国教科文组织"全球全民阅读典范城市"称号的 10 周年。在这一年里，深圳紧紧围绕推进中国式现代化和建设现代城市文明典范的目标，切实担负起新时代新的文化使命，深入开展全民阅读活动，不断提高全民阅读推广的实效，取得了较为明显的成果，进一步擦亮了"全球全民阅读典范城市"的名片。

（一）成功举办第二十四届深圳读书月活动，全力打造全民阅读品牌标杆

深圳读书月自 2000 年创办以来，以 24 年"高贵的坚持"打造出国内参与人数最多、持续时间最长、影响最为广泛的读书主题文化活动，在国内全民阅读品牌活动中的示范效应日益凸显。第二十四届深圳读书月以"阅历史文脉 读现代文明"为年度主题，寓意引领读者在书籍中读懂历史、把握当下、创造未来，努力创造属于这个时代的新文化。通过特别策划年度巨献，重新发现城市文化，展现深圳对历史文脉的传承守望，对现

代文明的探索追求。

　　本届读书月共组织重点主推活动 20 项，主题活动 339 项，共举办各类活动 2000 余场，吸引超千万人次参与。在整个活动策划实施过程中，党委政府主导倡导、全社会力量广泛参与、市民群众共建共享的活动机制进一步完善，全民乐享其中的阅读节日氛围更加浓厚，全民阅读的引领性、创新性、全民性、广泛性进一步显现。引领性方面，策划举办"年度十大好书""年度十大童书""自然生态优秀图书大赏"等评选类品牌活动，持续打造高品质阅读风向标。其中，"年度十大好书"已连续举办 17 届，持续为读者推荐高质量书单。"自然生态优秀图书大赏"汇聚盐田海洋图书奖、坪山自然博物图书奖、大鹏自然童书奖等各区（新区）自然图书奖项资源，体现深圳践行生态文明的理念与特色。成功举办第二届全民阅读推广（深圳）峰会，邀请邬书林、聂震宁等多位业内专家学者发布专题报告，为全国全民阅读推广提供参考借鉴。创新性方面，创新举办"书·城市·生活"书店人大会，邀请来自全国 28 座城市、60 家具有代表性的实体书店主理人与文化学者集结深圳，共话书业、交流心得，发布书店人大会《深圳共识》，分享对书店当下境遇和多元发展的思考，引领全国书店发展理念创新方向。全民性方面，积极动员社会各方面阅读资源，深入基层举办职工阅读大赛、读书月辩论赛等，策划举办深圳市首届学生阅读节、"万花筒"家庭亲子共读活动；深入机关举办文化传承发展主题书展巡展，创新举办"十大劳动者文学好书榜"评选、"圳兴乡村·同心共读"系列活动，组织开展"阅读零距离，书香浸社区"系列活动、"书香地铁"等活动，让阅读走进千家万户，实现人人可读。广泛性方面，完善分会场办会模式，在全市各区开展各具区域特色的阅读品牌活动。盐田区分会场聚焦盐田海洋文化特色，举办盐田海洋图书奖、海洋文化论坛、

"阅读山海"主题讲座等活动；罗湖区分会场邀请香港出版人、书店人、设计师等来深圳交流，开展系列深港艺文交流活动；南山区分会场立足科技强区特色，走进南方科技大学、深圳大学、深圳职业技术大学等高校开展"阅创南山"科普科幻系列活动。

本届读书月强化全媒体平台传播模式，联动中央、省、市主流媒体及新媒体平台持续进行报道，多家港澳媒体助阵宣传，全网总报道量超 3 万篇次，全网总浏览量超 2 亿人次。"汇文化·惠深活"深圳读书月专用文惠券线上活动吸引超 10 万人参与，发放金额达 250 万元，点燃全民读书热情。地铁 1 号线、2 号线、5 号线打造读书月创意车厢，16 处楼宇 LED屏、300 个公交站台、100 台公交车、8 条地铁线拉手环均投放读书月宣传广告。京基 100 大厦、大百汇广场、平安金融中心、汉国中心、中国华润大厦、深圳湾 1 号等全市地标建筑为深圳读书月亮灯，进一步凸显"全域覆盖、全景联动、全民参与、全媒触达"特色。

（二）"图书馆之城"建设取得新突破，城市阅读服务更加便捷

2023 年是"图书馆之城"建设目标提出的 20 周年。早在 20 年前，深圳就敏锐认识到图书馆是城市文化的重要组成部分，是"文化立市"战略的重要支撑，图书馆数量和人均藏书量是国际化城市的重要文化指标之一。根据当时构想，要加快建设各级各类图书馆，显著提高藏书量，把深圳建成一个没有边界的大图书馆网络，实现图书馆网点星罗棋布、互通互联、资源共享，为市民提供功能完善、方便快捷的图书馆服务。经过多年发展，深圳"图书馆之城"建设成效显著，已成为全民阅读推广的主要阵地。

2023 年，深圳"图书馆之城"建设取得突破性进展，为全民阅读奠

定了坚实的基础。截至 2023 年底，深圳共建成公共图书馆（室）846 个，自助图书馆 319 个。其中 773 家公共图书馆和 319 家自助图书馆实现统一服务，154 家纳入垂直管理。统一服务平台全年新增办证读者 77.28 万人，同比增长 29.70%；文献外借 2298.37 万册次，同比增长 56.75%。12 月 28 日，深圳图书馆北馆经过 3 个月的试运行，正式面向公众开放。北馆全新打造 9 个交互式学习空间，为市民参加各类主题讲座、培训、研讨等特色活动及享受沉浸式阅读与体验服务提供重要阵地。创设文学馆、学人书房、影音资料馆等 9 个多元特色馆中馆，为市民打造分众、分龄阅读空间。智慧场馆吸睛出圈，部署面向全场景的第五代"图书馆之城"中心管理系统（ULAS–V），为"图书馆之城"各成员馆提供全流程、全域化的智慧图书馆数字底座，奠定人书互知、人馆互感的技术基础。借助轨道自行走小车、多种类 AGV 机器人，实现馆内文献自动传输、快速调阅。借助数字孪生技术，可视化呈现智慧书库和场馆运营工作实况，利用 VR 设备实现北馆场馆和智慧书库漫游。

阅读新空间建设成效显著。深圳图书馆与前海管理局共建 1 家贸易主题特色分馆、与招商银行共建 1 家金融主题特色分馆，更好地满足专业化阅读需求。充分利用社区历史建筑、园区工业厂房、商业综合体等空间，建设集阅读学习、展示交流、聚会休闲、创意生活等功能于一体的复合式特色文化活力带。福田区建成梅林书院等 3 家新型阅读空间，罗湖区 IBC 珠宝图书馆获评广东省最美新型公共文化空间案例；"象群轩""薰风阁"等 2 家南山书房正式建成开放，龙城 CC 创意街区利用旧工业厂房打造成集阅读、展览、文艺演出于一体的特色文化新地标；"坪山城市书房"探索"馆店一体"运营模式，为市民提供公共阅读、沙龙论坛、艺术展览、手工制作等多种文化服务；光明区建成国内首家以儿童文学为主题，集儿童文学（创作）馆、儿童（童书）博物馆、儿童图书馆等功能于一体的主题式、垂直型、专业化儿童文学图书馆。

创新全民阅读服务内容与形式。适应市民阅读新需求，积极推动优质阅读服务向"八小时外"延伸，深圳图书馆南书房、讲读厅、少儿服务区服务时间日均延长 5 小时，福田、罗湖、南山图书馆和光明区图书馆红花山分馆开设 24 小时阅览室或自助图书室，部分馆舍实现无人值守等智慧服务。深圳图书馆加强馆校合作，联合育才中学、布心中学等新建 4 家"青少年阅读基地"，升级"青少年创客成长培养计划"，持续实施"青年发展型城市支持计划"，举办"银发阅读""阅亮视界"品牌活动，持续为老年人、残障人士提供文化服务。盐田区以"'人·书·馆·城'四位一体涵养山海人文栖居地"项目入选"全国基层公共文化服务高质量发展典型案例"。盐田区图书馆"看！海书房，看见图书馆（Sea Library，See Library）"项目入围 2023 年国际图联（IFLA）国际营销奖。南山图书馆连续六次荣获国家"一级图书馆"称号。深圳捐赠换书中心服务网点拓展至 24 个，"图书馆之城"换书大会吸引 2 万人次读者线下参与，累计实现图书交换、捐赠 94.5 万册次，援建公益书屋 131 家。

围绕庆祝"图书馆之城"建设 20 周年，策划举办全国性学术会议——公共图书馆体系建设与"图书馆之城"高质量发展研讨会，来自全国各地图书馆界的专家学者齐聚深圳，充分挖掘全国公共图书馆体系建设的区域特色和成功经验，深入探讨新时期"图书馆之城"建设高质量发展路径。《"图书馆之城"高质量发展丛书》出版，6 部图书重磅发布，全面总结深圳图书馆事业发展经验，突出各领域创新成果。

（三）创新举办第五届深圳书展，激发市民购书和阅读热情

经过多年发展，深圳书展已成为全国书业重要的展示和销售平台，也是市民参与阅读活动的重要平台。一年一度的书香盛宴，迎来热爱阅读的深圳市民，激活市民文化消费动力，进一步释放了爱阅之城的读书热情，全市呈现处处可读、时时可读、人人可读的人文盛景。

第五届深圳书展于 2023 年 11 月 10 日至 19 日成功举办。本届书展围绕"山海有诗意　书香最深圳"的年度主题，以"书山花海"之姿展示深圳"山海连城"之美，引领市民以阳光健康、开放包容之态走进自然、拥抱阅读、尽享城市美好生活，积极打造全国一流的最美城市书展。本届书展共组织 600 余家全国优质出版机构，集中展销精品图书 22 万种、159 万册。其中，主会场室外展区展出近两年新书 2.1 万种，重点新书参展占比显著提升。书展期间，贾平凹、周国平、阿来、毕飞宇、祝勇、海漄、张小娴等 40 余位重磅名家齐聚深圳，开展新书发布、图书签售、对话沙龙等重磅活动 50 多场，策划"阅读·新风尚""传承·新发展""视野·新动向"三大系列主题活动，开展露天音乐会、青少年作家作品分享会等形式多样的阅读文化活动 200 多项，激发全民阅读热情。书展还综合利用深圳读书月专用文惠券、出版社折扣让利、银行优惠活动、深圳书城会员日等多重福利，推出书展"薅羊毛"攻略等惠民"新玩法"，叠加书展折扣最低实现 0 元购书，引爆书展购书热潮。据统计，235 家出版机构推出促销让利活动，共吸引 209 万人次参与，客流量最高日达 42 万人次，实现总销售码洋 3626 万元，各项纪录均创历史新高。

本届书展联动七个区分会场，充分发挥深圳大书城优势，打造家门口的图书盛会。进一步优化升级云上书展，依托深圳书展、深圳书城等线上平台提供图书选购、阅读指引、活动预告、直播互动、精彩回顾、分享交

流等在线服务；通过全国新书首发中心抖音平台开启"云直播"模式，在主会场户外广场搭设直播间，并联动磨铁图书、后浪图书等全国知名出版机构开展书展专场直播，让市民足不出户"云逛展、云阅读、云互动"。

本届书展强化资源整合，联动莲花山公园簕杜鹃花展，在深圳书城中心城二楼天面连廊和莲花山公园串联打造露天阅读市集，在深圳中轴线上勾勒人文与自然交织的最美阅读风景线。联动深圳邮政设立展区，现场的邮筒、邮袋等怀旧老物件形成热门打卡点，为书展增添了人文内涵。联合中国书刊发行业协会共同主办第五届"全民阅读·书店之选"十佳书店表彰大会，邀请全国优秀书店代表汇聚深圳，共促行业发展。推出深圳读书月"年度十大好书"入围书籍、"年度十大童书"入围书籍等专题书展，为读者推荐别具深圳特色的高品质书单。首设"港澳台·国际进口图书展区"，联动紫荆文化集团展示近万册进口图书，设置"从这里读懂香港"香港主题展区、"莲花书韵，文化交融"澳门主题展区、"一脉书香，两岸共读"台湾主题展区、益文书局原版外文图书展区等20多个精选图书专题。

（四）深圳书城建设加快推进，全民阅读阵地进一步拓展

深圳书城既是城市文化消费综合体，也是市民享受阅读服务的重要阵地。在书城购书、读书、参加阅读推广活动成为市民文化生活的重要内容。每逢周末，席地而坐安静阅读的市民成为书城一道独特的风景线。

2023年，深圳书城建设稳步推进。作为粤港澳大湾区标志性公共文化设施和全市重大文化惠民工程，湾区书城主体建筑于2023年底顺利封顶。该项目在现有6座大型书城的基础上，进行全新的业态创新和经营理念升级，着力打造沉浸式、体验式、复合式文化主题融合空间和全新一代文化综合体。

推进跨系统资源整合。深圳出版集团创新推出百姓书房、公园书吧、移动书吧、图画书博物馆等新型阅读场所，搭建大书城、小书吧线下"十分钟阅读圈"，提升全民阅读便利性。其中，百姓书房由深圳出版集团与深圳市委组织部联合打造，于 2023 年 7 月 1 日正式向市民免费开放，是集文化、阅读、生活、社交等功能于一体的新型党建类城市文化空间，提供 24 小时图书阅览服务，被称为深南大道边一盏"24 小时亮着的灯"，最高日客流量达 3000 人次，独立的自习区几乎天天爆满。深圳出版集团与深圳市城市管理和综合执法局联合打造的紫陌书吧，是探索"城市公共文化空间 +"的全新公园书吧品牌，实现公园空间的复合利用和多业态融合，舞台活动区不定期举办各类阅读文化活动，为市民带来全新阅读文化体验，突显深圳城市文化内涵及艺术魅力。深圳出版集团联合深圳市总工会合作共建的白鹭坡书吧，规划建设图书区、沙龙活动区、休闲阅读区、水吧区、文创精品区、体验区、户外阅读区等多个功能区，为读者提供多元化的文化体验，2023 年 12 月，白鹭坡书吧入选"全国工会品牌职工书屋示范点"。目前，全市职工书屋文化服务示范点已达 24 家，其中 2023 年新增简阅书吧深汕合作区店、西湾公园店等 10 个示范点，配套读书沙龙、艺术工坊、湾区职工说等系列文化活动，持续打造职工书屋文化服务项目的深圳样板。

加强阅读品牌建设。全国新书首发中心 2023 年发布新书 104 本，策划举办新书沙龙 40 场与重磅首发 20 场，组织推出线上内容 244 条，创新开展新书首发中心抖音直播 76 场，积累粉丝读者超 15 万人次。推选发布的 104 本新书全年累计销售 227 万册，其中较有影响力的 33 本新书全年累计销售 180 万册，全年销售超过 10 万册的图书达 5 本。全国新书首发中心发布重磅新书、潜力新书之多，对上游出版产生了很强示范效应，吸引更多出版机构将重点新书放在深圳首发，初步形成了"重磅新书，首看深圳"的文化氛围，逐渐在华南地区构筑起全国阅读文化的资源高地与头部平台。

推进书业经营与公共服务融合。深圳书城整合各方资源，策划"全民惠读季""夏日乐读季"等大型主题营销活动，切实推动经济效益转化；持续扩大"深圳晚8点"等品牌影响力，为广大市民打造覆盖全年的文化阅读活动。充分运用名家资源，邀请邓亚萍、陶勇等名家，策划图书签售活动百余场，推动营销活动实现引流和变现。联动果麦文化等出版公司，组织邀请郭妮等作者，依托六大深圳书城资源开展专题营销活动；将陶然、王跃文等名家新作带进深圳图书馆、龙岗区图书馆及盐田区图书馆沙头角分馆，实现优质阅读资源共享。围绕"品质、品位、品格"主题，进一步提高卖场空间品质，积极打造古籍文化、汉服传统文化等特色场景空间，调整卖场陈列布局并改善灯光，提升书城的优雅感、品质感和专业性。加强营销模式创新，开通"深圳书城"视频号和服务号，关注人数超过50万人，全年推送文章近300篇。在全国大书城零售排名中，深圳书城中心城、深圳书城南山城、深圳书城罗湖城继续位列全国前十，其中深圳书城中心城位列全国第二。深圳书城中心城、深圳书城南山城作为标志性文化消费类基础设施，成功入选国家发改委项目库，有望在2024年发行首单文化消费类公募REITs。

（五）阅读推广活动蓬勃开展，书香城市氛围更加浓郁

全民阅读活动是全民阅读服务的重要载体，是激发市民阅读热情、营造书香市氛围的重要举措。2023年，深圳在举办深圳读书月、深圳书展等重大活动的同时，策划了系列阅读推广活动，积极营造全民阅读的良好氛围。

深圳图书馆积极打造全民友好型图书馆，为未成年人、青年人、老年人、残障人士等各类群体策划举办 300 余场活动，惠及读者 25 万人次。其中，"少儿智慧银行"、第四届深圳"图书馆之城"少儿科普月、第四届少儿"阅经典"、首届家庭经典阅读朗诵大赛、家庭阅读故事征集活动等重点少儿阅读品牌活动全年开展近 20 场。"青少年创客成长培养计划"创新升级，开展"创客开放日"主题创客活动、"AI 实验室"品牌等各类线下活动超 40 场。"青年发展型城市支持计划"持续实施，"读吧！青春——从文字中获取向上的力量"短视频征集活动、"青年领读者"专场分享会、"青春充电站"主题讲座、青年数字素养专场培训活动、青年"创客说"交流会等吸引关注或参与线上线下读者 10 万人次。"银发阅读""阅亮视界"品牌持续为老年人、残障人士提供文化服务，举办中老年中医养生知识讲座、书法入门培训班、书画展以及视障读者非视觉摄影培训等主题活动，线下参与读者近 3 万人次。全年举办线上线下读者活动 1884 场，参与读者 1138.46 万人次，无论是活动场次还是参与人数均创历史新高。

重要节点活动蓬勃开展，近 560 场活动吸引逾 500 万人次读者参与。第八届中国传统文化年系列活动以"品中国传统文化，迎癸卯兔年新春"为主题，举办线上线下活动近 20 项，吸引 15 万人次读者参与。第 28 个"世界读书日"暨公共图书馆服务宣传周期间，以"湾区共读 悦享春天"为主题，举办阅读活动 146 场，参与读者 114 万人次。第九届"暑期缤纷季"以"书香飘溢，滋润童心"为主题，开展各类活动 237 场，参与读者 4.5 万人次。

大型公共读书活动拓展升级，春秋两季相"阅"而行，56 万人次读者热情参与。"阅见春天"大型户外阅读嘉年华联动全市 14 家图书馆及

4 家社会阅读组织，搭建 18 个各具特色的阅读场景，特别创设亲子"草地帐篷阅读区"，并在主舞台举办丰富多彩的阅读活动，让市民一站式乐享阅读盛宴。第七届"阅在深秋"公共读书活动成功举办，全市 14 家公共图书馆以阅读为媒，从"数字科技""传统文化""书香空间""文献资源""服务创新""阅读体验"等维度，打造多元阅读体验区，展示全民阅读新生态。全国性学术会议"南书房家庭经典阅读书目"十周年研讨会成功举办，全国各界专家学者齐聚深圳，总结经典阅读书目推荐推广经验，倡导广大家庭读经典、读好书，推动新时代图书馆家庭经典阅读推广高质量发展。

（六）强化未成年人阅读服务，着力提升未成年人阅读能力

阅读能力建设是未成年人素质教育的重要组成部分，是未成年人健康成长的基本要求。因此，未成年人阅读服务一直是深圳全民阅读工作的核心任务。2023 年，深圳以图书馆、书城和校园为主阵地，以阅读活动为载体，努力为未成年人提供高效、便捷、针对性强的阅读服务。

加强亲子阅读服务。深圳少年儿童图书馆深入开展亲子共读活动，举办"喜阅 365"线下读书会、喜阅研读会共 50 余场，参与读者 2000 多人次；开展线上线下家庭教育系列活动，普及家庭教育知识，策划家庭教育优秀图书展览；开展家庭教育小剧场沉浸体验，实施家庭教育 21 天亲子共读打卡计划等。邀请阅读推广人、教育专家等为广大家庭开展育儿讲座、亲子互动活动，普及科学育儿知识。实施"亲蓓蕾"早期阅读培养计划，开展"红姐姐讲故事""智慧宝宝手工""卡通乐园"等系列幼儿阶段性阅读活动。开展丰富多彩的主题新书展活动，"童心向党"、2023 寒假新书展、五一劳动节新书展、"4·23"读书日新书展、六一新书展等活动

深受欢迎，吸引近 3 万人参与。推出"每日乐科普""睡前故事""指尖艺术周""美刊美文"等网络资源推介，共推出推文 180 余篇，积极推广数字阅读；开展有奖读绘本、小小童心学雷锋、古诗词里的春天七天打卡挑战赛等 21 场线上阅读活动。

开展"康乃馨"无差别阅读计划，关注特殊群体阅读。启动"幸福书单 阳光伴读"重症儿童陪伴阅读活动，组织 45 场"一对一"重症儿童服务；举办"春满鹏城，与星同行"世界孤独症日主题活动，策划孤独症儿童家庭教育沙龙、星星读书会专场和孤独症主题图书展览、星园学校儿童艺术作品展等。

创建"三一"讲读平台、"读联体"数字资源服务平台，通过不同媒介整合资源，为未成年读者提供阅读服务。通过邀请作家录制讲读视频，并整合 20 多个数字资源库的内容，打造一体化的阅读平台，让读者能在线上畅享深圳少年儿童图书馆优质阅读资源。创办《童阅》杂志，从全新的视角，以尊重儿童阅读的理念来研究、探讨儿童阅读，让更多读书的种子在儿童心里生根、发芽、茁壮成长。邀请 120 个小读者家庭参与"图书馆之夜"10 周年活动，让小读者通过分组阅读、帐篷下的亲子阅读，体验奇妙的阅读夜之旅。举办 2023 "我最喜爱的童书"阅读推广活动，全国 28 家图书馆联合举办，共收到来自 117 家机构（其中包括 68 家出版社）、113 位个人的推荐，共计推荐童书 3500 种。全国近 200 所学校参加，经 20 万名学生参与推选，30 本童书脱颖而出，入围 2023 "我最喜爱的童书"提名，其中 18 本童书分获儿童文学、图画书、知识性读物三大类别金银铜奖。

深圳少年儿童图书馆荷·美空间、光明区图书馆森·书房分馆等 3 家特色图书馆创建广东省"粤书吧"，巩固拓展基层公共阅读阵地。持续推进"常青藤"计划，共有 168 所学校加盟"常青藤"项目。深圳市"共享图书"项目累计借还文献量约 25.7 万册，累计借还 13.6 万人次。开展少儿流动图书馆系列阅读活动，推出"童阅·巴士小课堂""童阅·草坪读书会""童阅·阅读之夜"等活动。在"4·23"世界读书日和深圳读书月期间，深圳少年儿童图书馆与"常青藤"联盟学校共同发起，联合国内权威出版机构组织策划"作家进校园"活动，邀请黄文军、孙睿、郭晓东、刘玉柱等知名作家，为孩子们带来精彩纷呈的阅读分享。举办第六届广东省少儿阅读推广人培训班。

（七）深化阅读载体创新，引领数字化时代阅读新潮流

阅读载体创新是近年来全民阅读重要的课题，深圳作为连续多年的"中国十佳数字阅读城市"，十分重视阅读载体创新，积极推广数字阅读工作，注重为市民提供优质数字阅读资源，积极开展数字阅读服务。

第二十四届深圳读书月在数字阅读领域加大创新力度，推出"名家荐书马拉松""云上读书月"系列活动等数字化阅读品牌活动，开设读书月小红书等官方新媒体号，进一步丰富市民的阅读体验和文化福利，提升全民阅读便利性，让深圳读书月"永不落幕"。其中，"名家荐书马拉松"以"24 小时"践行"24 年"的文化坚守，邀请周国平、毕飞宇、冯唐、莫砺锋等 70 位文化名人 24 小时直播荐书，满足快节奏生活的市民对碎片化、高密度、高强度集中阅读的需求，全网阅读量超 80 万人次，微博直播持续高居热度榜第一，受到广大读者的点赞和好评。与华为、腾讯等科技企业联袂开展"云上读书月"系列活动，依托华为阅读 APP、微信读书 APP、深圳读书月小程序等高人气数字阅读平台，为市民读者免费发放海量数字阅读礼包，并依托深圳图书馆推出馆藏 600 余万册（件）免费

数字阅读资源。线下打造沉浸式的数字阅读体验空间，举办"未来阅读漫游展""网络文学 IP 展""发现·数字图书馆展"等线下展览，为市民带来全新智能化的阅读体验，充分满足大众对数字阅读的新期待，营造处处可读、时时可读、人人可读的文化氛围。

深入开展数字阅读研究。2023 年 5 月，深圳图书馆发布《2023 年深圳图书馆数字阅读报告》，显示该馆数字资源使用量再创新高，移动端阅读量首次超过 PC 端。截至 2022 年底，深圳图书馆提供数字资源库 94 个，600 余万册（件）电子文献，99% 的数字资源可馆外访问，内容涵盖学术期刊、学位论文、会议论文、专利标准、研究报告等资源类型。2022 年，深圳图书馆数字资源访问人次达到 236.9 万，同比增长 8.3%；数字资源全文下载量达 5155.5 万次，同比增长 37.2%。研究显示，"80后""90 后""00 后"这三个年龄段人群是数字阅读的主力人群，其中"80 后""90 后"占比 66.9%，是数字阅读的核心人群。在数字阅读主题选取方面，文学类、历史类占比分别达 45.5% 和 38.2%，位居前列；科技类、经济管理类占比均在 26% 以上。

深圳图书馆举办"书香湾区 触手可得"数字阅读创新推广系列活动 9 场，线上线下参与读者 8.6 万人次。通过《粤港澳大湾区公共图书馆联盟数字阅读创新推广宣言》发布、"网罗天地 融汇古今——网络文学 IP 展"（线下实景＋线上 VR）、湾区"共读"、趣味猜书等活动，借助新媒体服务与营销矩阵，邀请读者体验数字阅读的便捷，展现人文湾区"读书乐"的美丽画卷。龙华区建成壹号喜阅数字书房，提供有声图书馆、瀑布屏、朗读亭、智能听读机等产品，打造数字化、智能化阅听体验新空间。该书房以喜马拉雅海量音频内容为依托，将数字化服务与实体文化场景相结合，以创新方式将科技与阅读融合，不断激活城市阅读新活力。龙岗区图书馆推进智慧化数字阅读平台建设，利用微信公众平台、小程序等新媒体，打造全方位的一站式智慧在线阅读平台"云上图书馆"，让居民足不出户也能一键链接海量阅读资源，享受全天候的"读书自由"。龙岗区少儿图书馆设置少儿数字绘本机，小朋友只需要动动手指就可以在数字绘本机的阅读世界里快乐遨游。

（八）深入开展全民阅读交流合作，彰显全球全民阅读典范城市魅力

作为全球全民阅读典范城市，深圳在全民阅读方面坚持开放合作，注重与国内外开展全民阅读交流合作，学习借鉴外地经验，在学习互鉴中不断提升深圳全民阅读水平，彰显全球全民阅读典范城市魅力。

深化粤港澳大湾区全民阅读交流合作。以香港首次设立"香港全民阅读日"为契机，推出深港"共读双城"系列活动，联合发布《深港"共读双城"共识》。联动香港特区政府文化体育及旅游局、香港出版总会、香港联合出版集团、深港两地中小学校等多方资源，开展深港对谈、图书展、书市和展演等活动，展出"想创你未来——初创作家出版资助计划作品展""香港出版双年奖和深圳年度十大好书联展"，为两地读者推介高品质书单。组织16所深港中小学校300余位青少年参加深港青少年同诵古诗词展演，促进文化相融、民心相通。首个"深圳之窗"落地澳门大学，陈列精心遴选的200余种深圳地方特色文献，同步配套推出"深圳作家获奖作品展"，以图文展板＋实体文献的形式集中展示深圳文学风貌。策划举办粤港澳"4·23共读半小时""从文献看湾区"系列特色主题展等活动，编制发布《粤港澳大湾区公共图书馆联盟2022—2023年发展规划》，召开粤港澳大湾区公共图书馆联盟工作坊。深圳和中山两地图书城

际预借服务正式开通，上线深圳图书馆和中山纪念图书馆图书城际预借服务，推进文献服务一体化，促进资源共享。

促进深杭交流。在深圳读书月期间，深圳与杭州联动推出"当创新之城遇上浪漫之都：深圳·杭州的文化对视"系列活动。深杭两地作家、学者、设计师、规划师、策展人、艺术家等以阅读为媒，开展跨界对谈。围绕"城市想象与南方书写""湖山之胜与山海连城""自然意蕴与城市意象""表达语境与城市美学"四大主题，融通两座城市的文学、写作、自然、地理、艺术、人文、想象、表达、美学等众多领域，互相学习借鉴、交流合作。

推动中法文化交流互鉴。为迎接中法文化旅游年和中法建交 60 周年，推出"诗意历险与灵魂共鸣——中法文学专家对话"，邀请法国驻广州总领事馆、法国教育部官员和法国名作家等多位中法嘉宾，围绕中法文学出版、传播及交流互鉴展开对话，并在深圳书展主会场举办深圳出版社法国图书展览，展出深圳出版社 20 多年来引进和出版的法国优秀图书 200 余种，搭建起中法文学互译互鉴的桥梁，提升了读书月品牌的国际知名度和影响力。

（九）培育壮大出版实力，着力提供优质阅读资源

作为年轻的城市，因历史原因，深圳的出版发展滞后，出版资源不足，是全民阅读工作的重要短板。2023 年深圳大力推动出版社转型升级，取得较为显著的成绩。6 月 11 日，深圳出版社正式揭牌，并举办《产业政策变革：中国与世界》新书首发活动。深圳出版社出版《伟大的藏书家》《中国科幻新锐系列》重点品牌好书，以及《大国创新：从专精特新到隐形冠军的深圳经验》《中国传统村落文化抢救与研究·非物质文化系

列》《深圳口述史：科技篇》《深圳口述史：法治篇》等精品力作，在业界产生了广泛的影响。《书都·走读深圳》杂志总发行量近 2 万册，多篇报道被《人民日报》等官方媒体全文转发，获得中宣部等上级领导肯定，发掘选题被誉为"是深圳这座全球全民阅读典范城市的精神外溢"。法语文学出版品牌影响进一步扩大，出版《走读亚马孙》《马丁一家》《倾覆》等法语作品，其中《走读亚马孙》获 CCTV10《好书大赏》节目推荐。

深圳出版社作品《为什么是深圳》入选 2023 年中宣部丝路书香工程，并荣获第八届中华优秀出版物（图书）奖；《春天的前海》《招商局历史珍档汇萃》入选"十四五"国家重点出版物出版规划增补项目；《用爱吻你的痛》获第九届徐迟报告文学奖提名奖；《荆棘中绽放：深圳 40 个历史时刻》等 6 种图书获全国城市出版社优秀图书奖；《我的儿子马友友》获全国城市出版社优秀图书二等奖；《论语（汉缅对照版）》获 2023 年度国家出版基金资助。深圳出版社 2022 年、2023 年连续两年入选"中国图书海外馆藏影响力出版 100 强"。深圳报业集团出版社聚焦文艺出版、教育出版、主题出版。主题出版方面，出版反映深圳高新科技发展成果、总结高质量发展新鲜经验的《深圳力量丛书》，推出了讴歌新时代工匠精神、描摹"鹏城工匠"干事创业形象的《深圳匠魂（第一辑）》；文艺出版方面，策划出版"我们深圳""深圳文典""共同体"特色系列产品 8种。出版的《校园十二时辰》荣获"深圳十大佳著"之一，《你好，红树林》入选国家林业和草原局科技司优秀林草科普作品，并荣获"大鹏自然童书奖"。

数字出版融合迈出坚实步伐。深圳百科数据库完成录入信息 7436 条；"深圳 i 百科"微信公众号累计发布以深圳为主题的文章 592 篇，粉丝达77 万人；深圳出版社数字出版物海外馆藏排名全国第 13 位，位居全国城市出版社首位；与微信读书、北京元阅、北京点众科技签订合作协议，完成 303 种电子书和 64 种 1627 集有声书的授权。出版社官方视频号开展了深港青少年同诵古诗词展演、《遇见深圳》巴士首发之旅等线上线下同步直播活动。

2023 年，深圳全民阅读活动蓬勃开展，全民阅读服务进一步完善，成效较为明显。但也存在一些问题：一是全民阅读发展不均衡不充分的现象仍较突出，部分区域全民阅读工作开展相对滞后，区域发展仍不够平衡，阅读阵地建设还存在薄弱环节；二是全民阅读服务质量和效率有待进一步提高，部分活动的效果还不明显，全市全民阅读活动开展的统筹力度仍需加强；三是未成年人和老年人阅读服务还不够完善，对未成年人阅读服务研究还不够深入，与义务教育阶段阅读教学衔接不够紧密，老年人阅读的针对性仍需进一步提高；四是实体书店特别是民营书店经营较为困难，转型升级的效果还不明显，需进一步加大扶持力度。这些问题，需密切关注并加强研究，并在今后的工作中切实想办法解决。

二、2024 年深圳全民阅读展望

2024 年是深入实施"十四五"规划的关键一年，也是中华人民共和国成立的 75 周年，做好全民阅读工作意义重大。作为一项由政府多部门倡导、社会各方力量参与的活动，"全民阅读"已连续十一年被写入《政府工作报告》，成为构建学习型、知识型社会，提升国家和民族文化软实力的一项重要举措。在延续以往全民阅读的基础上，2024 年深圳将致力于湾区书城等公共阅读空间建设，精心谋划深圳读书月、深圳书展等重大主题活动，全面系统深入学习贯彻党的二十大和二十届一中、二中全会精神，贯彻落实省委十三届三次全会、市委七届八次全会部署要求，紧紧围绕"繁荣发展文化事业和文化产业"这条主线，坚持目标导向、问题导向、结果导向，聚焦建设粤港澳大湾区文化高地等战略目标，勇当"深化全民阅读"排头兵，丰富人民精神世界，实现物质文明和精神文明相协调，加快建设中国特色社会主义先行示范区，为高质量发展提供智力支撑，营造良好文化氛围，凝聚强大精神力量。

（一）从出版情况看 2024 年深圳的全民阅读

从全球范围看，近年来的阅读状况发生了非常深刻的变化。一方面，纸质出版、纸质阅读依然是阅读的主要方式之一，同时作为一种公民文化权利，阅读权的实现在全球依然存在不均衡的发展状况，这大致与某一国家或地区的经济社会发展水平相关；另一方面，正如有学者指出的那样，随着新技术、新媒体的发展，如今数字技术已深度融入人们日常生活，时代数字化特征明显。阅读的未来是数字阅读，阅读推广的未来也将是以数字阅读推广为主体。全民阅读推广必须考虑到数字时代为阅读生态带来的机遇与挑战，培育全民阅读的新思维、新方法和新途径，以拓展数字化技术浪潮下的全民阅读渠道，激发和培养全民阅读习惯，扩大全民阅读的覆盖面。在这一背景下，数字化时代阅读生态应该是需求与供给匹配良好的一种状态，即全民阅读活动既要满足读者社交、阅读的双重需求，也要注重内容质量的把关，不断加强用户体验的调查和服务方式的创新，由此促进数字化阅读平台健康发展，以保证高效的阅读生态链的能量流转，满足阅读生态系统的内在需求，让阅读者能够沉浸在有效阅读中，通过阅读获取有价值的信息，使其能终身受用。

就这一深刻变化而言，我们从 2023 年的法兰克福书展也可以看出。比如 AI（人工智能）给出版商、译者和作者带来的机遇和挑战就构成了书展上国际平台和行业会议的一个主要话题，其中 AI 带来的机会涉及翻译、数据收集以及内容处理和优化环节，而 AI 引出的挑战也在内容创作和知识产权领域引起高度争议，以美国作家协会向大型技术公司发起的集体诉讼为例，这些公司未考虑知识产权相关法规向 AI 大模型喂养了大量作家作品。此外 AI 生成内容也引发了争议，到底谁拥有 AI 生成内容的版权？再如，过去几年，我们看到有声书、漫画和图画小说出版市场的持续增长，2024 年法兰克福书展官方也将继续在书展上展示这两个板块。出版状况的变化必然也引起阅读状况的相应变动，或者说，二者都是新技术最新进展所带出的结果。不过同样值得注意的是，相较于新媒体生产商而言，出版商在创建自有平台方面仍受到巨大的信任。这种信任源于出版社认真编辑文本并确认信源的专业性。这种信任不应该因为为确保出版内容质量对 AI 错误使用而被破坏。

反观国内，一方面出版市场与全球图书销售市场同频律动，另一方面也有着自身的国情特点，可谓喜忧参半。

2024 年 1 月 6 日，在中国出版协会、中国书刊发行业协会指导下，"北京开卷"发布了《2023 年图书零售市场年度报告》。从数据上看，2023 年中国图书零售市场码洋规模同比增长率由 2022 年的负增长转为正向增长（同比上升 4.72%），码洋规模为 912 亿元；整体零售市场总动销品种达 237 万种，同比上升 1.55%，其中动销新书品种超过 18 万种，同比上升 7.3%。不过，从出版行业来看，2023 年前三季度整体零售市场仍呈现负增长，但同比降幅相比前两个季度的数据进一步收窄，主要是受网店渠道的带动，该渠道从第二季度之后即转为正向增长。从渠道码洋构成看，平台电商依然是规模最大的渠道，码洋比重为41.46%，其次是短视频电商，码洋比重为26.67%，超过垂直及其他电商（2023年码洋比重为19.93%），成为第二大销售渠道，实体店渠道码洋比重为11.93%。和2022年相比，除短视频电商码洋比重增加外，其他渠道码洋比重均有不同幅度的下降。从头部图书看，短视频渠道头部图书的码洋贡献在增加，销量在10万册以上图书的码洋占比明显提升，而其他渠道头部图书的码洋贡献都有所下降。

从新书出版来看，2023年上市新书占市场总动销品种的7.73%；全国图书零售市场开卷监测码洋为741亿元，其中新书监测码洋约118亿元，新书为图书零售市场贡献了15.95%的销售码洋。与2022年相比，2023年新书品种增加12489种，新书码洋贡献率上升2.32%，新书品种贡献率上升0.41%，反映出新书市场明显复苏，对整个图书市场的促进作用有所增强。从渠道上看，实体书店渠道共上架16.6万种新书，占实体书店渠道总动销品种的10.86%，为实体书店渠道贡献了21.54%的销售码洋；网店渠道共上架13.7万种新书，占网店渠道总动销品种的6.74%，为网店渠道贡献了14.62%的销售码洋。从一级细分类上看，社科类本年度上市新书的码洋占比最高，为该类贡献了19.58%的销售码洋。这说明新书在两类渠道的单品种获益能力都对图书市场的销售提升起到了带动作用。

2023年实体书业零售市场进一步萎缩，读者的消费方式和阅读方式转变，消费意愿更为谨慎。从销售码洋同比看，2023年我国图书零售市场恢复到了正向增长，但如果从实洋规模同比变化来看，2023年实洋同比增长率为−7.04%，和码洋的正向增长形成了鲜明对比，这一差距背后直接指向折扣的变化，2023年零售折扣从2022年的6.6折下降至6.1折。

这说明整体图书市场虽然有所回暖，但消费还比较低迷，仍需时日恢复，图书经营如履薄冰，实体店客流量更是严重下降：2023 年，相比于平台电商和垂直及其他电商，销售码洋分别下降了 3.68% 和 10.08%，实体店渠道依然呈现负增长，同比下降了 18.24%，虽小幅收窄，但降幅依然明显，展望 2024 年依然让人难以乐观，甚至预计形势将进一步加剧。

图书消费市场的萎缩，将对全民阅读产生相应的影响。如从 2023 年各类图书的码洋构成来看，少儿类是码洋比重最大的类别，码洋比重为 27.21%，但同时也是码洋比重降幅最大的门类，同比下降 1.4%。而众所周知，少儿阅读是全民阅读最为基础也最为重要的组成部分之一。因此不妨以少儿读物的消费为例，来展望深圳 2024 年的全民阅读。

作为全国最年轻以及新出生人口最多的城市之一，深圳的少儿阅读一直走在全国的前列，除了有专门的少年儿童图书馆，各市、区图书馆及街道、社区图书馆（室）还设有少儿阅览专区，以及"深圳书城"实体书店的少儿图书销售区域，它们不仅为广大少儿提供直接的阅读条件，而且开展了丰富多彩的阅读活动，为广大少儿提供公共阅读服务。同时，在深圳有以"三叶草"为代表的数量繁多的针对少儿的社会阅读组织，它们以其公益心和专业度，成为推动深圳少儿公共阅读的主力军之一。展望 2024 年，深圳的少儿公共阅读不仅不会萎缩，而且还会继续扩展，如深圳少年儿童图书馆将继续发展"常青藤"联盟学校，推进共享图书项目建设，继续开展阅读推广人培训及中小学图书馆馆员培训；继续开展"我最喜爱的童书"阅读推广活动、作家进校园、科创阅读计划、家庭教育系列讲座、文创区公益培训、"星星的孩子"阅读计划等品牌活动，同时推进"三一讲读""读联体"等数字资源平台建设，完善数字阅读服务。而深圳图书馆在 2024 年将致力于升级未成年人阅读服务体系，培养青少年阅读习惯：

依托统一服务平台,统筹全市公共图书馆少儿业务,协调推进全市公共图书馆少儿文献资源体系建设与服务共享;加强业务研究与数据分析,编写并发布《深圳地区未成年人阅读报告》;加强对各区馆少儿业务的统筹指导,启动"少儿馆员服务素养提升培训"项目,邀请专家、阅读推广人为市、区图书馆少儿馆员进行系统培训,培养懂书、懂孩子、懂阅读推广的综合型少儿馆员;依托"少儿智慧银行"项目,加强统一服务成员馆少儿服务联动,扩大项目影响力。

然而,在将全民阅读区分为"公共阅读"和"私人阅读",而二者同等重要的意义上,居民消费能力和消费意愿下降,大概率也连带居民的图书消费的下降,这不仅对图书的出版与销售产生不利影响,也对全民阅读的深入发展产生负面效应。当然,家庭私人购书量的下降,在另外一方面也可能促进包括少儿在内的广大市民更多地参与到图书馆等公共文化机构所提供的阅读服务上来,这反过来也对公共阅读机构提出了更多、更高要求,对于公共阅读设施、机构及其服务系统而言,图书出版和销售市场的变化,既是挑战,也是机遇。如深圳出版集团将改变传统"书城+"商业逻辑,重新规划企业目标,以"全民阅读推广主力军、品质文化生活引领者、新型文化国企示范者"为定位,大力推动集团深化改革,构建以"综合知识服务"为核心的"内容出版、文化零售、文化空间运营、教育综合服务"四大产业格局,以完成文化零售板块业务整合,进一步实现业务创新、降本增效。深圳图书馆则以北馆全面投入运营服务为契机,充分发挥两馆作为"图书馆之城"行业协调中心、网络数据中心、地方文献中心、信息开发中心、联合采编中心、文献调配中心的作用,推动两馆进入大平台、大服务、大阅读、大参考、大流通的新阶段,努力建成新一代智慧型城市中心图书馆。

（二）从阅读需求上看 2024 年深圳的全民阅读

阅读状况和出版状况相关，但也有所区别，具有自身发展的相对性。当然，二者又具有某种一致性：从理论上说，它们都是基于阅读的社会需求。阅读需求是全民阅读发展的基础，或者说，全民阅读推广活动从设计、推广、落地到吸引全民参与，阅读需求应是整个阅读推广流程中所要考虑到的关键因素。大致说来，阅读需求可分为基础性（实用性）需求和非基础性（非实用性）需求，有学者基于马斯洛需求层次理论，将读者需求分为文献资源层需求、知识管理层需求、知识交流层需求、知识评价层需求和知识创新层需求共五个层次，呼吁图书馆可建立面向读者需求的分层知识服务模型。

从前不久刚发布的《2023 年图书零售市场年度报告》销售数据来看，实现增长的图书门类有以下几类：第一类与身体健康有关，为医学类和生活类，主要源自读者对中医类图书关注度的提升，《美绘国学书系·经典名著·黄帝内经（彩图珍藏版）》《餐桌上的中药》等图书表现较好。第二类和知识、技能提升有关，为心理自助类和经济与管理类，前者主要受《好好接话：会说话是优势，会接话才是本事》《中国式沟通智慧》等，后者主要受《销售就是会玩转情商：别人不说，你一定要懂的销售心理学》《商业的底层逻辑》等短视频高销量图书带动。第三类和热点话题、影视以及直播推荐相关，比如学术文化类中的女性主题图书《始于极限：女性主义往复书简》、电视剧《狂飙》引爆的各版本《孙子兵法》等高销量大众图书。文学类中受直播带动的《额尔古纳河右岸》、受余华流量带动的《我与地坛（纪念版）》以及影视剧带动的《狂飙》等。第四类是和学生学习相关的教辅教材，这类图书偏刚需，加之短视频电商的带动，无论是课外阅读类，还是可以明显击中孩子学习痛点的辅助类图书，都取得了较好的销量表现。可以看到，实现增长的图书门类大多是基础性（实用性）的阅读需求，这也反映出我们的全民阅读工作的重心，应是满足这部分的需求为主，因为它不会因经济发展的波动和社会发展的变动而受大影响，从而也就具有某种恒久性。

那么，就深圳的全民阅读而言，市民的阅读需求及其构成是什么？据《深圳全民阅读发展报告 2023》，2022 年深圳居民人均阅读纸质图书 6.33 本，深圳人均年度阅读电子图书 11.66 本，深圳成年居民数字化阅读方式接触率（包括在线阅读、手机阅读、电子阅读器阅读、Pad 阅读）为 84.2%，比国民数字化阅读接触率高出约 5 个百分点。

深圳学者张晗、熊苗为了解掌握深圳全民阅读需求的基本情况，开展了深度访谈和问卷调查，她们的研究结论是：（1）知识需求是市民参与全民阅读的主要驱动力。在参与过深圳市全民阅读活动的市民中，有接近 85.0% 的市民希望通过参加活动增加知识，而出于能力需求和情感需求占比分别为 49.6% 和 43.8%，出于社交需求和审美需求分别占比 38.5% 和 29.2%。（2）市民重视书单推荐和免费资源。在全民阅读活动重视体验选项中，有 62.3% 和 61.3% 的市民选择了书单推荐与免费资源的体验，此外有 40.6% 的市民重视读者分享的体验。（3）对阅读活动的主题是否感兴趣是决定市民参与的最重要因素。在决定市民参与全民阅读活动的影响因素中，有 60.4% 的市民选择了对阅读活动的主题是否感兴趣。（4）市民对于阅读活动类型的需求。调查结果显示，书展类线下活动最受市民欢迎，占比达 67.6%。分享类和学习类活动需求占比分别为 47.4% 和 45.9%。朗读、音乐、绘画和美食类活动也较受欢迎。线上阅读的荐书、共读类活动分别占比 53.1% 和 47.5%，此外听书、直播、打卡、论坛类活动也受到市民喜爱。（5）市民对数字阅读平台的功能需求。

有 62.4% 的市民希望官方数字阅读推广平台具备线上阅读的功能；其次有 40%—50% 的市民读者希望其还应具备活动预约、线上购书、阅读打卡、城市书店地图、购书优惠券、线上阅读心得交流的功能；相当数量的市民希望官方数字阅读推广平台能提供名家直播和志愿者服务的参与入口。（6）不同学历和收入的市民对阅读活动的体验需求不同。大专学历市民参与全民阅读活动人数比例最高，占比 49.0%，其次为高中 / 中专 / 技校学历市民，占比 35.6%，初中及以下、本科市民占比相当，分别为 34.4%、33.5%。（7）选择使用手机、电脑、平板阅读的市民人数占比随着市民受教育程度的增加整体呈上升趋势。选择手机阅读的初中及以下、高中 / 中专 / 技校、大专、本科及硕士以上学历市民占比分别为 39.1%、56.4%、56.6%、61.7%、56.4%，学历越高的市民手机阅读的使用率越高。（8）良好的阅读方法需求。缺乏良好的阅读方法是市民普遍存在的突出问题，也是初中及以下、高中学历市民的首要阅读困惑，不知道读什么是大专学历市民最突出的问题。

　　由以上阅读需求出发，张晗、熊苗提出如下促进深圳全民阅读发展的建议：一是加快阅读活动免费资源和自有平台等建设。全民阅读推广单位应加快本单位的自有线上阅读平台建设，如读书微信小程序的开发，并尝试整合数字图书馆、数字文献港等资源，通过线上平台免费向公众开放。二是加强社区全民阅读基础设施建设和针对性培训指导。一方面加强社区全民阅读基础设施的建设，加强社区阅读场所的规划和投入，鼓励多种经营方式的文化主体承担举办全民阅读活动；另一方面，建议全民阅读活动要更好地满足市民在提升阅读能力、拓展知识内容、丰富精神生活等方面的需求，常态化举办专项阅读培训类活动，深化阅读活动的供给侧改革。三是提高相关阅读活动类目举办质量。以儿童阅读活动为例，深圳儿童全民阅读活动虽有较高的好评率，但市民对儿童阅读活动的评价随着受教育程度的升高而显著降低。四是多渠道传播以提高全民阅读活动知名度，在全民阅读推广单位加强传统媒体和户外广告宣传的同时，利用短视频、H5、动画、直播等新型媒体技术多渠道传播强化宣传效果，长期开展阅读活动宣传，做出全民阅读推广宣传类的爆款作品，进一步提高城市全民阅读活动的参与度、知名度和影响力。

之所以详尽介绍上述关于阅读需求的研究成果，是因为它对未来深圳的全民阅读提供了积极的启示。一方面，深圳要继续在公共阅读设施和公共阅读服务上继续发力，以从规模总量上满足市民日益广泛的阅读需求，如2024年在加快打造公共文化"新空间"上，一是加快推动湾区书城的各项建设，确保其于2024年12月竣工，推进市文化馆、市少年儿童图书馆维修改造，以及城市街区自助图书馆设备优化更新；二是进一步拓展基层公共阅读空间，加大公共阅读服务供给，积极推动图书馆（室）进机场，指导各区打造环境舒适、各具特色、功能齐备、效益显著的公共阅读示范空间，支持市中心区每个街道建设至少一家24小时自习读书室；三是将公共文化场馆作为重要的文化服务阵地，加快建设和提升品质，推动由公共文化设施向公共文化管理与服务综合体转型，加快建设和提升各区街道级文体中心，以及一批新型高品质文化空间，打造高端优质文化生活圈和市民精神客厅。

另一方面，上述研究也为我们展望2024年深圳全民阅读提了个醒：我们举办了许多活动，是否契合了广大市民真实的阅读需求？若不是基于真实需求而是基于全民阅读推广单位或个人的想象性需求，就是浪费资源，效果就大打折扣，而其中的原因是什么？自2000年举办首届深圳读书月开始，深圳的全民阅读已经开展了20多年，既取得了极大的成绩，也有值得我们反思的地方。而由上述研究结论出发，我们有必要从 2024 年起，一方面，要努力以市民的阅读需求来策划我们的全民阅读活动，使得我们的政府和社会的相关资源配置到最契合读者需求的地方去，如在少儿阅读上，可开展少儿读者服务需求调研，系统梳理图书馆少儿区服务规范与业务流程，升级少儿阅读服务体系；依托图书馆服务阵地，开展分级阅读指导与文献推荐服务；构建少儿服务知识库，加强少儿参考咨询服务。另一方面，则应切实启动严谨有效的真正由第三方独立开展的年度全民阅读绩效评估工作，以验证我们工作的有效性，并对其中存在的问题予以改正完善，推动深圳全民阅读又快又好地开展，使之成为深圳"深化全民阅读"最具示范性的基本举措之一。

（三）从阅读能力提升上看 2024 年深圳的全民阅读

从根本上说，开展全民阅读的主要目的，一是实现和满足人民群众基本的阅读权利，二是提高人民群众的阅读能力。

什么是阅读能力？一般认为阅读能力表现在四个方面：词语和句式的自动化识别；文本语境和阅读图式的建立；阅读策略与元认知技能；阅读的目的和背景。根据现代心理学的研究成果，所谓"元认知"就是"对认知的认知"：人能通过元认知意识到自己的认知过程和认知结果，并对自己的认知进行调节、监控和评价。阅读元认知能帮助阅读者选择最适合的阅读策略，并进行适时调节和监控，使阅读者顺利完成阅读任务。

阅读能力不仅仅是作为一种阅读技巧而存在，从更大的社会层面而言，它是每个公民"免于匮乏的能力"或"免于匮乏的自由"之一种。尤其是在今天这样的知识经济时代，在知识过剩与知识欠缺、信息爆炸与信息鸿沟并存的网络时代，阅读能力是人生存与发展的前提和基础之一。提升人的阅读能力理应成为全民阅读发展的最高宗旨和主要目标之一，它也是培育公民阅读习惯、贯彻终身学习理念、形塑学习型社会的题中应有之义。事实上，调查研究显示，"缺乏良好的阅读方法"是社会存在的普遍突出问题，包括"阅读注意力不集中"问题的人数随着受教育程度的提高反而增加。阅读并不是人类与生俱来的能力，需要在掌握科学方法的同时在实践中不断提高。因此，全民阅读活动要更好地满足市民在提升阅读能力、拓展知识内容、丰富精神生活等方面的需求，常态化举办专项阅读培训、推广类活动。概而言之，基于全民阅读的对象是"全民"，深圳 2024 年乃至未来的全民阅读工作，要以提升市民的阅读能力为核心，建立健全"分众阅读"服务体系，并针对各个年龄段、各个群体的特点予以相应的制度、技术和资源安排：

对婴幼儿及其家庭的阅读推广。研究表明，0—6 岁是培养儿童阅读兴趣、形成儿童阅读习惯、为儿童阅读能力奠定基础的关键时期，早期阅读可以促进儿童社会性发展和认知能力发展，促进家庭亲子关系的和谐，且能预测儿童未来的学业表现，从而为儿童未来的语言和学业发展提供助力。为此英国图书信托基金会、伯明翰图书馆服务部、基层医护服务信托基金会于 1992 年联合发起的"阅读起跑线计划"，旨在让每一个英国儿童都能在早期阅读中受益，这是世界上第一个国家性质的婴幼儿阅读推广计划：项目为每个婴幼儿发放一个免费阅读包，阅读包按 0—12 个月、一岁半到两岁半、3—4 岁分为婴儿包、高级包、百宝箱，进行婴幼儿阅读能力的分级培训，获赠童书的家庭几年后无论是全家人对图书的兴趣，还是亲子共读的频率、全家一起上图书馆的次数都增加了，孩子上学后的基本学力测验成绩也优于其他小孩。在德国，"语言与写作教育计划"是德国所有州都参与的全国规模最大的阅读促进计划，旨在进一步统筹协调各州语言教育政策和阅读促进措施，以帮助孩子在幼儿园和学校提高语言和阅读技能，同时帮助学校找到能够更有效促进儿童和青少年语言和阅读能力发展的理念与方法。在俄罗斯，阅读被视为培养思维和语言能力的重要途径，在 2006 年和 2011 年的 PIRLS（全球学生阅读能力进展研究）测试中，俄罗斯小学生的成绩稳居世界前列。为实现母亲和孩子的共同阅读，俄罗斯公共图书馆建设了母亲阅读资源库，设立了"妈妈书架"，同时大力培养专家馆员，为母亲提供抚养和教育儿童所需的教育学、心理学、医学、法学等知识，帮助母亲成为儿童阅读的指导者，支持母亲履行抚养和教育儿童的职责。在港澳地区，香港特区政府相继推行"一生一卡"等阅读推广计划，构建学校、家庭和社区一体化的阅读促进机制，而在 2018 年澳门公共图书馆举办的阅读活动中，儿童和亲子活动占 87.6%。如上举措取得了很好的成效：在 2016 年 PIRLS 评估中，香港小学阶段儿童的阅读能力水平位列全球第三，在 2018 年的 PISA（国际学生评估项目）测试中，澳门学生的阅读、数学和科学素养三项均位列全球第三。港澳地区学生在全球的不俗表现，很大程度上得益于两地对阅读尤其是对低幼儿童阅读的重视。

在这方面，深圳其实已开始有相似的举措，如深圳市爱阅公益基金会借鉴英国、德国、美国等早期阅读推广项目发放阅读资源包的方式，在深圳市妇女联合会等机构的大力支持下，研制出中国文化情境下适用的 0—3 岁和 3—6 岁阅读包，用于"阅芽计划"。除了为 0—6 岁儿童发放与其年龄对应的阅读包，还开展各种亲子互动的阅读活动，帮助家长掌握培养孩子养成良好阅读习惯的方法和技巧，鼓励家长与孩子一起分享图书、故事和儿歌。在未来，借鉴国外极为成功的经验，相关计划及其执行机构应加强与医疗部门尤其是妇幼保健院的合作，在孕妇进行胎教阶段就进行介入，在孩子出生后由医生亲手发放"阅读包"，往往会取得更佳的家庭阅读推广效果。

完善学生阅读能力培养标准。 中小学阶段是阅读发展的重要时期，对于将来的职业和生活都会产生重要影响。"阅读素养"概念 1991 年由国际教育成就评价协会（IEA）提出，而国际上公认的具有权威性的阅读测评体系主要有三："PISA（国际学生评估项目）""NAEP（美国国家教育进展评价）"以及"PIRLS（全球学生阅读能力进展研究）"。参与国家会通过本国学生在测试中的表现，反思本国阅读教育的不足，如德国在 2000 年 PISA 测评后，发现学生在阅读素养方面不尽如人意，便开始进行一系列的改革措施，完善学前教育、加强教师培训。在每次测试之前，PISA 都会重新对阅读素养内涵进行界定，确定测试标准、评价工具等。随着互联网技术的快速发展，人们从传统的纸质阅读逐渐向数字阅读转变，PISA 关注到这种趋势，在 2018 年的测试中，将阅读对象从"书面文本"变更为"文本"，并进一步丰富了阅读素养的内涵，这也对学生的阅读素养提出了更高要求。建议深圳相关部门积极与上述国际阅读测评组织加强联系，如能以城市为单位参与其测评体系，必将给自身的全民阅读带来焕然一新的变化。

至于大学生阅读能力的提升，则主要在于深阅读能力的培养。深阅读是人对获取信息进行深度理解的过程，能够有效对抗信息化时代阅读的浅表化、碎片化和娱乐化趋势。如牛津大学通过设置小型辅导课帮助学生深度阅读并建立批判性思维。美国的大学以在课程中设置结构化阅读小组的形式，促使大学生开展深度阅读，让小组成员轮流扮演某种角色，每人需在课前完成一套阅读材料，根据小组讨论和发言贡献获得课程分数。此外，国外逐渐发展出了培养学生阅读元认知能力的教学模式，比较典型的有阅读元认知策略教学模式，帮助学生将所有阅读文本与已知的知识建立起有意义的联系。近年来，随着深圳举办大学的数量越来越多，在校大学生规模越来越大，大学生的阅读能力提升也是个日益凸显的全民阅读发展问题。

提升全民数字阅读能力。数字媒介技术的不断发展为读者带来崭新的阅读场景与阅读体验，信息素养与信息通信技术紧密相关，阅读资源的数字化使阅读除了要具备以往的"识字能读"外，还要具备软硬件的使用能力、资源搜索获取和分析整合能力以及相关的各种可迁移能力。国际上许多国家在其国民教育体系中加强数字素养的培养，通过图书馆数字资源利用方式、专业检索技能、实践操作等方面的培育，提高用户的知识应用能力和实操能力，以帮助国民更好地理解和利用数字信息资源。如新加坡政府及图书馆系统推出多项数字素养提升计划，其中"老年人科技与阅读（明星）项目"是针对 50 岁以上老年人开展的一对一服务活动，以帮助他们访问图书馆数字图书报刊资源。德国的法兰克福市图书馆积极与学校联合成立了"学校图书馆工作处"，为学校班级开设内部导览活动、配合教学内容筛选、推荐专题书目等课程，以促进、培养孩子们的信息素养。加拿大教育部门推出了"数字公民"课程，培养批判性思维和数字素养，强调在数字时代如何判断信息的可信度，以及如何使用数字工具进行研究和创造性表达。如上国际行之有效的做法无疑也为深圳未来"深化全民阅读"提供了积极的启示。

此外，我们当然还可以从体制机制等层面展望 2024 年深圳的全民阅读发展，如在互联网卖书平台日益改变图书销售市场、数字阅读越来越成为主流阅读方式的趋势下，再加上经济增速放缓，实体书店已处于生死存亡的关键时刻，如何实现体制机制的创新，使得实体书店既能生存，又能发展，继续发挥其在全民阅读上不可替代的独特作用，是考验我们的决策者和市场主体的核心问题。又如深圳有着数量繁多的社会阅读组织，如何营造一种体制环境吸引它们更好地投入到全民阅读的推广上来，真正发挥其主力军的角色功能，使其在推动阅读、学术研究和项目推广上发挥重要作用，促进政府和社会各领域之间广泛的交流与合作。再如，全球范围内无论是发达国家还是发展中国家，多数阅读推广活动作为非营利性、持续性行为大都受到了政府直接或间接的资助，相关信息和数据公开的权限及操作边界由政府主导，关乎效率、效益评估的信息披露透明度不够高，因此作为自我评估和内部评估的有力补充，第三方评估在独立性、透明性、客观性等方面均有相对优势，如何对开展的阅读活动进行第三方效果评估，也是深圳未来全民阅读深入发展的内在要求。限于篇幅，在此就不再赘述，留待以后有机会再对之细加分析。

杨立青，深圳市社会科学院文化研究所研究员
熊德昌，深圳市文化广电旅游体育局文化产业发展处处长

"阅读高质量发展"专题报告

2023 年"书香深圳"测评结果报告

深圳大学课题组

为推进"书香深圳"营建,持续观测深圳城市阅读建设与推进工作,洞察读者阅读习惯和需求的变化,深圳第十次发布年度城市阅读指数,即 2023 年"书香深圳"测评结果报告,研究结果如下:

2023 年深圳阅读指数为 99.86 分。其中,全民阅读基本建设统计数据得分为 64.56 分,居民阅读行为调查数据得分为 35.30 分。

一、深圳阅读指数的指标体系

(一)阅读指数模型

经过审慎考虑,本课题在 2022 年的基础上,对指标模型和问卷题项进行了适度的调整。鉴于权重与测评内容的变动,为确保结果的准确性与公正性,不建议将 2023 年的测评结果与 2022 年进行对比分析。

深圳阅读指数由 3 个一级指标、22 个二级指标和 52 项具体测评内容组成。基于对阅读概念的界定,并充分参照国家及其他省市相关研究和测评成果,本课题将第一项和第二项一级指标界定为阅读条件,将第三项一级指标界定为阅读行为。整套指标体系如表 2-1 所示:

表 2-1 深圳阅读指数指标体系及权重

一级指标	一级指标权重值	二级指标代码	二级指标权重值	测评内容	测评内容权重值
Ⅰ-1 阅读设施与资源	24%	A1	12.0%	公共图书馆数量	2.0%
				千人阅览座位数	1.0%
				有效读者证数量	3.0%
				人均拥有公共图书馆藏书册数	3.0%
				馆藏电子图书（含有声图书）种类	3.0%
		A2	6.0%	全市实体书店、书吧数量	3.0%
				实体书店年购书人次	2.0%
				实体书店年进出人数	1.0%
		A3	1.0%	深圳地区报纸销售量	1.0%
		A4	1.0%	深圳地区期刊销售量	1.0%
		A5	4.0%	深圳图书销售量	4.0%
Ⅰ-2 阅读支持与保障	19%	A6	2.0%	阅读活动组织数量	2.0%
		A7	3.0%	阅读活动的项目种数	3.0%
		A8	5.0%	阅读活动的场次数量	5.0%
		A9	5.0%	财政性资金投入金额	2.0%
				社会资金投入金额	2.0%
				投入社会资金的机构数量	1.0%
		A10	2.0%	阅读推广人数量	2.0%
		A11	2.0%	报业集团阅读类宣传报道所占百分比	1.0%
				广播电视媒体年阅读报道时长	1.0%

续表

一级指标	一级指标权重值	二级指标代码	二级指标权重值	测评内容	测评内容权重值
Ⅰ-3 阅读行为与活动	57%	A12	8.0%	公共图书馆进馆人次	3.0%
				公共图书馆外借册次	3.0%
				公共图书馆网站点击数	2.0%
		A13	4.0%	每周图书阅读率	1.0%
				每周报纸阅读率	1.0%
				每周期刊阅读率	1.0%
				每周数字化阅读率	1.0%
		A14	4.0%	平均每天图书阅读时长	2.0%
				平均每天报纸阅读时长	1.0%
				平均每天期刊阅读时长	1.0%
		A15	12.0%	每天手机阅读时长	3.0%
				每天平板电脑阅读时长	3.0%
				每天电脑阅读时长	3.0%
				每天阅读器阅读时长	3.0%
		A16	7.0%	每周阅读纸质报纸数量	1.0%
				每周阅读纸质期刊数量	1.0%
				每年阅读纸质图书数量	2.5%
				每年阅读电子图书数量	2.5%
		A17	2.0%	阅读内容广度：人文、科技、技能、教育等	2.0%
		A18	2.0%	阅读活动参与类别	1.0%
				阅读活动参与率	1.0%

续表

一级指标	一级指标权重值	二级指标代码	二级指标权重值	测评内容	测评内容权重值
Ⅰ–3 阅读行为与活动	57%	A19	5.0%	有藏书家庭百分比	2.0%
				家庭平均纸质书藏书量	2.0%
				家庭平均电子书藏书量	1.0%
		A20	5.0%	年纸质阅读消费额	2.0%
				年数字阅读消费额	1.0%
				年纸质图书购买量	1.0%
				年数字图书购买量	1.0%
		A21	4.0%	阅读资源满意度	2.0%
				阅读设施与环境满意度	2.0%
		A22	4.0%	阅读重要性认知	2.0%
				阅读资源年使用率	2.0%

（二）阅读指数计算方法

深圳阅读指数（A）= 全民阅读基本建设统计数据（B）+ 居民阅读行为调查数据（C）

1. 全民阅读基本建设统计数据

全民阅读基本建设统计数据（B）由一组反映推动全民阅读发展的基本建设方面的指标构成，具体指本指标体系中的 A1—A12。此部分资料来源于政府部门连续五年的统计，占全部阅读指数的 51% 权重。

B= 年度统计值 / 参照基准 × 100，年度统计值 = $\sum_{i=1}^{13} A_i \times F$，其中 A1—A12 为各指标代码对应的统计值，F 为指标权重。

参照基准：以过去四年统计值为参照基准，历年的权重以 4：3：2：1 的方式设计，即越近的年份，在指数中影响越大。权重设计比例主要体现发展的现实性和历史性的统一，相对侧重于动态的现实性。具体计算方法是：前一年统计值 ×40% ＋前两年统计值 ×30% ＋前三年统计值 ×20% ＋前四年统计值 ×10%。

由于统计数据的滞后性，纳入当年计算模型中的统计数据为前一年的统计值，即 2023 年全民阅读基本建设统计数据＝ 2022 年统计值 / 参照基准 ×100。

参照基准＝ 2021 年统计值 ×0.4 ＋ 2020 年统计值 ×0.3 ＋ 2019 年统计值 ×0.2 ＋ 2018 年统计值 ×0.1。

2. 居民阅读行为调查数据

居民阅读行为调查数据（C）由一组通过抽样调查收集的、反映居民阅读状况的指标构成，通过问卷调查获得的当年常住人口各指标的统计结果，在指标体系中包括 A13—A22 项。问卷调查于 2024 年 2 月实施。

二、深圳阅读指数调查结果

2023 年深圳阅读指数为 99.86 分。

根据数据来源的不同，深圳阅读指数包括两部分：

一是全民阅读基本建设统计数据（B），它由一组反映推动全民阅读发展的基本建设方面的指标构成，与之对应的是指标体系中的 A1—A12 项。数据来源于政府部门的统计结果。2023 年全民阅读基本建设统计数据得分为 64.56 分。

二是居民阅读行为调查数据（C），它由一组通过抽样调查收集的、反映居民阅读状况的指标构成，与之对应的是指体系中的 A13—A22 项，数据来源于问卷调查。2023 年居民阅读行为调查数据得分为 35.30 分。

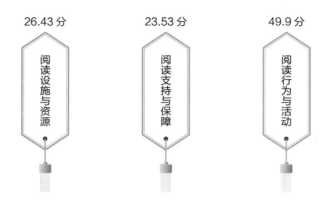

从 3 个一级指标来看：

Ⅰ-1 阅读设施与资源：反映了本市居民阅读活动得以进行所依托的基本条件状况，包括城市为市民提供便于阅读的公共设施、可阅读的内容资源等。它对应于指标体系中的 A1—A5 项，数据均来源于政府部门的统计数据。2023 年"阅读设施与资源"得分为 26.43 分。

Ⅰ-2 阅读支持与保障：反映了政府及相关机构为推动全民阅读开展的各种活动与支持，包括政府为推动全民阅读所提供的经费、组织保障以及开展的各种阅读活动等。它对应于指标体系中的 A6—A11 项，数据均来源于政府部门的统计数据。2023 年"阅读支持与保障"得分为 23.53 分。

Ⅰ-3 阅读行为与活动：反映了深圳市民的阅读习惯、阅读兴趣与阅读投入，内容涵盖阅读的时间和空间、内容的广度和深度、认知态度和实际消费等。它对应于指标体系中的 A12—A22 项。其中 A12 项的数据来源于政府部门的统计数据，A13—A22 项来源于问卷调查的数据。2023 年"阅读行为与活动"得分为 49.9 分。

（一）Ⅰ–1 阅读设施与资源

该指标包括 5 项二级指标，11 项测评内容。2023 年"阅读设施与资源"得分为 26.43 分，其各项内容测评结果如表 2–2 所示：

表 2–2 2023 年"阅读设施与资源"测评得分

二级指标代码	二级指标权重值	测评内容	测评内容权重值	2022 年测评得分	2023 年测评得分
A1	12.0%	公共图书馆数量	2.0%	2.17	2.20
		千人阅览座位数	1.0%	1.01	1.11
		有效读者证数量	3.0%	4.09	4.10
		人均拥有公共图书馆藏书册数	3.0%	2.90	3.09
		馆藏电子图书（含有声图书）种类	3.0%	3.68	3.45
A2	6.0%	全市实体书店、书吧数量	3.0%	3.06	3.30
		实体书店年购书人次	2.0%	1.48	1.44
		实体书店年进出人数	1.0%	1.05	2.30
A3	1.0%	深圳地区报纸销售量	1.0%	0.87	1.01
A4	1.0%	深圳地区期刊销售量 [①]	1.0%	0.93	0.85
A5	4.0%	深圳图书销售量	4.0%	3.86	3.58

"阅读设施与资源"的 11 项测评内容中，7 项测评内容的得分提高了，

---

① 由于未能获得 2021 年深圳地区期刊销售量，2022 年的报告使用 2020 年的销售数据替代。2023 年仍未获得 2021 年深圳地区期刊销售量，将 2021 年期刊销售量用 2020 年和 2022 年的平均值代替。2022 年测评得分重新计算该测评内容。

其他 4 项得分下降的测评内容中，1 个为增速放缓，3 个为统计数据递减导致的得分下降。

　　7 个测评得分提高的内容中，4 项表现出了统计数据的高增长，它们分别是实体书店年进出人数，有效读者证数量，全市实体书店、书吧数量，千人阅览座位数。

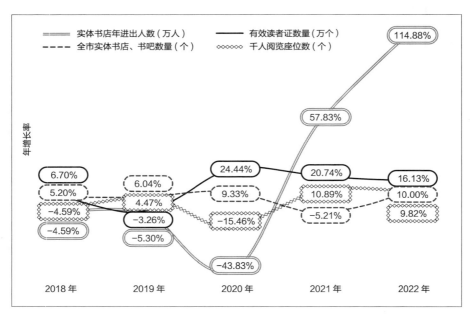

图 2-1　2023 年"阅读设施与资源"增幅最大的 4 项测评内容

　　这 4 项测评内容中，2 项来自二级指标 Ⅱ -1 图书馆，2 项来自 Ⅱ -2 实体书店。根据深圳出版集团的统计数据显示，2022 年六大书城客流数为 1886.06 万人次，比 2021 年的 877.73 万人次翻了一倍。有效读者证数量从 2021 年的 358.6 万个增至 416.45 万个。

表 2-3 2018—2022 年 4 项测评内容的统计数据

二级指标	测评内容	2018 年	2019 年	2020 年	2021 年	2022 年
II-2 实体书店	实体书店年进出人数（万人）	1045.54	990.15	556.12	877.73	1886.06
II-1 图书馆	有效读者证数量（万个）	246.72	238.67	297	358.6	416.45
II-2 实体书店	全市实体书店、书吧数量（个）	182	193	211	200	220
II-1 图书馆	千人阅览座位数（个）	2.91	3.04	2.57	2.85	3.13

3 项测评内容由于统计数据递减导致测评得分下降，它们分别为实体书店年购书人次、深圳地区期刊销售量和深圳图书销售量。

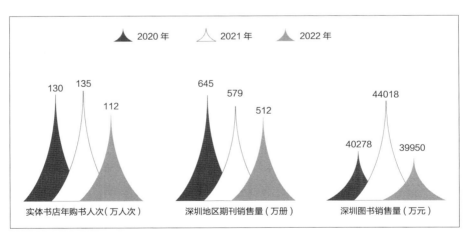

图 2-2 2020—2022 年实体书店年购书人次、深圳地区期刊销售量、深圳图书销售量

馆藏电子图书（含有声图书）种类测评得分为 3.45 分，比 2022 年下

降 0.23 分。从近几年的统计数据来看，馆藏电子图书（含有声图书）种类一直在缓慢增长中，2018—2021 年增幅均在 10% 上下，2022 年只有约 3.90% 的增幅，导致测评得分下滑。

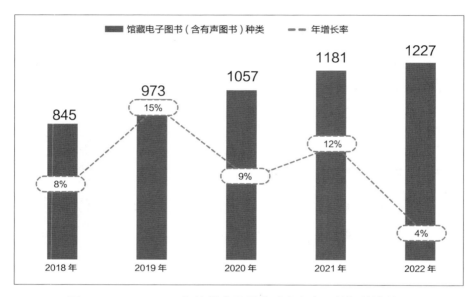

图 2-3　2018—2022 年馆藏电子图书（含有声图书）种类数量

（二）Ⅰ-2 阅读支持与保障

该指标包括 6 项二级指标，共 9 项测评内容。2023 年"阅读支持与保障"得分为 23.53 分。该指标的各项测评内容结果如表 2-4 所示：

表 2-4　2023 年"阅读支持与保障"测评得分

二级指标代码	二级指标权重值	测评内容	测评内容权重值	2022 年测评得分	2023 年测评得分
A6	2.0%	阅读活动组织数量	2.0%	3.55	3.32

二级指标代码	二级指标权重值	测评内容	测评内容权重值	2022年测评得分	2023年测评得分
A7	3.0%	阅读活动的项目种数	3.0%	3.00	3.00
A8	5.0%	阅读活动的场次数量	5.0%	5.87	5.73
A9	5.0%	财政性资金投入金额	2.0%	1.98	1.96
		社会资金投入金额	2.0%	2.69	2.31
		投入社会资金的机构数量	1.0%	0.93	0.98
A10	2.0%	阅读推广人数量	2.0%	2.47	1.97
A11	2.0%	报业集团阅读类宣传报道所占百分比	1.0%	1.02	1.01
		广播电视媒体年阅读报道时长	1.0%	5.03	3.25

"阅读支持与保障"的 9 项测评内容中，测评得分下降的 7 个指标中，只有阅读推广人数量是统计值略有下降导致测评得分降低，其他 6 项测评内容都是增幅放缓导致测评得分有所下降。

9 项测评内容中，统计数据增幅最大的 2 项测评内容分别是广播电视媒体年阅读报道时长和阅读活动组织数量。

（1）广播电视媒体年阅读报道时长，测评得分为 3.25 分，比 2022 年降低了 1.78 分。2021 年广播电视媒体对阅读活动进行了广泛的报道，全年累计 17040 分钟，是 2020 年的将近 5 倍，增幅高达 386.86%，2022 年全年累计报道 28788 分钟，由于基数较大，2022 年的增幅虽然高达 68.94%，但是相比 2021 年仍有较大回落，因此导致测评得分下降。

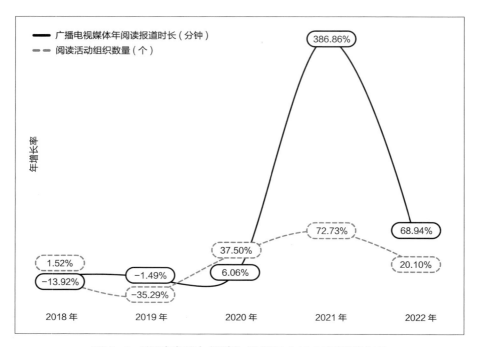

图 2-4 "阅读支持与保障"增幅最大的 2 项测评内容

（2）阅读活动组织数量，测评得分为 3.32 分，比 2022 年降低了 0.23 分。2021 年阅读活动组织数量首次超过 200 个，几乎是 2020 年的 2 倍，增幅高达 72.73%，2022 年增幅回落，导致测评得分下降。

阅读活动的场次数量、财政性资金投入金额、社会资金投入金额、报业集团阅读类宣传报道所占百分比均有不同程度的增长，但是因为增长幅度低于往年，测评得分略有下降。

统计数据显示，财政性资金投入金额近几年一直保持在 2500 万元左右，社会资金投入金额从 2017 年的 1200 万元增长至近两年的 4600 万元左右，几乎是财政性资金投入金额的 2 倍，体现了全民阅读的重要性日益受到认可与重视，社会资金加大投入力度，推动阅读文化的普及。

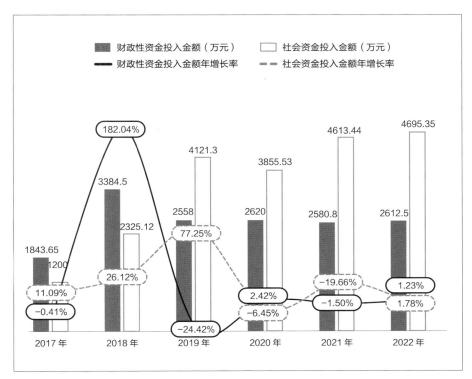

图 2-5　2017—2022 年财政性资金投入金额与社会资金投入金额及年增长率

阅读推广人数量略有下滑，测评得分比 2022 年下降了 0.5 分。2022 年 3125 名阅读推广人，相比 2021 年减少了 299 人，高于 2019 年的 3000 人。

（三）I -3 阅读行为与活动

该指标包括 11 个二级指标，共计 32 项测评内容。其中 A12 项"图书馆阅读"的数据来自公共图书馆的统计数据，A13—A22 项中的数据来自问卷调查。

表 2-5 2023 年"阅读行为与活动"测评得分

指标项	指标代码	指标权重值	测评内容	测评内容权重值	2023 年测评得分
Ⅱ-12 图书馆阅读	A12	8.0%	公共图书馆进馆人次	3.0%	2.04
			公共图书馆外借册次	3.0%	3.42
			公共图书馆网站点击数	2.0%	9.14
Ⅱ-13 阅读率	A13	4.0%	每周图书阅读率	1.0%	0.69
			每周报纸阅读率	1.0%	0.14
			每周期刊阅读率	1.0%	0.15
			每周数字化阅读率	1.0%	0.87
Ⅱ-14 阅读时长	A14	4.0%	平均每天图书阅读时长	2.0%	1.35
			平均每天报纸阅读时长	1.0%	0.28
			平均每天期刊阅读时长	1.0%	0.33
Ⅱ-15 数字阅读时长	A15	12.0%	每天手机阅读时长	3.0%	1.99
			每天平板电脑阅读时长	3.0%	1.64
			每天电脑阅读时长	3.0%	2.27
			每天阅读器阅读时长	3.0%	2.10
Ⅱ-16 阅读量	A16	7.0%	每周阅读纸质报纸数量	1.0%	0.03
			每周阅读纸质期刊数量	1.0%	0.02
			每年阅读纸质图书数量	2.5%	0.17
			每年阅读电子图书数量	2.5%	0.21
Ⅱ-17 阅读内容广度	A17	2.0%	阅读内容广度:人文、科技、技能、教育等	2.0%	0.05

续表

指标项	指标代码	指标权重值	测评内容	测评内容权重值	2023年测评得分
Ⅱ-18 阅读活动参与度	A18	2.0%	阅读活动参与类别	1.0%	0.01
			阅读活动参与率	1.0%	0.25
Ⅱ-19 家庭藏书量	A19	5.0%	有藏书家庭百分比	2.0%	1.51
			家庭平均纸质书藏书量	2.0%	0.91
			家庭平均电子书藏书量	1.0%	0.31
Ⅱ-20 阅读消费	A20	5.0%	年纸质阅读消费额	2.0%	9.94
			年数字阅读消费额	1.0%	2.33
			年纸质图书购买量	1.0%	0.13
			年数字图书购买量	1.0%	0.15
Ⅱ-21 阅读条件满意度	A21	4.0%	阅读资源满意度	2.0%	1.96
			阅读设施与环境满意度	2.0%	1.97
Ⅱ-22 阅读认知	A22	4.0%	阅读重要性认知	2.0%	1.96
			阅读资源年使用率	2.0%	1.58

1. 阅读率

2023年度深圳成年居民的阅读习惯相较于2022年发生了显著变化。图书阅读率虽然略有下降，但整体上仍保持着较高的水平，达到了69.05%。然而，报纸阅读率和期刊阅读率的降幅却十分明显，分别降至13.55%和15.18%。与此同时，数字化阅读率呈现出小幅提升，达到87.34%。

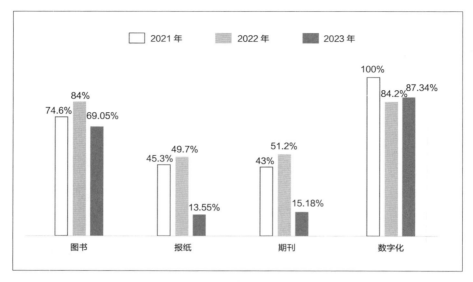

图 2-6 2021—2023 年深圳成年居民阅读率

这一变化背后，既反映了新冠肺炎疫情结束后人们生活方式的新转变，也凸显了科技互联网迅猛发展的影响力。随着健康生活方式逐渐成为人们追求和关注的核心，越来越多的人选择投身于户外运动和健身活动，这无疑分散了他们在传统媒体上的阅读时间。而报纸和期刊，受限于其物理形态和发行周期，难以适应现代人快节奏、高效率的生活需求，因此阅读率出现下滑。

相比之下，数字化阅读方式如手机阅读、电子阅读器阅读、平板电脑阅读等，以其便捷、高效、互动的特点，赢得了越来越多读者的青睐。这些数字化阅读工具不仅可以让人们随时随地获取阅读内容，还能通过智能推荐、个性化设置等功能，提升阅读体验。此外，数字化阅读还能实现内容的快速搜索、标注和分享，满足现代人在阅读过程中的多元化需求。

因此，随着科技的不断进步和消费时代的变迁，数字化阅读率有望继续提升，而传统媒体如报纸和期刊则需要积极创新，寻找新的发展路径，以适应这一趋势。

2. 阅读时长

2023 年，深圳成年居民中，有阅读行为的人群平均图书阅读时长为 67.54 分钟，平均报纸阅读时长为 28.09 分钟，平均期刊阅读时长为 32.69 分钟。与 2022 年相比，图书和报纸的阅读时长略有下降，而期刊阅读时长则略有提升。

从阅读时长的变化来看，尽管图书阅读仍是深圳成年居民较为钟爱的阅读方式，但现代社会的快速节奏和多样化的娱乐形式正悄然改变着人们的阅读习惯。人们现在更习惯于利用碎片化的时间进行阅读，而非长时间沉浸在图书的阅读中。这种转变与当下短视频的流行和资讯的丰富性密不可分，它们为人们提供了更加便捷、即时的信息获取方式。

与此同时，报纸阅读的状况则显得尤为严峻。阅读率的显著下滑以及读报人群平均阅读时长的减少，都凸显了报纸在现代社会中的困境。这一变化在很大程度上归因于社交媒体的发达与资讯的丰富。相比之下，报纸的更新速度和获取方式显得相对滞后，难以满足现代人对于即时信息的需求。

相对而言，期刊阅读时长的提升则显得引人注目。这可能与特定群体对专业知识和深度内容的持续需求有关。这些群体可能更加注重对某一领域的深入研究和学习，因此更倾向于选择期刊作为获取专业信息的来源。

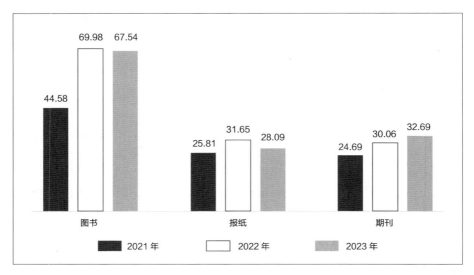

图 2-7　2021—2023 年平均每天图书、报纸、期刊阅读时长（分钟）

　　深圳成年居民在数字阅读领域的行为表现日益多元化，各类阅读工具的使用时长呈现出显著的变化。2023 年，深圳居民日均使用手机进行数字阅读的时长为 66.18 分钟，使用平板电脑阅读的时长为 54.5 分钟，而使用电子阅读器阅读的时长则高达 75.73 分钟。与 2022 年相比，手机阅读时长略有减少，而平板电脑阅读时长近乎翻倍，电子阅读器阅读时长更是实现了三倍的增长。

　　手机作为日常生活中最为普及的阅读工具，其阅读时长的减少可能意味着居民在阅读过程中开始追求更高的质量和效率，或是受到其他阅读设备的竞争影响，当然与短视频的爆发也不无关系。

　　与此同时，平板电脑阅读时长的增长揭示了其独特的优势。平板电脑的大屏幕提供了更为舒适的阅读体验，其便携性和握持感使其成为家中或休闲场所进行长时间阅读的理想选择。许多居民可能倾向于利用平板电脑来享受阅读带来的愉悦。

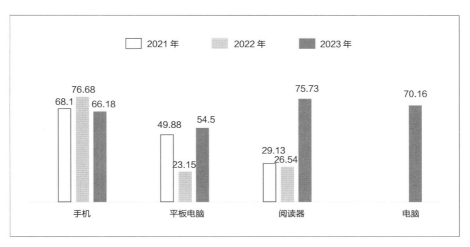

图 2-8 2021—2023 年平均每天手机、平板电脑、阅读器、电脑阅读时长（分钟）

电子阅读器阅读时长的爆发式增长尤其引人注目。这一增长突显了电子阅读器在专业阅读领域的独特地位。其长续航、无辐射、高清晰度等特点满足了读者对于深度阅读和长时间阅读的需求，使其成为追求高质量阅读体验的首选工具。

此外，2023 年增加了对电脑阅读时长的考察，数据显示深圳成年居民每天电脑阅读时长为 70 分钟左右。这一数据表明，电脑作为重要的学习和工作工具，在市民的阅读生活中扮演着越来越重要的角色。通过电脑进行阅读，市民可以更加方便地查阅文献、浏览网页、参与在线学习等，从而丰富自己的知识体系和提升个人能力。

3. 阅读量

从各类读物的阅读量上看，2023 年深圳居民人均每年阅读纸质书 6.72 本，比 2022 年多出 0.4 本左右；人均每年阅读电子书 8.25 本，比 2022 年下降了 3.41 本。其他纸质媒介中，报纸的阅读量保持在人均每周 3.05 期，纸质期刊为 2.13 期。

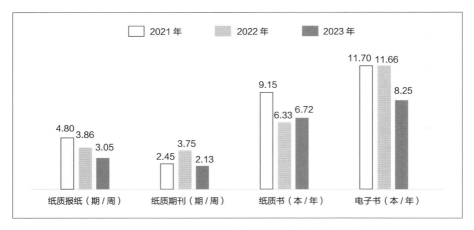

图 2-9 2021—2023 年深圳成年居民阅读量

4. 阅读消费

在图书购买量方面，对于有图书购买行为的群体而言，电子书人均购买量达到了 14.77 本，而纸质书则为 13.45 本。这一数据表明，电子书展现出了强劲的增长势头，其购买量已经超过了纸质书。这一现象不仅反映了市民对电子书的青睐，也体现了数字阅读市场的不断扩大和市民阅读习惯的转变。

图 2-10 2023 年深圳市民传统阅读与新媒体阅读对比

从消费额的角度来看，尽管数字阅读的消费金额仅为纸质阅读的一半，但考虑到电子书的价格普遍偏低，这一数据实际上揭示了数字阅读消费的巨大潜力。

家庭纸质书的藏书量为 45.57 本，电子书 31.37 本，相比 2022 年均有不同程度的增长。纸质书作为传统的阅读媒介，其独特的触感和书香气息一直深受读者喜爱。家庭纸质书藏书量的增长，说明了市民对于纸质书的钟爱和收藏意愿。而电子书作为新兴的阅读媒介，其便捷性和互动性也为市民带来了全新的阅读体验。家庭电子书藏书量的增长，则表明市民对于数字阅读的接受度和依赖度在不断提高。

三、2023 年深圳阅读指数调查主要结论

（一）社会资金稳步增长，助力公共事业

社会资金投入自 2017 年的 1200 万元迅猛增长至 4600 万元，与财政性资金投入的差距逐年扩大。这一显著增长凸显了社会资本对公共事业和项目的投入意愿日益增强，这不仅是我国经济社会快速发展的体现，也表明越来越多的社会资本具备参与社会建设和公共服务的实力与意愿。此举不仅有助于缓解政府财政压力，更推动了公共事业的多元化发展。

此外，社会资金投入的激增亦反映了市场在资源配置中的核心作用。社会资本能够基于市场需求和效益预期，自主决定投资方向和项目，从而更有效地利用资源，提升公共服务的供给质量与效率。

这种增长趋势亦得益于政府政策的积极引导和有力支持。展望未来，随着市场经济的深入发展与政府政策的持续优化，社会资金在公共事业中

将扮演愈发重要的角色，发挥不可或缺的推动作用。

（二）纸质图书稳中求进，报纸期刊式微

2023 年深圳居民的阅读习惯展现了新的发展趋势。一方面，图书依然是深圳居民阅读的主体，尽管图书阅读率略有下滑，但在有阅读行为的群体中，人均阅读时长基本保持稳定。值得注意的是，纸质书的人均年阅读量略有提升，而电子书的阅读量却显著下降了 3.41 本。纸质书人均年阅读量的稳步增长可能源于其独特的阅读体验与收藏价值，这使得部分读者坚持选择纸质书阅读。而电子书的阅读量下滑，则可能受到当前短视频、娱乐化趋势的冲击。

另一方面，报纸的阅读率和阅读时长均呈现下降趋势。社交媒体和短视频的迅猛发展，各类行业的影响者层出不穷，人们获取新闻和信息的渠道愈发多元化，导致报纸的受众逐渐分散，阅读时长也相应减少，报纸在当前的媒体环境中愈发艰难。

期刊方面，阅读率和阅读量均有显著下降，但令人欣慰的是，阅读时长却有所增加。这反映出期刊阅读群体对期刊内容的阅读更为深入和专注。

（三）数字阅读率增长背后的隐忧

数字阅读率持续攀升，特别是平板电脑和电子阅读器等设备的阅读时长增长显著。随着数字技术的不断普及与演进，手机、平板电脑及电子阅读器等工具在市民中广泛使用，极大提升了获取信息与知识的便捷性。此外，电脑的阅读时长也反映出市民在工作和学习中对电脑的依赖。这些多元化的阅读方式不仅满足了市民多样化的阅读需求，也有效推动了阅读文

化的广泛传播与普及。

然而，值得注意的是，尽管数字阅读率整体呈现增长态势，但手机阅读时长与电子书阅读量的明显下滑，却揭示出阅读行为正受到新媒体形式的深刻影响。在数字时代，短视频、社交媒体等娱乐化内容以其直观、生动的特点，吸引了大量用户的眼球，使得传统阅读在某种程度上被边缘化。

同时，电子书阅读量的减少也反映了市民阅读习惯的转变。尽管电子阅读器、平板电脑等设备提供了便捷的数字化阅读体验，但电子书的阅读量却未能持续增长。这可能与电子书的内容质量、阅读体验以及用户阅读习惯的变化有关。此外，随着有声书、漫画等新型阅读形式的兴起，市民的阅读选择也变得更加多样化，电子书可能不再是他们的首选。

这一现象也提示我们，在数字时代，阅读文化的推广与保护需要更多的关注与努力。我们应该积极应对新媒体的挑战，提升电子书的内容质量和阅读体验，同时推动阅读形式的创新，以满足市民多样化的阅读需求。此外，通过举办阅读活动、推广阅读文化等方式，激发市民的阅读兴趣，提高阅读在社会生活中的地位，也是推动阅读文化发展的重要途径。

（四）数字阅读市场：培育消费习惯，激发增长潜力

消费市场的动态变化反映了深圳成年居民对电子书接受度的显著提升以及数字阅读市场的稳步发展，也预示了数字阅读消费额在未来有望实现快速增长，成为消费市场的一股新兴力量。

然而，尽管数字阅读市场展现出广阔的前景，但当前数字阅读定价较低的现象也揭示出在数字阅读方面的消费习惯仍需进一步培养和引导。这

既涉及人们对于数字阅读价值的认知，也关联到他们对数字阅读体验的需求。因此需要积极采取行动来推动数字阅读市场的健康发展。

四、小结

在当今互联网蓬勃发展的时代背景下，移动智能设备的普及极大地丰富了人们获取信息的渠道，使得阅读方式呈现出前所未有的多样化态势。传统的纸质文字阅读逐渐让位于数字化阅读、移动阅读等新型阅读方式，共同构建了一个全新的阅读生态。这种变革不仅拓宽了人们获取知识的途径，还极大地提升了阅读的便捷性和互动性，为阅读文化的深入发展注入了新的活力。

特别是新冠肺炎疫情之后，人们的生活方式与理念发生了显著变化，阅读方式、选择及体验均展现出新的活力和趋势。这种变化既是时代发展的必然结果，也是市民阅读需求深刻转变的直观体现。

推动阅读文化的发展，不仅是文化部门的职责所在，更是全社会共同努力的目标与追求。展望未来，应继续深化阅读文化的推广与普及，不断提升市民的阅读素养和热情。通过举办丰富多样的阅读活动、提供优质的阅读资源以及创新阅读服务方式，致力于让阅读成为全社会共同追求的美好生活方式，为深圳市的文化建设和社会发展注入源源不断的活力。

2024 年深圳"图书馆之城"阅读报告

深圳图书馆 深圳图书情报学会

2023 年，是全面贯彻落实党的二十大精神的开局之年，也是"图书馆之城"建设 20 周年、深圳图书馆北馆建成开放之年。深圳市各级公共图书馆深入学习宣传贯彻党的二十大精神，高擎习近平文化思想旗帜，自觉担负起新的文化使命，围绕"高质量发展"主线，联合发挥公共阅读服务主力军作用，持续推动统一服务、馆藏资源、阅读推广、学术研究、技术应用等多领域创新升级，为促进市民阅读习惯养成、打造"处处可读、时时可读、人人可读"的书香深圳贡献图书馆行业力量与智慧。

一、统一服务迈向"新高度"，多项数据破历史纪录，展现新时代全民阅读高质量发展典范

2003 年，深圳在全国率先提出建设"图书馆之城"。2009 年，《深圳市"图书馆之城"统一技术平台建设方案》印发，"统一服务"正式启动。2012 年 4 月，深圳图书馆、各区级图书馆及其分馆、全市自助图书馆全部加入"统一服务"。"统一服务"整合全市公共图书馆服务系统和文献资源，在全市范围内为市民提供统一图书馆服务；读者只要拥有一张

"图书馆之城"读者证，即可在全市加入"统一服务"的任一公共图书馆享用阅览文献、借还文献、查阅数字资源等图书馆服务。2013 年 3 月，"图书馆之城"统一服务被授予广东省特色文化品牌。2013 年 12 月，深圳大学城图书馆加入"统一服务"。

截至 2023 年底，深圳共有 1125 个服务网点（包含 804 家公共图书馆、321 台自助图书馆）加入"图书馆之城"统一服务体系，占全市公共图书馆总量的 94.54%，年度新增 157 个统一服务网点。"图书馆之城"统一服务成员馆文献总藏量 6014.37 万册/件，包含实体文献藏量 2672.12 万册/件，电子文献藏量 3342.25 万册/件；其中，深圳图书馆、深圳大学城图书馆 2 家市级馆实体文献藏量 900.08 万册/件，占比 33.68%，同比增长 5.15%。2023 年，"图书馆之城"统一服务成员馆进馆读者 3368.79 万人次，实体文献外借总量 2298.37 万册次，举办线上、线下阅读推广活动超 2.8 万场次、参与市民读者 2677.34 万人次。

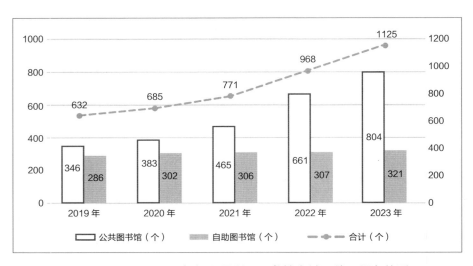

图 2-11　2019—2023 年加入深圳"图书馆之城"统一服务体系
各类图书馆数量对比

（一）新增注册读者 77 万余人，同比增长 30%，居历年之最

1.2023 年，"图书馆之城" 统一服务新增注册读者 77.28 万人，同比增长 29.75%，比 2019 年增长 174.63%，是 2013 年的 4.47 倍。截至 2023 年底，统一服务累计持证读者 478.54 万人，全市持证率 27.09%[①]；其中女性读者占比 52.22%，男性读者占比 47.78%。

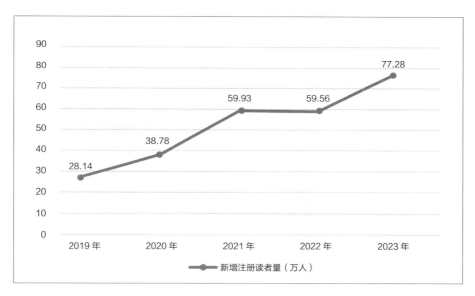

图 2-12　2019—2023 年深圳 "图书馆之城" 统一服务平台新增注册读者量对比

2.2023 年新增注册读者中，从办证方式看，48.4 万人通过移动服务平台注册 "虚拟读者证"[②]，占比 62.63%，同比增长 9.93%；从注册读者

---

① 根据深圳市 2022 年末常住人口数 1766.18 万人计算。
② 2018 年 10 月底，虚拟读者证上线，读者通过微信服务号中的 "在线实名认证" 或 "E 证通" 两种认证方式无需到馆即可在线申办。

证类型看，75.91 万人注册"鹏城励读证"①，占比高达 98.23%，同比增长31.56%。

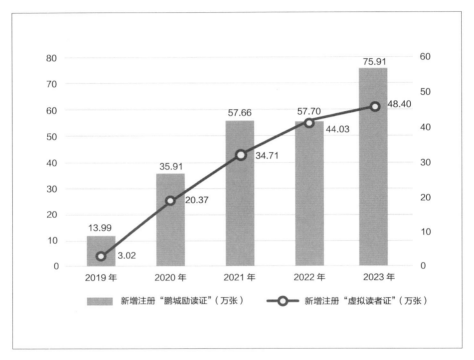

图 2–13　2019—2023 年深圳"图书馆之城"统一服务平台新增注册
"虚拟读者证"和"鹏城励读证"对比

---

① 2019 年 11 月，"鹏城励读证"上线，市民在深持本人有效身份证件即可在移动终端或加入统一服务的公共图书馆办理，凭证可"免押"借阅全市统一服务中文文献 5 册 / 件，方便市民畅享"图书馆之城"的各种便捷服务。2021 年"图书馆服务宣传周"期间，统一服务平台各成员馆启动"倍增计划"，即鹏城励读证可外借中文文献数量由 5 册提高至 10 册。2022年 7 月 1 日起，"鹏城励读证"权限进一步升级，可借文献权限扩大为"10 册中文文献 +1册原版外文图书"。

（二）文献外借量、文献归还量均创历史新高，借还总量高达 3892.61 万册次，同比增长 55.09%

1.2023 年，"图书馆之城"统一服务文献借还量 3892.61 万册次，同比增长 55.09%，是 2013 年的 2.53 倍。其中，文献外借量 2298.37 万册次，同比增长 56.75%；文献归还量 1594.24 万册次，同比增长 52.75%。

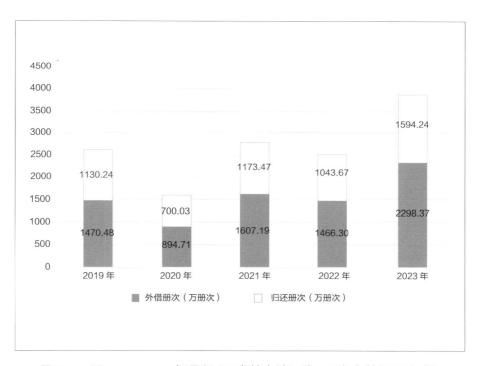

图 2-14　图 2019—2023 年深圳"图书馆之城"统一服务文献借还量对比

2.16:00—16:59 一直是图书馆馆舍借书最繁忙的时段。

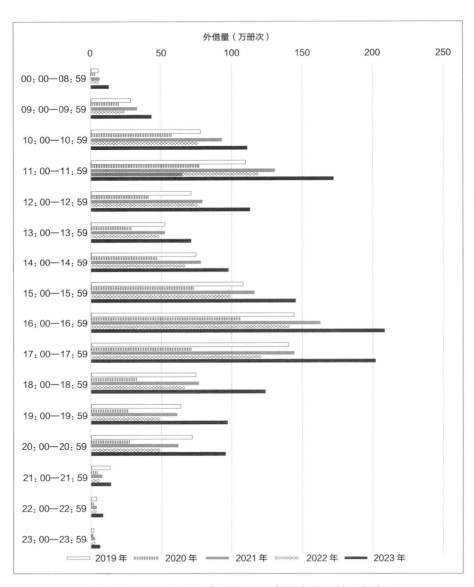

图 2-15　2019—2023 年深圳"图书馆之城"统一服务
读者到馆外借文献（万册次）时段分析

3.20:00—20:59 一直是自助图书馆借书最繁忙的时段。

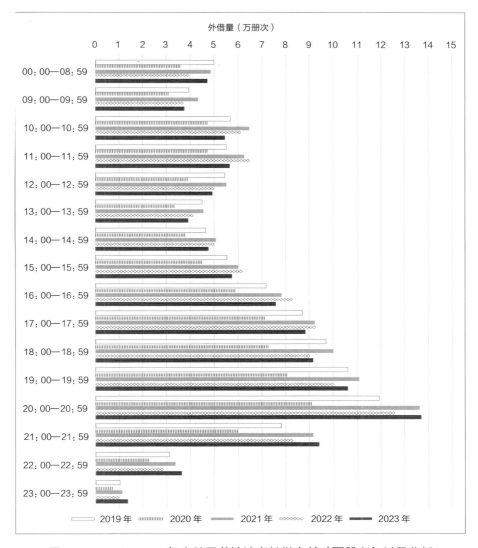

图 2-16 2019—2023 年自助图书馆读者外借文献（万册次）时段分析

（三）异地还书量、多网点外借读者人数均达历史峰值，同比分别增长约 48%、38%，统一服务效能凸显

1.2023 年，"图书馆之城"统一服务异地还书量 311.88 万册次，占文献还回总量的 19.56%，同比增长 48.13%，比 2019 年增长 87.48%。

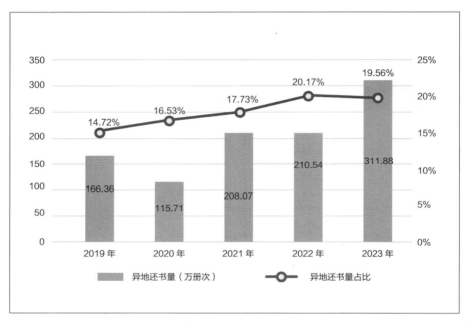

图 2-17　2019—2023 年深圳"图书馆之城"统一服务异地还书量对比

2.2023 年，在 2 家及以上图书馆借阅过文献的读者有 39.26 万人，占外借读者总人数的 58.07%，占比与 2022 年相比基本持平，同比增长 37.65%，比 2019 年增长 24.43%。

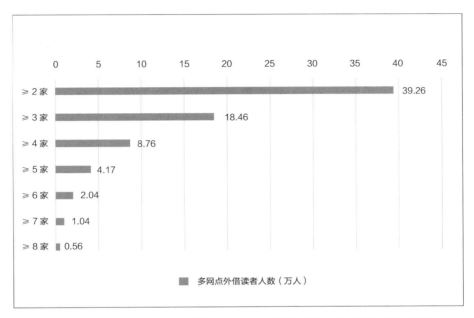

图 2-18　2023 年深圳"图书馆之城"统一服务多网点外借读者数量对比

（四）文献续借、转借量创新高，惠民服务深入人心

1.2023 年，"图书馆之城"统一服务平台文献续借量 674.95 万册次，同比增长 66.29%，是 2019 年的 2.07 倍。读者续借图书首选移动平台（含"深圳图书馆｜图书馆之城"微信服务号、各馆微信公众号、支付宝城市服务、移动版网站等），在文献续借总量中占比高达 81.62%；读者还可通过 PC 端网站、自助图书馆、拨打服务电话进行文献续借，占比分别为1.02%、0.83%、0.16%。

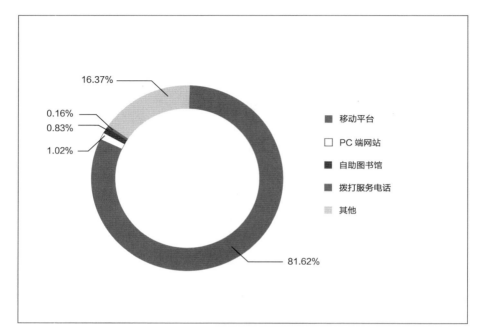

图 2-19   2023 年深圳"图书馆之城"统一服务平台文献续借量对比

2.2023 年，"图书馆之城"统一服务平台文献转借①量 74.87 万册次，同比增长 118.53%，是 2019 年的 4.22 倍。微信一直是读者转借图书首选的方式，占比高达 97.69%；支付宝城市服务、移动版网站占比分别为 1.99%、0.33%。

---

① 文献转借是指在"图书馆之城"统一服务互通互联的基础上，读者无需到图书馆或者自助设备办理图书借还手续，只需通过微信或支付宝的"扫一扫"功能，扫描所借图书的二维码，即可实现自行交换文献，轻松便利分享阅读乐趣。服务流程：文献转出读者登录手机版"我的图书馆" --> 打开"我的借阅" --> 点击图书后面的"转借"按钮 --> 系统弹出二维码 --> 文献转入读者用微信或支付宝的"扫一扫"功能扫描这个二维码 --> 点击"确认转借"按钮，完成图书转借。

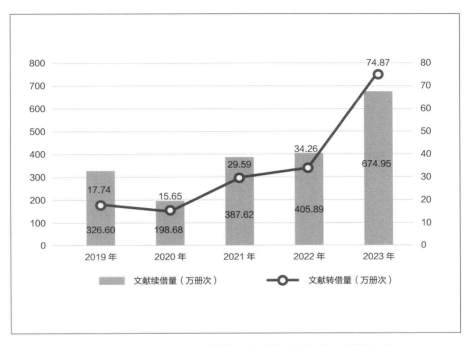

图 2-20　2019—2023 年深圳 "图书馆之城" 统一服务平台
文献续借量和转借量对比

（五）人均外借量 34 册次，年度外借量最多的读者借阅文献
2857 册次，均创新纪录

　　2023 年，"图书馆之城" 统一服务平台共有 67.60 万读者借阅过实体
文献，人均外借量 34 册次，同比增长 13.45%。从外借读者的男女性别
来看，女性读者数量是男性读者的 1.58 倍，女性读者借阅量是男性读者
的 1.57 倍；女性、男性读者的人均外借量分别为 34.07 册次、33.83 册次。
年度外借文献 10 册及以上的读者 37.2 万人，同比增长 41.15%。全市年度
外借量最多的读者借阅文献 2857 册次。

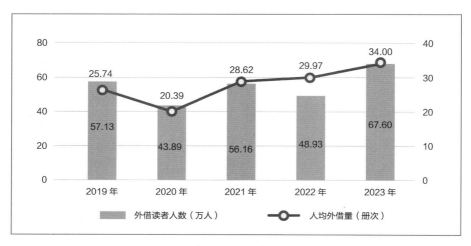

图 2-21　2019—2023 年深圳"图书馆之城"统一服务平台
外借读者人数和人均外借量对比

（六）18—44 岁读者外借量占比超 6 成，0—12 岁读者人均借阅量 41 册，位列各年龄段榜首

1.2023 年，"图书馆之城"统一服务持证读者中，18—44 岁读者有 332.68 万人，占持证读者总数的 69.57%，居各年龄段之最；45—59 岁、0—12 岁、13—17 岁、60 岁及以上持证读者占比依次递减，分别为 12.78%、8.17%、5.64%、2.62%。各年龄段持证读者占比增长最多的为 0—12 岁。

2.2023 年，"图书馆之城"统一服务外借读者人数中，18—44 岁读者人数最多，为 44.78 万人，占比 66.24%；其次为 0—12 岁、45—59 岁读者，占比分别为 16.76%、9.37%。外借读者人数增幅最高的为 60 岁及以上读者，同比增长 52.44%；13—17 岁、0—12 岁外借读者人数增幅紧随其后，居各年龄段第二、三名。

3.2023 年，"图书馆之城"统一服务外借册次中，18—44 岁读者外借量高达 1457.85 万册次，占外借总量的 63.43%，位列第一；0—12 岁读者外借量 469.67 万册次，占比 20.43%，排第二；45—59 岁读者外借量 216.64 万册次，占比 9.43%，排第三。外借册次增幅最高的为 13—17 岁读者，同比增长 83.32%。

　　4.2023 年，"图书馆之城"统一服务外借读者人均借阅量中，0—12 岁读者 41.46 册，排首位；60 岁及以上、45—59 岁、18—44 岁读者依次递减，均超过 30 册。13—17 岁读者人均借阅量增幅最高，为 21.32%。

表 2-6　2021—2023 年深圳"图书馆之城"统一服务各年龄段外借读者分析

年份	项目	各年龄段				
		0—12 岁	13—17 岁	18—44 岁	45—59 岁	60 岁及以上
2021 年	累计注册读者/万人	26.21	16.18	244.09	41.61	7.67
	累计注册读者占比	7.68%	4.74%	71.50%	12.19%	2.25%
2022 年	累计注册读者/万人	29.31	20.88	284.41	50.89	9.77
	累计注册读者占比	7.31%	5.21%	70.94%	12.69%	2.44%
2023 年	累计注册读者/万人	39.09	26.97	332.68	61.13	12.55
	累计注册读者占比	8.17%	5.64%	69.57%	12.78%	2.62%

续表

年份	项目	各年龄段				
		0—12岁	13—17岁	18—44岁	45—59岁	60岁及以上
2023年累计注册读者占比变化		0.86% ↑	0.43% ↑	1.37% ↓	0.09% ↑	0.18% ↑
2021年	外借读者人数／万人	8.40	2.94	39.10	4.71	0.96
	外借读者人数占比	14.96%	5.24%	69.63%	8.38%	1.70%
2022年	外借读者人数／万人	7.66	2.55	33.56	4.29	0.82
	外借读者人数占比	15.65%	5.21%	68.58%	8.77%	1.68%
2023年	外借读者人数／万人	11.33	3.85	44.78	6.34	1.25
	外借读者人数占比	16.76%	5.70%	66.24%	9.37%	1.84%
2023年外借读者人数增幅		47.91%	50.98%	33.43%	47.79%	52.44%
2021年	外借册次／万册（件）	299.74	62.85	1059.96	144.74	31.69
	外借册次占比	18.65%	3.91%	65.95%	9.01%	1.97%
2022年	外借册次／万册（件）	293.15	52.99	951.72	126.15	27.83
	外借册次占比	19.99%	3.61%	64.91%	8.60%	1.90%

续表

年份	项目	各年龄段				
		0—12岁	13—17岁	18—44岁	45—59岁	60岁及以上
2023年	外借册次/万册（件）	469.67	97.14	1457.85	216.64	44.63
	外借册次占比	20.43%	4.23%	63.43%	9.43%	1.94%
2023年外借册次增幅		60.21%	83.32%	53.18%	71.73%	60.37%
2021年	外借读者人均借阅量/册/人	35.69	21.35	27.11	30.75	33.14
2022年	外借读者人均借阅量/册/人	38.27	20.77	28.36	29.41	33.85
2023年	外借读者人均借阅量/册/人	41.46	25.20	32.56	34.19	35.84
2023年外借读者人均借阅量增幅		8.34%	21.33%	14.81%	16.25%	5.88%

（备注：上表不含非居民身份证注册读者外借数据）

（七）自助图书馆累计文献借还1267.15万人次、3448.54万册次

2023年，全市共有321台自助图书馆加入"图书馆之城"统一服务体系，包含235台城市街区自助图书馆、71台24小时书香亭、15台其他类型自助图书馆，覆盖全城所有街道。2023年，全市321台自助图书馆外借文献111.85万册次，同比增长6.38%，占统一服务平台外借量的4.87%；归还文献196.78册次，同比增长11.29%，占统一服务平台归还量的12.34%。截至2023年底，自助图书馆累计借还文献达1267.15万人次、3448.54万册次。

阅历史文脉 读现代文明

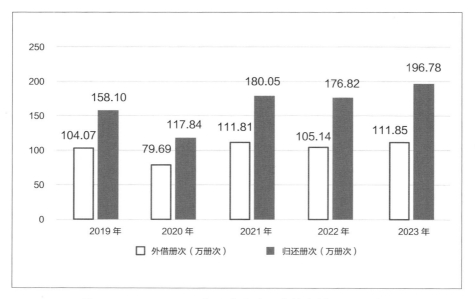

图 2-22 2019—2023 年全市自助图书馆文献借还量对比

二、经典名著焕发"新活力","南书房家庭经典阅读书目"推荐推广十年计划圆满收官,文学类图书稳居图书外借排行榜榜首

　　阅读经典,代表着我们唤醒人类优良经验的"记忆",吸收世界文明的璀璨精华与绚丽成果。图书馆是世界文献遗产及其蕴藏的思想和创造力的主要存储库,深圳市、区公共图书馆将推广经典作为重要使命,为公众创造阅读经典的温床,引导读者与经典同行、与文学相伴,回归最纯粹最质朴的阅读本身。从 OPAC 搜索热词、"南书房家庭经典阅读书目"推荐图书借阅情况以及图书外借排行榜等读者阅读行为偏好分析,市民高度重视并热爱经典著作,阅读热情逐年高涨。

（一）OPAC[①]检索热词：总搜索次数近 1925 万次，"西游记"跃居第一，经典文学名著常年领跑

2023 年，读者通过"图书馆之城"进行 OPAC 关键词搜索次数高达 1924.67 万次，同比增长 108.22%，创历史新高。"西游记"以 15.24 万搜索次数登上图书馆网站 OPAC 关键词搜索排行榜榜首，热度逐年升高，从 2019 年第六稳步上升至 2023 年第一，搜索次数增长 4.67 倍，经典名著持续焕发生命力。"活着""明朝那些事儿"关注度升高，首次冲入前三，分别以 14.71 万、13.08 万的搜索次数位居 OPAC 关键词搜索排行榜第二、三名。"红楼梦""三体"等关键词常年位列搜索榜前 10，一直备受读者关注。

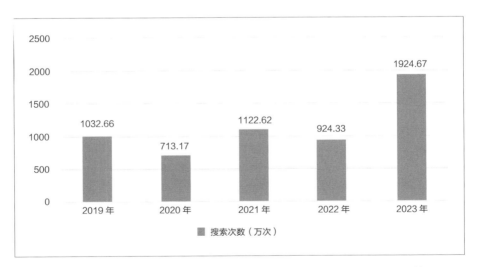

图 2-23　2019—2023 年深圳"图书馆之城"OPAC 关键词搜索次数

---

① 联机公共目录检索系统 (Online Public Access Catalog；OPAC)，作为图书馆自动化系统最终面对用户的互动界面，是图书馆和读者在网上交流的最重要的窗口，起着沟通用户与馆藏资源、用户与资源服务的作用，为用户通过网络检索和利用图书馆馆藏资源提供了极大的便利。

表 2-7　2023 年深圳"图书馆之城"OPAC 关键词搜索榜

排名	名称	搜索次数
1	西游记	152436
2	活着	147134
3	明朝那些事儿	130755
4	寻宝记	127889
5	红楼梦	97620
6	哈利·波特	70933
7	三体	69466
8	植物大战僵尸	64870
9	朝花夕拾	60267
10	斗罗大陆	60141
11	我与地坛	56882
12	稻草人	51608
13	月亮与六便士	51485
14	PYTHON	49091
15	平凡的世界	48039

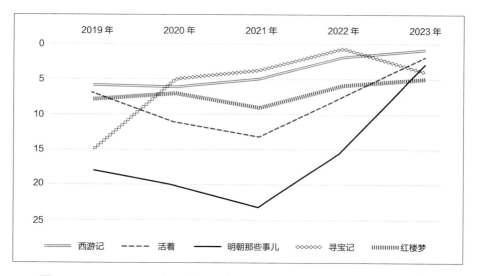

图 2-24　2019—2023 年深圳"图书馆之城"OPAC 热词搜索排名趋势图

（二）十年耕耘："南书房家庭经典阅读书目"推荐推广十年计划圆满收官，推荐图书累计外借量近 206 万册次

1.2014 年初，深圳图书馆联合中国图书馆学会阅读推广委员会，启动"南书房家庭经典阅读书目"推荐推广十年计划，每年推荐 30 种经典图书，用十年时间向广大读者推荐适合当今中国家庭阅读与收藏的经典著作，同时持续配套举办立体化的经典阅读推广活动。书目于每年"4·23"世界读书日发布，至 2023 年已连续发布 10 期，累计推荐 300 种古今中外经典图书。2023 年，编撰出版《经典之美："南书房家庭经典阅读书目"（300 种）》，十年计划圆满收官。

2.2023 年，读者通过"图书馆之城"统一服务借阅"南书房家庭经典阅读书目"推荐图书 63.97 万册次。其中文学类图书借阅量达 48.19 万册次，占比 75.33%，最受广大读者热捧；历史、地理类图书借阅量 5.55 万册次，占比 8.68%，位列第二；生物科学类图书借阅量 2.21 万册次，占比 3.45%，排第三。经过十年推广与深耕，"南书房家庭经典阅读书目"300 种推荐图书累计总外借量达 205.97 万册次。

表 2-8　2014—2023 年深圳图书馆"南书房家庭经典阅读书目"
300 种推荐图书 2023 年外借排行榜

排名	图书名称	推荐年份	借阅册次（不限版本）
1	西游记 /（明）吴承恩 著	2014	58201
2	三国演义 /（明）罗贯中 著	2014	45331
3	水浒传 /（明）施耐庵 著	2014	28866
4	红楼梦 /（清）曹雪芹 著	2014	28341
5	昆虫记 /（法）让－亨利·卡西米尔·法布尔 著	2014	19377
6	史记 /（汉）司马迁 著	2014	17183

续表

排名	图书名称	推荐年份	借阅册次（不限版本）
7	海底两万里 /（法）儒勒·凡尔纳 著	2019	15661
8	父与子全集 /（德）埃·奥·卜劳恩 著	2016	15264
9	鲁滨孙漂流记 /（英）丹尼尔·笛福 著	2018	14093
10	三体 / 刘慈欣 著	2023	13960
11	伊索寓言 /（古希腊）伊索 著	2018	13122
12	城南旧事 / 林海音 著	2020	12770
13	平凡的世界 / 路遥 著	2019	10801
14	封神演义 /（明）许仲琳 著	2020	10779
15	绿野仙踪 /（美）弗兰克·鲍姆 著	2019	10324
16	老人与海 /（美）欧内斯特·米勒尔·海明威 著	2015	9622
17	简·爱 /（英）夏洛蒂·勃朗特 著	2014	9232
18	柳林风声 /（英）肯尼斯·格雷厄姆 著	2021	9212
19	资治通鉴 /（宋）司马光 著	2015	8193
20	格列佛游记 /（英）乔纳森·斯威夫特 著	2020	7257

"南书房家庭经典阅读书目"推荐图书中，2023 年推荐的《三体》《窗边的小豆豆》，2019 年推荐的《活着》《平凡的世界》，2018 年推荐的《苏东坡传》《夏洛的网》，2016 年推荐的《傅雷家书》《乡土中国》，2015 年推荐的《百年孤独》，2014 年推荐的《昆虫记》均上榜 2023 年深圳"图书馆之城"统一服务图书外借综合排行榜。其他推荐图书如 2022 年推荐的《经典常谈》，2021 年推荐的《邓小平时代》《思考，快与慢》《如何阅读一本书》《非暴力沟通》，2019 年推荐的《自私的基因》，2017 年推荐的《万历十五年》，2016 年推荐的《孙子兵法》等图书也分别登上 2023 年深圳"图书馆之城"统一服务图书外借分类排行榜，且基本连年在榜。

3. 全国性学术会议"南书房家庭经典阅读书目"十周年研讨会于 3 月

2—4 日圆满举办，线上、线下参与或关注人次 3.5 万。研讨会由中国图书馆学会阅读推广委员会、深圳市文化广电旅游体育局主办，深圳图书馆、深圳图书情报学会承办，全国各界专家学者齐聚深图，总结经典阅读书目推荐推广经验，倡导广大家庭读经典、读好书，推动新时代新阶段下图书馆家庭经典阅读推广高质量发展，会议分为开幕式、主旨报告、高峰对话、会议总结等环节。

这是一次逆袭，在碎片化、数字化、娱乐化时代，逆流而上倡导深入阅读、纸质阅读，构建认知体的阅读；这是一面旗帜，在众声喧哗中亮出图书馆的态度，发出图书馆界的声音；这是一路坚守，文化传承与传播需要持之以恒；这是一种创新，引入社会力量参与，得益于行业和文献学专家支持、跨界专家评审、年轻馆员参加；这更是一份希望，有些图书对普通家庭来说可能比较专深，但相信只要逐步涉猎，人们一定会从其中承载的古今中外优秀文化中收获滋养①。

（三）文学类图书稳居图书外借排行榜榜首，各类图书外借量同比增长显著

"图书馆之城"各成员馆按照《中国图书馆分类法》，将图书分为 22 大类进行管理。在图书分类外借排行榜中，文学，艺术，文化、科学、教育、体育，历史、地理，哲学、宗教，工业技术，经济，语言、文字，生物科学，医药、卫生十大类别位居前列。其中，文学类图书历年遥遥领先。

---

① 张岩，林婉婉.以推荐书目深化阅读推广——深圳图书馆"南书房家庭经典阅读书目"十年研制与推广 [J]. 图书馆论坛，2023,43(11):88–95.

表 2-9　2023 年深圳"图书馆之城"统一服务图书分类外借量排行榜

排名	图书类目	外借量 / 万册次	同比 2022 年	较 2022 年 排名趋势
1	I 文学	1259.84	53.31%	—
2	J 艺术	169.95	79.75%	↑ 1
3	G 文化、科学、教育、 体育	156.84	54.53%	↓ 1
4	K 历史、地理	128.60	67.37%	—
5	B 哲学、宗教	76.66	64.59%	↑ 1
6	T 工业技术	73.49	59.22%	↑ 1
7	F 经济	72.04	51.18%	↓ 2
8	H 语言、文字	58.24	56.93%	—
9	Q 生物科学	55.40	57.56%	—
10	R 医药、卫生	38.97	65.89%	—

（四）2023 年深圳"图书馆之城"统一服务图书外借综合排行榜

表 2-10　2023 年深圳"图书馆之城"统一服务图书外借综合排行榜

排名	图书名称	借阅次数
1	大中华寻宝系列：北京寻宝记 / 孙家裕 编创；邬城琪 编剧；尚 嘉鹏 漫画	6454
2	活着 / 余华 著	4568
3	窗边的小豆豆 /（日）黑柳彻子 著； （日）岩崎千弘 图；赵玉皎译	4536
4	哈利·波特与魔法石 /（英）J.K. 罗琳 著；苏农 译	4513
5	三体：地球往事三部曲之一 / 刘慈欣 著	4246
6	米小圈上学记：遇见猫先生 / 北猫 著	4186
7	苏东坡传 / 林语堂 著；张振玉 译	3927
8	乡土中国 / 费孝通 著	3906
9	美国寻宝记 /（韩）小熊工作室 文；（韩）姜境孝 图；张卡 译	3632

续表

排名	图书名称	借阅次数
10	流浪地球 / 刘慈欣 著	3566
11	米小圈漫画成语：马不停蹄 / 北猫 编著	3501
12	如果历史是一群喵·8：盛世大唐篇 / 肥志 编绘	3302
13	夏洛的网 /（美）E.B. 怀特 著；任溶溶 译	3175
14	昆虫记 /（法）亨利·法布尔 著；陈筱卿 译	3171
15	明朝那些事儿·第一部 / 当年明月 著	3170
16	三毛流浪记 / 张乐平 原作	3014
17	百年孤独 /（哥）加西亚·马尔克斯 著；范晔 译	3011
18	平凡的世界·第一部 / 路遥 著	2971
19	小狗钱钱 /（德）博多·舍费尔 著；文燚 译	2851
20	傅雷家书 / 傅雷 著	2793

（五）2023年深圳"图书馆之城"统一服务图书外借分类排行榜

表 2-11 2023年深圳"图书馆之城"统一服务图书外借分类排行榜

排名	A 马克思主义、列宁主义、毛泽东思想、邓小平理论	借阅次数
1	毛泽东选集·第一卷 / 毛泽东 著	1122
2	邓小平时代 /（美）傅高义 著；冯克利 译	584
3	毛泽东 /（英）迪克·威尔逊 著；中央文献研究室《国外研究毛泽东思想资料选辑》编辑组 编译	469
4	毛泽东传 /（美）罗斯·特里尔 著；何宇光，刘加英 译	449
5	像毛泽东那样读书 / 徐中远 著	425
6	资本论：少儿彩绘版 / 李晓鹏 著；庞坤 绘	356
7	共产党宣言 /（德）马克思，（德）恩格斯 著；中共中央马克思恩格斯列宁斯大林著作编译局 编译	334
8	资本论·第一卷 /（德）马克思 著	272
9	邓小平传 /（英）理查德·伊文思 著；田山 译	259
10	共产党宣言 /（德）马克思，（德）恩格斯 著；陈望道 译	254

续表

排名	B 哲学、宗教	借阅次数
1	蛤蟆先生去看心理医生 /（英）罗伯特·戴博德 著；陈赢 译	2495
2	孔子的故事 / 李长之 著	2234
3	高效能人士的七个习惯 /（美）史蒂芬·柯维 著；高新勇，王亦兵，葛雪蕾 译	1865
4	被讨厌的勇气："自我启发之父"阿德勒的哲学课 /（日）岸见一郎，古贺史健 著；渠海霞 译	1491
5	自控力：斯坦福大学广受欢迎心理学课程 /（美）凯利·麦格尼格尔 著；王岑卉 译	1408
6	少有人走的路：心智成熟的旅程 /（美）M. 斯科特·派克 著；于海生，严冬冬 译	1232
7	刻意练习：如何从新手到大师 /（美）安德斯·艾利克森，（美）罗伯特·普尔 著；王正林 译	1221
8	半小时漫画《论语》/ 陈磊·半小时漫画团队 著	1204
9	心流：最优体验心理学 /（美）米哈里·契克森米哈赖 著；张定绮 译	1149
10	小学生心理学漫画·2：自信力：我不能没有勇气和自信 / 小禾心理研究所 著	1123

排名	C 社会科学总论	借阅次数
1	乡土中国 / 费孝通 著	3906
2	非暴力沟通 /（美）马歇尔·卢森堡 著；阮胤华 译	2557
3	原则 /（美）瑞·达利欧 著；刘波，綦相 译	1556
4	沟通的方法 / 脱不花 著	816
5	揭秘职业 / 英国尤斯伯恩出版公司 编著；董琦，史晗佑 译	797
6	未来职业 /（韩）波波讲故事 编著；（韩）刘英成 绘；易乐文 译	762
7	亲密关系：通往灵魂的桥梁 /（加）克里斯多福·孟 著；张德芬，余蕙玲 译	714
8	可复制的沟通力：樊登的 10 堂表达课 / 樊登 著	681
9	喜欢户外的你，长大后能做什么？/（英）卡伦·布朗 著；（意）罗伯特·布莱法利 绘；罗英华 译	647
10	小学生沟通力漫画：家庭口才与亲子交流 / 读客小学生阅读研究社·生活组 著	632

续表

排名	D 政治、法律	借阅次数
1	给青年的十二封信 / 朱光潜 著	1868
2	置身事内：中国政府与经济发展 / 兰小欢 著	1599
3	法治的细节 / 罗翔 著	1259
4	半小时漫画党史：1921-1949/ 上海人民出版社，半小时漫画团队 编绘；吴波 撰	888
5	雷锋日记 / 雷锋 著	803
6	赛雷三分钟漫画中国共产党历史 / 赛雷 著	776
7	中国历代政治得失 / 钱穆 著	762
8	中华人民共和国民法典	712
9	帝国主义的扩张 / 李征 主编	645
10	习近平讲故事 / 人民日报评论部 著	601

排名	E 军事	借阅次数
1	导弹，发射！/ 张淋清，王懿墨 著；东千树 绘	1000
2	漫画讲透孙子兵法·卷一：知己知彼，一战而定 / 华杉 著	937
3	黄同学漫画兵器史 / 那个黄同学 著	732
4	特种兵学校之战机学校：运输机和加油机 / 八路 著	711
5	华杉讲透孙子兵法 / 华杉 著	474
6	孙子兵法 /（春秋）孙武 著；（三国）曹操 注	464
7	军事中的化学 / 胡杨，刘圆圆，吴丹，王凯 著	439
8	三十六计 / 佚名 原著；闫仲渝 主编	427
9	超级战斗机 /（英）North Parade 出版社 编著；于凤仪 译	368
10	武器小百科 / 介于童书 编著	365

续表

排名	F 经济	借阅次数
1	我们怎样走遍世界 / 巴娜娜，张帅军，赵菁 文；赵梦雅 图	1440
2	商贸，从贝壳到丝绸 / 肖灵轩，张意浓，佟欣鑫 文；张洛溪 图	1327
3	聪明的投资者 / (美) 本杰明·格雷厄姆 著；王中华，黄一义 译	1321
4	半小时漫画经济学：生活常识篇 / 陈磊·半小时漫画团队 著	1295
5	薛兆丰经济学讲义 / 薛兆丰 著	1278
6	思考，快与慢 / (美) 丹尼尔·卡尼曼 著；胡晓姣，李爱民，何梦莹 译	1249
7	贫穷的本质：我们为什么摆脱不了贫穷 / (印) 阿比吉特·班纳吉，(法) 埃斯特·迪弗洛 著；景芳 译	1082
8	反脆弱：从不确定性中获益 / (美) 纳西姆·尼古拉斯·塔勒布 著；雨珂 译	1078
9	读懂经济 / 英国尤斯伯恩出版公司 编著；陈召强 译	922
10	见识 / 吴军 著	915

排名	G 文化、科学、教育、体育	借阅次数
1	密码大发现 / 北猫 编著	2252
2	如何阅读一本书 / (美) 莫提默·J. 艾德勒，(美) 查尔斯·范多伦 著；郝明义，朱衣 译	2189
3	小小飞行员 / (英) 本吉·戴维斯 著绘；喻之晓 译	1317
4	正面管教：如何不惩罚、不娇纵地有效管教孩子 / (美) 简·尼尔森 著；玉冰 译	1248
5	小学生安全漫画·2: 校园安全 / 读客小学生阅读研究社·安全组 著	1166
6	半小时漫画青春期：生理篇 / 陈磊·半小时漫画团队 著	1156
7	未来简史：从智人到神人 / (以) 尤瓦尔·赫拉利 著；林俊宏 译	1028
8	非物质文化遗产 / 美国大英百科全书公司，波波讲故事编著，庭柯团队 绘；易乐文 译	1005
9	点点点 / (法) 埃尔维·杜莱 著绘；彭懿，杨玲玲 译	894
10	心理抚养 / 李玫瑾 著	868

22222

222

续表

排名	H 语言、文字	借阅次数
1	揭秘汉字 / 郭志瑞，惠旋 文；老老老鱼 图	1384
2	金字塔原理：思考、表达和解决问题的逻辑 /（美）芭芭拉·明托 著；汪洱，高愉 译	1173
3	金字塔原理·实战篇：全面提升思考、表达和解决问题的能力 /（美）芭芭拉·明托 著；罗若苹 译	768
4	好好说话：新鲜有趣的话术精进技巧 / 马薇薇，黄执中，周玄毅 等著	696
5	英语单词大书 /（英）梅丽·麦金农 著;（英）凯特·欣德利 绘；周彩萍 译	543
6	我们的汉字：任溶溶写给孩子的汉字书 / 任溶溶 著	541
7	米小圈漫画成语·第二辑：多如牛毛 / 北猫 编著	540
8	有故事的汉字：认识自我篇 / 邱昭瑜 编著	535
9	我要走在最前面 /（英）理查德·伯恩 著绘；余治莹 译	513
10	我们1班的作文课·上 / 王悦微 编著	474

排名	I 文学	借阅次数
1	活着 / 余华 著	4568
2	窗边的小豆豆 /（日）黑柳彻子 著;（日）岩崎千弘 图；赵玉皎 译	4536
3	哈利·波特与魔法石 /（英）J.K. 罗琳 著；苏农 译	4513
4	三体：地球往事三部曲之一 / 刘慈欣 著	4246
5	米小圈上学记：遇见猫先生 / 北猫 著	4186
6	流浪地球 / 刘慈欣 著	3566
7	夏洛的网 /（美）E.B. 怀特 著；任溶溶 译	3175
8	百年孤独 /（哥）加西亚·马尔克斯著；范晔 译	3011
9	平凡的世界·第一部 / 路遥 著	2971
10	呼兰河传 / 萧红 著	2692

续表

排名	J 艺术	借阅次数
1	北京寻宝记 / 孙家裕 编创；邬城琪 编剧；尚嘉鹏 漫画	6454
2	美国寻宝记 /（韩）小熊工作室 文；（韩）姜境孝 图；张卡 译	3632
3	米小圈漫画成语：马不停蹄 / 北猫 编著	3501
4	如果历史是一群喵·8：盛世大唐篇 / 肥志 编绘	3302
5	三毛流浪记 / 张乐平 原作	3014
6	秦朝寻宝记 / 京鼎动漫 著	2097
7	淘气包马小跳：漫画升级版·19：侦探小组在行动 / 杨红樱著	1797
8	不白吃话山海经 / 我是不白吃 著	1711
9	天真妈妈 / 杨红樱 著	1512
10	樊登漫画《孟子》/ 樊登·樊登读书团队 著	1418

排名	K 历史、地理	借阅次数
1	苏东坡传 / 林语堂 著；张振玉 译	3927
2	明朝那些事儿·第一部 / 当年明月 著	3170
3	傅雷家书 / 傅雷 著	2793
4	万历十五年 / 黄仁宇 著	2649
5	人类简史：从动物到上帝 /（以色列）尤瓦尔·赫拉利 著；林俊宏 译	2469
6	半小时漫画中国史 / 二混子 著	2396
7	半小时漫画世界史 / 陈磊 著	1974
8	中国近代史 / 蒋廷黻 著	1741
9	赛雷三分钟漫画中国史 / 赛雷 著	1683
10	家，我们从哪里来 / 段丽彬，陈慰，洪韵文；苏小芮 图	1466

续表

排名	N 自然科学总论	借阅次数
1	半小时漫画科学史 / 陈磊·半小时漫画团队 著	1389
2	万物简史 /（英）比尔·布莱森 著；严维明 译	1267
3	揭秘自然 /（英）保罗·维尔 文 ;（英）茉莉安娜·斯沃尼 图；龙彦 译	1020
4	尖端科技 / 美国大英百科全书公司，波波讲故事 编著；图恩 绘；章科佳 译	1019
5	神秘极地大冒险 /（韩）波波讲故事 著 ;（韩）金德英 绘；章科佳 译	1014
6	改变世界的科学实验 /（英）尼克·阿诺德 原著 ;（英）托尼·德·索雷斯 绘；郭景儒，邓其仁 译	822
7	让孩子着迷的77×2个经典科学游戏 /（日）后藤道夫 著；施雯黛，王蕴洁 译	755
8	魔鬼头脑训练营 /（英）尼克·阿诺德 原著 ;（英）托尼·德·索雷斯 绘；盖志琨，常文昭 译	663
9	天工开物：少儿彩绘版 / 李劲松 著；奈亚 绘	642
10	揭秘地下 / 英国尤斯伯恩出版公司 编著；褚秀丽 译	628

排名	O 数理科学和化学	借阅次数
1	揭秘数学 /（英）克里斯·奥克雷德 文 ;（英）蒂姆·布拉德福德 图；董丽楠 译	1136
2	化学也疯狂 /（英）尼克·阿诺德 原著 ;（英）托尼·德·索雷斯 绘；木沐 译	1077
3	揭秘物理 /（英）克里斯·奥克雷德 文 ;（荷）安妮·帕斯齐尔 图；王旭华 译	1066
4	力与能的魔法秀 /（韩）波波讲故事 著；刘英胜 绘；刘娜 译	1023
5	给孩子讲量子力学 / 李淼 著	999
6	斗篷老师的美食物质课 /（韩）波波讲故事 著 ;（韩）刘永升 绘；章科佳 译	998
7	光与声的华丽演出 /（韩）波波讲故事 著 ;（韩）金德英 绘；薛珊 译	861
8	万有引力 /（美）陈振盼 著绘；高勤芳 译	786
9	要命的数学 /（英）卡佳坦·波斯基特 原著 ;（英）菲利浦·瑞弗，（英）特雷弗·邓顿 绘；张习义 译	757
10	触电惊魂 /（英）尼克·阿诺德 原著 ;（英）托尼·德·索雷斯 绘；韩庆九 译	700

续表

排名	P 天文学、地球科学	借阅次数
1	揭秘海洋 /（英）阿妮塔·盖恩瑞,（英）克里斯·奥克雷德 文;（以）加利亚·伯恩斯坦 图;王旭华 译	1304
2	大峡谷 /（美）陈振盼 著绘;邱亮, 田丽贤 译	1242
3	揭秘夜晚 /（英）保罗·维尔 文;（哥）路易丝·乌里比 图;董丽楠 译	1219
4	揭秘地球 /（英）克里斯·奥克雷德,（英）阿妮塔·盖恩瑞 文;（美）斯蒂芬妮·科尔曼 图;翁建武 译	1140
5	揭秘二十四节气 / 鸿雁 文; 须臾 图	1080
6	揭秘太空 /（英）克里斯·奥克雷德,（英）阿妮塔·盖恩瑞 文;（美）马克·奥利弗 图;王旭华 译	1049
7	时间简史 /（英）史蒂芬·霍金 著;许明贤, 吴忠超 译	1033
8	水 / 美国大英百科全书公司, 波波讲故事 编著;朴善英 绘;沈家佳 译	1019
9	半小时漫画宇宙大爆炸 / 陈磊·半小时漫画团队 著	1008
10	揭秘丛林 /（英）保罗·维尔 文;（英）加文·斯科特 图;陈瑞泽 译	1003

排名	Q 生物科学	借阅次数
1	昆虫记 /（法）亨利·法布尔 著;陈筱卿 译	3171
2	细菌世界历险记 / 高士其 著	2321
3	恐龙世界寻宝记·2:神奇陨石 / 京鼎动漫 著	1575
4	自私的基因 /（英）理查德·道金斯 著;卢允中, 张岱云, 陈复加等 译	1242
5	揭秘恐龙 /（英）克里斯·奥克雷德,（英）阿妮塔·盖恩瑞 文;（英）迈克·洛夫 图;肖梦 译	1183
6	恐龙时代探险记 /（韩）波波讲故事 著;（韩）崔友彬 绘;易乐文 译	1111
7	一粒种子的旅行 /（德）安妮·默勒 文 / 图;王乾坤 译	1109
8	跟动物交换身体:人体示范动物图鉴 /（日）川崎悟司 著;董方 译	1080
9	揭秘植物 /（英）鲁思·马丁 文;（英）道恩·库珀 图;雒丹丹 译	1076
10	揭秘昆虫 /（英）罗德·格林 文;（英）迈克·洛夫 图;赵宇欣 译	980

续表

排名	R 医药、卫生	借阅次数
1	揭秘人体 /(英)克里斯·奥克雷德,(英)阿妮塔·盖恩瑞 文,(英)艾伦·比查 图;巩小图 译	1041
2	也许你该找个人聊聊 /(美)洛莉·戈特利布 著;张含笑 译	923
3	人体 / 美国大英百科全书公司,波波讲故事 编著;金德英绘;俞治 译	923
4	人体健康保卫行动 /(韩)波波讲故事 著;(韩)刘永升 绘;章科佳 译	901
5	杀人疾病全记录 /(英)尼克·阿诺德 原著;(英)托尼·德·索雷斯 绘;朱子仪 译	855
6	揭秘营养金字塔 / 英国尤斯伯恩出版公司 编著;董琦,史晗佑 译	779
7	打怪兽的 10 个方法 / 董芮寒 著	755
8	揭秘身体运转 / 英国尤斯伯恩出版公司 编著;曼青 译	743
9	半小时漫画预防常见病 / 陈磊·半小时漫画团队 著	738
10	臭屁的大脑 /(英)尼克·阿诺德 原著;(英)托尼·德·索雷斯 绘;育桐 译	727

排名	S 农业科学	借阅次数
1	一颗莲子的生命旅程 / 陈莹婷 著;花青 绘	1211
2	牵牛花 /(日)荒井真纪 著;黄锐 译	722
3	森林里 100 棵异想天开的树 /(法)奥利维耶·多佐 著;(比)何塞·帕隆多 绘;梁依俏 译	541
4	"地下长城"坎儿井 / 查璇 绘著	449
5	穿越侏罗纪原始森林 /(美)陈振盼 著绘;李振基 译	435
6	狗聪明还是猫聪明? /(美)史蒂夫·詹金斯 著;曾蔼 译	419
7	森林 / 张双文;四叶 图	403
8	巨型拖拉机 / 英国尤斯伯恩出版公司 编著;魏书勤 译	384
9	水果的秘密 /(日)盛口满 文图;杨媛 译	368
10	森林报:春 /(苏)维·比安基 著;沈念驹,姚锦镕 译	365

续表

排名	T 工业技术	借阅次数
1	小狗钱钱 /（德）博多·舍费尔 著；文燚 译	2851
2	我们祖先的餐桌 / 牛志华，黄宋 文；刘静 图	1428
3	富爸爸穷爸爸 /（美）罗伯特·清崎 著；萧明 译	1426
4	揭秘机器人 /（英）克里斯·奥克雷德，（英）阿妮塔·盖恩瑞 文；（美）丹尼尔·朗 图；王旭华 译	1257
5	机器人 / 美国大英百科全书公司，波波讲故事 编著；郑润才 绘；吴丽娟 译	1015
6	给孩子讲人工智能 / 涂子沛 著；童趣出版有限公司 编	964
7	小学生自立生活漫画：用好时间 / 读客小学生阅读研究社·生活组 著	942
8	万物的尺度：看得见的单位 /（日）丸山一彦 主编；日本儿童俱乐部 编写；高倩 译	918
9	数学之美 / 吴军 著	873
10	揭秘建筑 /（英）阿妮塔·盖恩瑞，（英）克里斯·奥克雷德 文；（英）丹尼尔·朗 图；王旭华 译	826

排名	U 交通运输	借阅次数
1	地铁开工了 /（日）加古里子 著；肖潇 译	1461
2	高铁出发了 / 曹慧思，董光磊 著；王莉莉 绘	1411
3	坐着高铁去新疆 / 贝贝熊童书馆 文；李健 图	1090
4	铁路通车了 / 徐凯，向上 著；张澎 绘	1025
5	超级港口建成了 / 中交三航院 著；张澎 绘	988
6	揭秘汽车 /（英）克里斯·奥克雷德，（英）阿妮塔·盖恩瑞 文；（英）尼克·哈德卡斯尔 图；王丹蕾 译	982
7	超级大桥通车了 / 田恬，曹慧思 著；管治国 绘	963
8	交通工具总动员 /（韩）波波讲故事 著；（韩）李正泰 绘；章科佳 译	908
9	一起坐高铁 / 薄颖，曹慧思 著；管治国 绘	889
10	揭秘火车 /（英）保罗·维尔 文；（英）亚当·拉克姆 图；程耀仪 译	885

续表

排名	V 航空、航天	借阅次数
1	飞船升空了 / 张智慧 著；郭丽娟，酒亚光，王雅娴 绘	1258
2	人类是怎么霸气上天的：吾皇巴扎黑航天科学史 / 白茶 著	902
3	揭秘机场 /（英）保罗·维尔 文；（英）乔尔勒·德里德米 图；董丽楠 译	880
4	直升机，突击！/ 张淋清，王懿墨 著；东千树 绘	796
5	登陆火星！/ 徐蒙 著；金星 绘	748
6	如何成为宇航员 /（英）希拉·卡纳尼 文；（阿根廷）索尔·利内罗 图；钟虔虔 译	661
7	飞机场的特种车 /（日）镰田步 著；姜微 译	627
8	揭秘机场 / 英国尤斯伯恩出版公司 编著；景佳 译	618
9	飞机的秘密：人类飞行的梦想 /（德）马丁·卡鲁札 著；林碧清 译	612
10	飞向月球：人类登月的历史 /（英）戴维·朗 著；（美）萨姆·卡尔达 绘；陆天和 译	587

排名	X 环境科学、安全科学	借阅次数
1	揭秘垃圾 /（英）阿妮塔·盖恩瑞,（英）克里斯·奥克雷德 文；（英）汉娜·贝利 图；王旭华 译	1031
2	环保超人奇妙之旅 /（韩）波波讲故事 著；（韩）崔宇彬 绘；沈家佳 译	841
3	了不起的"脏"东西：你不知道的生态百科和垃圾趣史 /（奥地利）梅拉尼·莱博尔 著；（奥地利）莉莉·雷西特 绘；李寒笑 译	661
4	事故与安全 /（韩）波波讲故事 编著；（韩）曹秉柱 绘；章科佳，徐畅 译	623
5	致命毒药 /（英）尼克·阿诺德 著；（英）托尼·德·索雷斯 绘；成诚 译	596
6	垃圾回收 / 英国尤斯伯恩出版公司 编著；谢沐 译	577
7	臭烘烘的垃圾书 /（德）格达·赖特 著绘；宋娲 译	567
8	揭秘环境保护 / 英国尤斯伯恩出版公司 编著；曼青 译	498
9	我家的垃圾去哪儿了 /（土）西玛·奥兹坎 著；（土）奥罕·阿塔 绘；宋汐 译	474
10	雾霾 /（韩）波波讲故事 编著；（韩）金德英 绘；沈家佳 译	458

续表

排名	Z 综合性图书	借阅次数
1	经典常谈 / 朱自清 著	1733
2	如果你到地球来 /（澳）苏菲·布莱科尔 著绘；郝景芳 译	1459
3	揭秘地下 /（英）克里斯·奥克雷德,（英）阿妮塔·盖恩瑞 文；（以）加利亚·伯恩斯坦 图；翁建武 译	1171
4	漫画科普：比知识有趣的冷知识 / 锄见 编绘	921
5	给孩子讲大数据 / 涂子沛 著；童趣出版有限公司 编	795
6	植物大战僵尸 2 武器秘密之你问我答科学漫画：科学探险卷 / 笑江南 编绘	720
7	未来世界：一切皆在变化之中 /（德）班恩德·佛勒斯纳 著；蔡亚玲 译	669
8	大自然的一年 /（英）海伦·阿普恩斯瑞 著；李遥岑 译	612
9	身边的科学 /（日）小石新八 主编；（日）荒贺贤二 绘；张羽佳 译	607
10	儿童百问百答·55：大数据科学 /（韩）都基成 文图；霍慧 译	599

三、云端阅读掌握"新流量"，优质资源与原创内容频频出圈，数字图书馆赋能美好生活 [①]

近年来，深圳市、区公共图书馆顺应信息化、数字化发展浪潮，倾力打造市民触手可及的"图书馆之城"云服务体系和独具特色的全媒体服务矩阵。深圳图书馆作为"图书馆之城"龙头馆、中心馆，带着与生俱来的创新基因，推动"互联网 +"融合，围绕数字资源建设推广、云端服务便捷通畅、新媒体平台融合发展、优质全媒体内容生产发布等方面深入推进，成效显著，为公共文化数字化建设发展贡献了图书馆范例。

---

① 鉴于数据统计口径与标准问题，本章内容主要以深圳图书馆为代表，展现"图书馆之城"在数字阅读与新媒体服务方面的建设成果。

（一）数字资源海量、优质、免费，市民读者随时随地多渠道便捷访问

截至 2023 年底，"图书馆之城"统一服务市、区公共图书馆累计有数据库 726 个，容量 1283.4TB。其中，深圳图书馆提供服务的数字资源库 92 个，包含"深圳记忆"专题数据库、"深图视听"读者活动库、深圳图书馆古籍数字平台等自建数据库 12 个；电子文献共计 686.42 万册（件），内容涉及人文、经济、科学、法律等各个领域，涵盖学术期刊、学位论文、会议论文、专利标准、研究报告等资源类型；23 个数据库可通过移动端访问，为市民读者提供丰富的阅读体验。

市民读者可通过电脑端登录深圳图书馆网站，或通过移动端关注深圳图书馆微信订阅号、"深圳图书馆｜图书馆之城"微信服务号，点击"数字阅读"菜单中"手机阅读""数字阅读馆""喜马拉雅·VIP 畅听""OverDrive 英文绘本"栏目等，或直接微信搜索登录"深圳图书馆数字阅读馆"小程序，轻松便捷获取深圳图书馆数字资源。

1. 打开深圳图书馆主页（https://www.szlib.org.cn）→资源导航→数字资源，可一览馆藏数字资源列表，包含图书、期刊、报纸、音视频、数值事实、学位/会议论文、标准、古籍等各类型数据库，点击"访问入口"即可轻松获取，其中可馆外访问的资源达 99%。

2. 关注深圳图书馆微信订阅号或"深圳图书馆｜图书馆之城"微信服务号→"数字阅读"菜单→"手机阅读"栏目，看书、听书、期刊、学习、音视频，应有尽有。热门资源库如 QQ 阅读、哪吒看书、新东方多媒体学习库、掌阅精选、云图有声书、维普掌上题库，触手可及。

3. 关注深圳图书馆微信订阅号或"深圳图书馆｜图书馆之城"微信服务号→"数字阅读"菜单→"数字阅读馆"，或通过微信搜索"深圳图书

馆数字阅读馆"小程序，即可一站式访问优质数字资源。"数字阅读馆"整合了 QQ 阅读、云图有声数字图书馆、龙源期刊网、MET 全民英语等16 个数据库，收录 31 万余册电子书、37 万余册期刊、24 万余集音频和 3 万余集视频资源。

4. 关注深圳图书馆微信订阅号或"深圳图书馆｜图书馆之城"微信服务号→"数字阅读"菜单→"喜马拉雅·VIP 畅听"栏目，开启畅听之旅。深圳图书馆"喜马拉雅"小程序包含大数据筛选主站收听数量高的精品内容，涵盖有声图书馆综合内容和 VIP 畅听内容，分别包含 16000 和 12000 多个专辑，共计 11 个主题，包括党建、历史人文、教育培训、亲子儿童、政务、休闲娱乐、健康养生、情感、商业财经、有声小说、时尚生活。每周更新 100 多个专辑，丰富的听书资源解放了人们的双眼、双手，方便读者在休闲或劳动之余乐享学习。

5. 关注深圳图书馆微信订阅号或"深圳图书馆｜图书馆之城"微信服务号→"数字阅读"菜单→"OverDrive 英文绘本"栏目。该数据库汇集全球 5000 多家优秀出版社或机构的电子书、有声书及配音书等，囊括中文、英文等 50 多种语言，含大量英文原版绘本、影视作品原著、经典名著和获奖图书，还支持蓝思和 AR 分级阅读。

（二）统一服务成员馆数字资源全文下载量超 1 亿次，电子书和有声书深受读者喜爱

2023 年，"图书馆之城"统一服务市、区公共图书馆数字资源全文下载量接近 1.12 亿次；其中，电子书和有声书全文下载量 6499.12 万次、期刊论文全文下载量 2020.36 万次，占比分别为 58.21%、18.1%。

深圳图书馆数字资源全文下载量达 5994.41 万次，同比增长 16.27%。

从访问方式来看，通过 PC 端的全文下载量为 2554.09 万次，同比增长
8.69%；通过移动端的全文下载量为 3440.31 万次，同比增长 22.63%，其
中通过深圳图书馆微信公众号手机阅读页面的全文下载量为 1424.38 万次，
同比增长 41.17%。

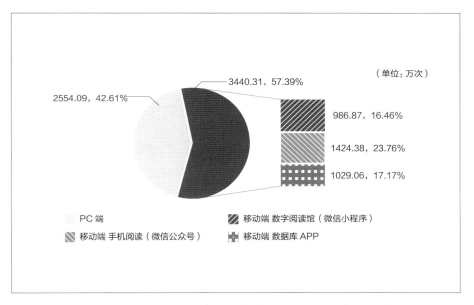

（单位：万次）

3440.31，57.39%

2554.09，42.61%

986.87，16.46%

1424.38，23.76%

1029.06，17.17%

▨ PC 端　　　　　　　　　　　▨ 移动端 数字阅读馆（微信小程序）

▧ 移动端 手机阅读（微信公众号）　▦ 移动端 数据库 APP

图 2-25　2023 年深圳图书馆数字资源全文下载量各平台构成

从各类型数据库占比来看，电子书数据库全文下载量依然保持领先地
位，占比由 2022 年的 38.66% 升至 2023 年的 48.81%，同比增长 46.78%。

表 2-12　2023 年深圳图书馆各类型数据库全文下载量分析

序号	数据库类别	全文下载量 / 万次	占比
1	电子书数据库	2925.63	48.81%
2	期刊论文数据库	1049.25	17.50%
3	多媒体数据库	951.04	15.87%
4	事实型数据库	304.12	5.07%
5	其他	764.37	12.75%
	总计	5994.41	100.00%

（三）2023 年深圳图书馆受欢迎的电子书刊数据库阅读排行榜

表 2-13　2023 年深圳图书馆 "QQ 阅读" 阅读排行榜

排名	图书名称	点击量 / 册次
1	无声告白 /（美）伍绮诗 著；孙璐 译	30186
2	受戒：汪曾祺小说精选 / 汪曾祺 著	29875
3	城南旧事 / 林海音 著	29353
4	爱的教育 /（意）亚米契斯 著	28758
5	月亮和六便士 /（英）毛姆 著	28409
6	罪与罚 /（俄）陀思妥耶夫斯基 著	28161
7	呼兰河传 / 萧红 著	27842
8	人间失格 /（日）太宰治 著	27607
9	局外人 /（法）阿尔贝·加缪 著	27085
10	半小时漫画中国史 / 陈磊·半小时漫画团队 著	27007

表 2-14 2023 年深圳图书馆"书香深圳"阅读排行榜

排名	图书名称	点击量 / 册次
1	尘埃落定 / 阿来 著	11718
2	狂飙 / 朱俊懿，徐纪周 著；白文君 改编	6381
3	张其成讲易经 / 张其成 著	4698
4	推拿 / 毕飞宇 著	4608
5	张居正 卷一：木兰歌 / 熊召政 著	4518
6	计算机组成原理 / 纪禄平等 编著	4122
7	历史的天空 / 徐贵祥 著	3960
8	长恨歌 / 王安忆 著	3618
9	实用服装裁剪制板与成衣制作实例系列：裤子与裤装篇 / 杨秀丽，王晓云等 编著	3438
10	火种：寻找中国复兴之路 / 刘统 著	3222

表 2-15 2023 年深圳图书馆"掌阅精选"阅读排行榜

排名	图书名称	点击量 / 册次
1	此生未完成 / 于娟 著	13714
2	明朝那些事儿大合集 / 当年明月 著	13426
3	置身事内：中国政府与经济发展 / 兰小欢 著	12162
4	长相思（全三册）/ 桐华 著	11886
5	明朝那些事儿（典藏全集）/ 当年明月 著	10031
6	富爸爸穷爸爸 /（美）罗伯特·清崎 著；萧明 译	8042
7	明朝那些事儿增补全集（全 9 册）/ 当年明月 著	6914
8	长安的荔枝 / 马伯庸 著	5526
9	余华作品集（全 13 册）/ 余华 著	5349
10	主角 / 陈彦 著	5193

表 2-16 2023 年深圳图书馆"超星书世界"阅读排行榜

排名	图书名称	点击量 / 册次
1	狂飙 / 朱俊懿，徐纪周著；白文君 改编	8473
2	超强大脑思维训练游戏书·迷宫 / 阳光三采 编著	8151
3	超强大脑思维训练游戏书·找不同 / 阳光三采 编著	7555
4	父与子 /（德）埃·奥·卜劳恩著	7196
5	豆蔻花苞满枝丫（上）/ 王欢著；狐乐乐 绘	6595
6	豆蔻花苞满枝丫（下）/ 王欢著；狐乐乐 绘	6386
7	超强大脑思维训练游戏书·剪贴 / 阳光三采 编著	6096
8	心理罪 1：第七个读者 / 雷米 著	5718
9	想换父母的男孩 /（英）大卫·巴蒂尔 著	5045
10	脑筋急转弯·过关斩将篇 / 廉东星 主编	4977

表 2-17 2023 年深圳图书馆"云图数字有声图书馆"阅读排行榜

排名	图书名称	点击量 / 册次
1	品读《资治通鉴》：看权力游戏 / 孙继东 著	11871
2	西游记 /（明）吴承恩著	11156
3	品读《资治通鉴》：观大道之行 / 孙继东 著	9507
4	中华上下五千年 / 云图 汇编	9420
5	假如给我三天光明：海伦·凯勒自传 /（美）海伦·凯勒 著；徐杰 译	8089
6	简·爱 /（英）夏洛蒂·勃朗特 著	7002
7	爱的教育 /（意）亚米契斯 著	6923
8	风火小哪吒：闹海篇 / 二梦、谢春晓 著；在群 播讲	6690
9	瓦尔登湖 /（美）亨利·戴维·梭罗 著	6538
10	小王子 /（法）圣·埃克苏佩里著；孔明 播讲	6402

表 2-18　2023 年深圳图书馆 "喜马拉雅" 听书排行榜

排名	图书名称	点击量 / 册次
1	明朝那些事儿 / 当年明月 著，王更新 播讲	36598
2	农家小福女 / 郁雨竹 著	11839
3	平凡的世界 / 路遥 著	11479
4	明朝败家子（爆笑）/ 上山打老虎额 著；有声的紫襟 播讲	11431
5	曾仕强讲中华文化·大合集 / 曾仕强 著	9099
6	一剑独尊 / 叶玄叶灵，有声的紫襟 播讲	8919
7	三体精品广播剧 / 刘慈欣 著	7699
8	天才在左疯子在右 / 高铭 著	7003
9	曾国藩传 / 萧一山 著	6636
10	《党的二十大报告学习辅导百问》有声书	6567

表 2-19　2023 年深圳图书馆 "龙源期刊" 阅读排行榜

排名	期刊名称	点击量 / 册次
1	证券市场周刊·红周刊	9713
2	环球人物	9159
3	ELLE 世界时装之苑	8925
4	读者	8416
5	发明与创新	8213
6	故事会	7884
7	舰船知识	7560
8	汽车周刊	7320
9	法治研究	6779
10	意林	6492

表 2-20　2023 年深圳图书馆"博看期刊"阅读排行榜

排名	期刊名称	点击量 / 册次
1	意林（下半月）	29872
2	意林（上半月）	26332
3	读者（原创版）	22756
4	第一财经	20356
5	环球人物	19897
6	中国新闻周刊	15789
7	股市动态分析	13672
8	ELLE 世界时装之苑	12678
9	证券市场周刊	12451
10	南方人物周刊	11214

（四）深圳图书馆微信微博等新媒体平台关注用户数 236 万，原创推文、自制短视频、线上品牌出圈获好评

1. 深圳图书馆经过多年实践探索，成功构建立体网状、横纵并举的全媒体服务矩阵，实现网站、微信（订阅号、服务号、小程序、视频号）、微博、支付宝、B 站、抖音等多渠道、多平台、多形式的联合推介与融合发展，成功打造深受市民喜爱的"图书馆明星账号"。2023 年，深图全新入驻小红书、喜马拉雅平台，服务矩阵不断拓展深化；微信、微博平台关注用户高达 236 万人，读者黏性与关注度持续增强。

截至 2023 年底，深圳图书馆微信公众号累计关注用户达 177.68 万人，其中深圳图书馆微信订阅号关注用户 110.97 万人，"深圳图书馆｜图书馆之城"微信服务号关注用户 66.71 万人，同比分别增长 31.98% 和 24.09%。微信公众号基本涵盖了图书馆的主要服务内容，2023 年，读者

通过微信利用图书馆服务达 937.54 万人次、5274.69 万页次，同比分别增长 12.94%、12.67%。

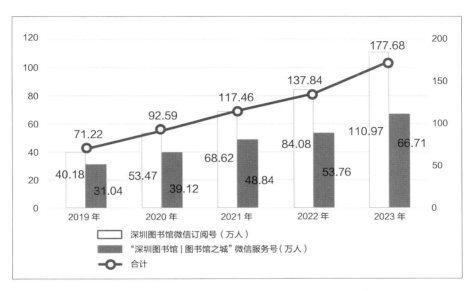

图 2-26 2019—2023 年深圳图书馆微信公众号关注用户数对比

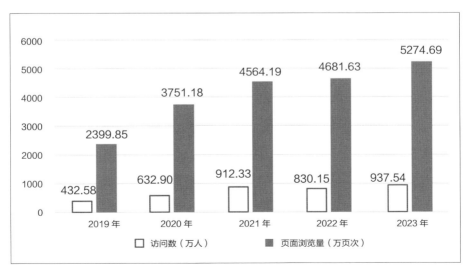

图 2-27 2019—2023 年深圳图书馆移动版网站微信公众号访问量对比

2023 年，深圳图书馆新浪官方微博粉丝数 58.26 万人，阅读量达 1.14 亿人次；继续蝉联"全国十大图书馆微博"和"广东十大文旅系统微博"榜首，入围 2023 年度"广东十大政务微博"，微小编团队连续第三年被评为"金牌政务主编"。

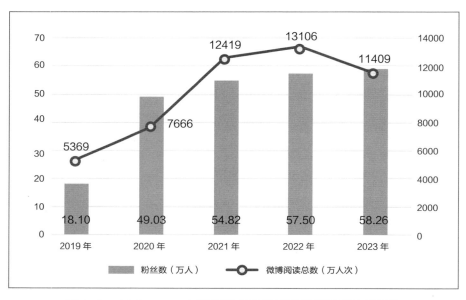

图 2-28　2019—2023 年深圳图书馆微博粉丝数及阅读量对比

2. 名家、馆员力荐好书，全媒体线上荐书品牌全网阅读量近 100 万人次。"深图首发"品牌创新开展，与名家大师合作，采用线下新书分享会、讲座，以及线上全媒体（音视频）发布等多种形式与读者们一起品读名家新作，推动新书、好书触达读者，全年成功举办《人地之间：中国增长模式下的城乡土地改革》《家山》《网络文明蓝皮书：深圳市民网络文明素养报告（2023）》《为什么要上学》《梁永安：爱情这门课，你可别挂科！》（上、下篇)6 期新书发布活动，深图微博阅读量逾 82 万人次。"深图品书"线上栏目由馆员深度品读推介《长安的荔枝》《经典常谈》《猎人笔记》《不能承受的生命之轻》《月亮和六便士》《我的母亲做保洁》《呼啸山庄》7部经典作品，深圳图书馆微信、微博、B站平台阅读量逾14万人次。

3. 原创推文、自制短视频出圈刷屏，获读者高度关注。"4·23"世界读书日期间，新浪微博联合国家图书馆举办第五季"全民读书季"系列线上活动，包括"馆长带你触碰经典""触碰经典接力赛""给你心中的经典打个call"等内容；深圳图书馆馆长张岩录制的"馆长带你触碰经典"原创短视频《家庭阅读，与经典同行》备受瞩目，单条微博阅读量突破100万人次，视频观看量突破56万人次，双双创下深圳图书馆官方微博原创短视频类阅读量最高纪录。2023年，深圳图书馆微信视频号开展直播80余场，直播时长154小时，观看人数达47万人次；深圳图书馆微信公众号共32条推文阅读量过万，其中关于深圳图书馆北馆开放的消息备受读者关注，"深圳图书馆北馆开放试运行公告""深圳图书馆北馆正式开馆"两条原创推文阅读量突破11万人次。

（五）"书香湾区 触手可得"数字阅读创新推广系列活动入选"深圳读书月"主推项目，线上、线下参与读者8.6万人次

为进一步提高海量数字资源利用率，促进优质数字资源共享，扩大图书馆数字阅读的可及性，深圳图书馆作为粤港澳大湾区公共图书馆联盟2022—2023年轮值主持单位，联合大湾区城市图书馆推出"书香湾区 触手可得"数字阅读创新推广系列活动。作为第二十四届"深圳读书月"主推活动之一，通过粤港澳大湾区公共图书馆联盟数字阅读创新推广宣言发布、"网罗天地 融汇古今——网络文学IP展"（线下实景＋线上VR）、

湾区"共读"、趣味猜书等 9 场活动,借助新媒体服务与营销矩阵,邀请市民读者体验数字阅读的便捷,享受线上读书的愉悦,推动读书习惯的养成,展现人文湾区"读书乐"的美丽画卷,活动吸引线上、线下 8.6 万人次参与。

(六)"方志里的深圳"古籍智慧化开发与活化利用入选文旅部"智慧图书馆创新应用优秀案例"

深圳图书馆深入推进"知识资源细颗粒度建设和标签标引项目",促进古籍资源数字化揭示与利用。2023 年 8 月,"方志里的深圳"小程序上线,基于清嘉庆二十四年刻本《新安县志》内容进行智慧化开发,主要运用 OCR 技术、NLP 语义模型、知识图谱等 AI 技术对古籍文献进行智慧化服务探索与技术创新,用生动、系统的知识图谱与丰富、趣味的互动界面全新展开厚重的典籍,让用户身临其境、沉浸式了解古代深圳源流沿革、山水地理、官制学制、风俗物产、名人掌故、古迹艺文等知识,探寻深圳开放包容与多元融合的基因密码。2024 年 3 月,"方志里的深圳"古籍智慧化开发与活化利用入选文旅部"智慧图书馆创新应用优秀案例",获得业界及市民的一致好评。

四、全民阅读引领"新风尚",超过 2.8 万场线上、线下读者活动蓬勃开展,弘扬传播优秀文化

深圳"图书馆之城"建设 20 年来,在推动文化繁荣、建设文化强市、建设现代城市文明中发挥了独特作用,交出了建设中国特色世界一流公共

图书馆体系的"深圳答卷"。2023年，值"图书馆之城"建设20周年之际，深圳图书馆发挥中心馆、龙头馆作用，联动全市公共图书馆，挖掘馆藏资源、汇聚名家力量、发挥区域效应、深入学术研究，策划开展"图书馆之城"建设20周年系列活动，持续推动城市文化交流，纵深推进粤港澳大湾区联动项目、全城大型公共读书活动，深耕学术品牌，涵养城市科学精神、人文精神、艺术精神。

（一）"图书馆之城"统一服务成员馆年度举办读者活动超2.8万场，参与读者2677万人次，再创历年新高

2023年，"图书馆之城"统一服务各成员馆联合推广全民阅读，营造"处处可读、时时可读、人人可读"的浓厚文化氛围，全年开展读者活动超2.8万场，参与读者2677.34万人次，同比分别增长62.57%、43.71%。

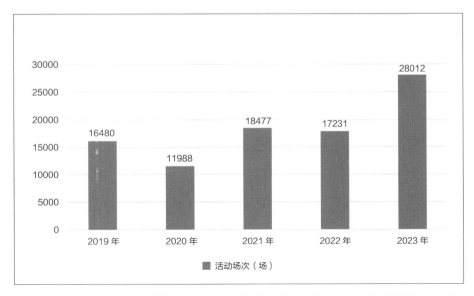

图2-29 2019—2023年深圳"图书馆之城"统一服务成员馆举办读者活动场次对比

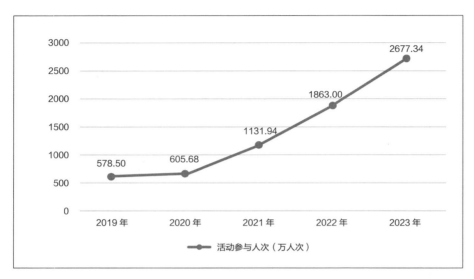

图 2-30   2019—2023 年深圳"图书馆之城"统一服务读者活动参与人次对比

（二）"图书馆之城"建设 20 周年系列活动圆满举行，献礼一座城市的光荣与梦想

1. 全国性学术会议"公共图书馆体系建设与'图书馆之城'高质量发展研讨会"于 2023 年 11 月 17—19 日隆重召开，线上、线下参与人数近 14 万。会议由国家图书馆、深圳市委宣传部、深圳市文化广电旅游体育局指导，深圳图书馆、北京大学信息管理系联合主办，来自全国各地图书馆界的专家学者齐聚深圳图书馆，充分挖掘全国公共图书馆体系建设的区域特色和成功经验，深入探讨新时期"图书馆之城"建设高质量发展路径，贡献图书馆行业智慧。会议包含开幕式、高峰对话、主旨报告、案例分享、圆桌论坛、闭幕式、活动观摩等环节，通过深圳图书馆微信视频号、微博、B 站等新媒体平台全程同步直播。

2.《"图书馆之城"高质量发展丛书》研究出版，6 部图书重磅发布。

深圳图书馆精心组织编撰《"图书馆之城"高质量发展丛书》，丛书由 6 部兼具综合性与专门性的图书组成，约 210 万字，有总有分、有理论有实践、有数据有图表，重点总结深圳经验，凝聚行业智慧结晶，突出各领域创新成果，于"公共图书馆体系建设与'图书馆之城'高质量发展研讨会"上正式发布。《深圳经验："图书馆之城"创新发展二十年》从专业研究视角全面、系统、深入揭示深圳模式与创新举措，形成 12 条深圳经验；《开放 创新 典范："图书馆之城"二十周年文集（2003—2023）》以论文研究形式集中呈现"图书馆之城"20 年 36 个领域的深入探索过程与创新实践路径；《"图书馆之城"标准规范与技术应用要则》展现深圳图书馆作为中心馆在标准规范上的牵头引领作用；《统一服务这十年："图书馆之城"事业发展报告（2013—2022）》发布全市统一服务十年统计数据，客观展现"图书馆之城"统一服务事业发展脉络；《从经典阅读开始：新型文化空间创新与实践》呈现以经典阅读引领深圳新型文化空间建设的先行路径；《经典之美："南书房家庭经典阅读书目"（300 种）》立足深圳图书馆十年深耕与积淀，是一份权威的家庭经典阅读推荐书目。

3. 一座城市的光荣与梦想——深圳"图书馆之城"二十周年专题展见"圳""城"长。展览分为前言、高屋建瓴"城"绩斐然、深圳经验"城"就样本、书香沃土"城"载人文、阅读未来"城"启梦想、结语 6 个篇章，展板共 51 块、2.6 万余字、180 余幅图片，同步展出全城主要市、区图书馆珍贵的照片、出版物和各类文创实物，生动诠释"图书馆之城"20 年来在推动文化繁荣、建设文化强市、建设现代文明城市中的独特作用和力量，展现"图书馆之城"与市民之间的双向奔赴与亲密链接，展望中国式现代化和深圳双区驱动下"图书馆之城"未来发展愿景。

（三）首个"深圳之窗"落地澳门，助力文化交融互鉴

2023 年，在深圳市委宣传部、深圳市文化广电旅游体育局的指导下，深圳图书馆启动"深圳之窗——图书馆走出深圳"项目，在国际国内城市图书馆设立"深圳之窗"专区，通过深圳地方特色文献交流、资源共享、联合办展、高端对话等形式，展示深圳的历史文化、风土人情、经济与社会发展等，推进文化交融互鉴，提升城市形象。11 月，与澳门大学图书馆合作建成首个"深圳之窗"专区，陈列精心遴选的 200 余种深圳地方特色文献，同步配套推出"深圳作家获奖作品展"，以"图文展板 + 实体文献"的形式集中展示深圳文学风貌。2024 年 1 月，深圳文学讲座——邓一光《人，或所有的士兵》在澳门大学图书馆举办，深圳图书馆理事、著名作家邓一光先生主讲，澳门大学近百名学生参加。

（四）粤港澳区域联动项目纵深推进，涵养湾区人文精神

1.2019 年，粤港澳大湾区公共图书馆联盟由大湾区 12 家公共图书馆和文献机构共同发起成立，旨在推进粤港澳大湾区历史文献、全民阅读、图书馆发展等领域交流合作。作为联盟 2022—2023 年轮值主持单位，深圳图书馆于 2023 年 11 月 17 日组织召开粤港澳大湾区公共图书馆联盟工作坊，及时总结梳理联盟建设成果，加强联盟成员合作交流，推动湾区公共图书馆事业共同发展；同时，联合联盟成员馆单位编制发布《粤港澳大湾区公共图书馆联盟 2022—2023 年发展规划》。

2.2023 年粤港澳"4·23 共读半小时"活动紧紧围绕党的二十大精神，聚焦经典，深圳、广州、东莞、香港、澳门 5 个主会场，粤港澳地区超 20 个城市、26 个市级图书馆、141 个总分馆共读点、1842 个基层共读点，线上、线下 83 万人次读者共同参与。深圳主会场设在深圳图书馆，共读分

为经典诵读、亲近自然、全场共读三个篇章；青少年读者代表朗诵《论语》十二则，天籁童声遇见国学经典，让孩子们在诵读中感受古人的智慧，体味汉语的精妙；深图朗读社社员代表领读《瓦尔登湖》（节选），以融合自然与生命的颂歌，引导市民亲近自然、回归本源、深入思考、重塑自我；深圳市区、高校图书馆馆长作为领读者，倾情朗诵广东作家张梅的散文《写给未来的你》，用细腻朴实的语言，娓娓道出对孩子最深切的期待。本届"4·23共读半小时"深圳全市共有210家共读点，近20万市民参与线下共读。广州主会场阅读活动在广东省立中山图书馆举行，以童声诵读古诗引出"春来潮涌""书香致远""追光逐梦""奋楫扬帆"四个主题篇章，由青年党员、团员及青少年读者共同领读《写给春天的诗行》《最是书香能致远》等正能量诗文，透过琅琅书声发出投身广东高质量发展浪潮的青春宣言。东莞图书馆作为主会场之一，以千人诵读、户外畅读、邻里悦读等方式加入共读，策划推出500项总分馆联动活动，以飨读者；东莞地区共有近350个共读点，分布于33个镇街、园区，约10万爱书人相约共读。香港公共图书馆在香港中央图书馆启动"4·23世界读书日"悦阅嘉年华，其中粤港澳"4·23共读半小时"活动作为本届活动的亮点，联合多家学校共同组织开展，由香港公共图书馆培训的故事大使义工为家长及小朋友讲述中国历史人物的故事。澳门举行2023年"澳门图书馆周"系列活动启动仪式及"4·23全城共读"活动，采用"1+N"（1个主场馆+N个分场馆）的形式，除主场馆澳门文化中心外，全城招募"共读点"同步进行，得到逾130个单位响应，约4万人次报名参与。

2016年，深圳市图书馆界发起"4·23共读半小时"阅读活动，每年在4月23日世界读书日当天举办，通过具有仪式感的共读行为，诠释"让阅读成为习惯"的理念。活动在图书馆、学校、企业、社区、医院、工业园、餐馆、家庭等共读点举行，呼吁市民打开书本，品味书香，享阅读之乐。2019年成为粤港澳文化交流合作项目，迄今举办8届，累计超过5300个共读点，逾550万市民读者线上、线下参与，大力推动了粤港澳大湾区城市间的文化交流。

3. 自2020年起，深圳图书馆联合粤港澳大湾区城市图书馆创意策划推出"从文献看湾区"系列特色主题展，旨在透过文献视角展现和重温湾区城市文化同源、人缘相亲、民俗相近的特色历史人文与城市发展轨迹，持续深化文化合作与交流，涵养同宗同源文化根脉，助力人文湾区高质量发展。2023年，推出"家国情怀寄尺素——侨批（银信）文化展""深圳作家获奖作品展""香江书韵——深圳公私旧藏港版文献联展"等，目前累计举办10个展览。"从文献看湾区"系列特色主题展获评中国图书馆学会"2021年阅读推广展示项目"、广东省文旅厅"2022年度广东省公共文化服务优秀案例"、广东图书馆学会"2021年阅读推广示范项目"及"深圳市2020年全民阅读推广优秀项目"。

（五）大型公共读书活动拓展升级，春秋两季相"阅"而行，56万人次读者热情参与

1. "阅见春天"大型户外阅读嘉年华于4月22—23日在深圳图书馆水幕广场举办，全市14家公共图书馆、高校图书馆及4家社会阅读组织联动参与，紧扣"让阅读成为一种生活方式"主题，搭建18个各具特色的阅读场景，以实体文献展示、阅读资源共享、服务创新体验等方式，充分展示丰富多元的文化功能，让广大市民读者一站式乐享阅读盛宴。现场特别设置阅读推广活动主舞台及草地帐篷阅读区，举办首届深圳"图书馆之城"换书大会。

深圳图书馆以"书是生活——在阅读中遇见美好"为主题，打造以"生活·家"为概念，集阅读、展示、体验于一体的阅读空间。福田区图书馆打造"FUTIAN LIBRARY+咖啡图书馆"，让读者在咖啡的香气中阅读新鲜有趣的图书，欣赏充满旧式浪漫的黑胶唱片。罗湖区图书馆从"穿越过去和畅想未来"角度带领市民读者乘上书香时光机，感受传统与现代文化的相互碰撞。盐田区图书馆围绕"行踏书海，启阅阳春"主题，复刻黄金海岸"山海馆城"四位一体的人文阅读场景，开启黄金海岸岁阅计划。南山区图书馆以"阅见'影像'的力量"为主题，以一部部经典"影像"打造一场场"阅读"盛宴。宝安区图书馆以"幸福宝安 阅读高地"为主题，多角度展示总分馆体系建设成果，开展关爱特殊群体的融合阅读服务。龙岗区图书馆以"小凉帽带你去龙图少儿馆"为主题，搭配古建筑风格的门檐，凸显甘坑古镇和二十四史书院的古典美。龙华区图书馆用一根线的魔术，通过博物童书、寻梦巴士等元素营造喜悦梦幻的阅读场景，用不同的"巴士站台"设计互动活动，打造"阅读奇旅·龙华站"。坪山区图书馆以自然阅读为构想，将坪山的马峦山瀑布、深圳自然博物馆、大万世居等人文自然搬到现场。光明区图书馆设计品牌活动剪影展览区、阅有创意互动区、创意科技 DIY& 科技书籍阅读区、智慧科技体验区，让读者感受科技与人文碰撞的魅力。深圳大学城图书馆以《小王子》主人公对宇宙的探索、对生命的思考为线索，精心打造"阅读星球"空间。深圳技术大学图书馆糅合"茶、道、竹、香"等元素搭建以"一刻阅读"为主题的生态美学场景。深圳北理莫斯科大学图书馆通过阅读区氛围的营造、学校特色文创展示、互动俄语学习年代秀等，鼓励市民接触和阅读俄罗斯文学、诗歌和哲学作品。深圳大学图书馆携手深圳大学经济学院，展示"时光益读"公益项目五年来在知识扶贫方面的丰硕成果。QQ 阅读以书籍为媒介，设置资源推荐展、文笔挑战赛、企鹅猜书名等活动。深圳市子非愚文化传播有限公司承办"春暖花开，在名著里阅见美好"阅读区，邀请小朋友现场共读和演绎《小王子》经典选段。大脚户外走读探索带领读者"在绘本里遨游春天"，手把手教学制作节气手绘转盘，学习二十四节气知识。清源古砖馆"穿'阅'时间长廊，再现华夏文明"，结合汉晋古砖实物和非遗传拓技艺展示和传播古砖文化。

2. 第 7 届"阅在深秋"公共读书活动于 11 月 18—19 日在深圳图书馆水幕广场举办，全市 14 家图书馆以阅读为媒，紧扣"处处可读、时时可读、人人可读"主题，围绕"数字科技""传统文化""书香空间""文献资源"等维度，打造多元阅读体验区，展示全民阅读新生态。现场搭建阅读推广活动分享小舞台，设置草地帐篷阅读区，举办深圳"图书馆之城"阶梯换书大会。

深圳图书馆以"发现·数字图书馆"为主题设计阅读体验区，设置"艺术馆""VR 馆""听书馆""儿童馆"四大主题馆，从"一卷在手"到"一屏万卷"，带领读者探秘"云上深图"数字阅读空间。深圳图书馆美术分馆以"一座城市的美术图书馆"为主题设计阅读区，诠释什么是"让心灵特别安静"的雅致之所。福田区图书馆创意设计"City Read"城市阅读空间，开展"文学放映厅""图书盲盒置换"等阅读活动，将城市潮流融入书香阅读。罗湖区图书馆通过"漫游罗湖 集章成画"等富含罗湖特色的主题活动，结合植物拓染、掐丝珐琅等非遗文化艺术，带领市民领略"一半山水一半城"的罗湖故事。盐田区图书馆打造"书海 DIVE"阅读营地，带来"深潜阅读大挑战""BOOK 思议漂流瓶""篝火光影绘本剧"等阅读活动。南山区图书馆将"精阅读"与"深阅读"结合，设置静态阅读区、沉浸式视听区、互动区，打造具有多重阅读体验、多元立体的现代化阅读空间。宝安区图书馆多角度展示宝安区图书馆建馆 30 周年成果，开展"非遗故事我来讲""馆长少年带你读"等阅读分享活动。龙岗区图书馆以"人、书、屋"的概念进行创意设计，传达"阅鉴龙岗·悦享书香"主题。龙华区图书馆通过"寻梦巴士"形象展示各种阅读场景，以"二十四节气"等传统文化为主线，设置主题书展、影像馆等"巴士站台"。坪山区图书馆以图文形式精彩呈现"和坪山一起文学"、坪山自然博物图书奖、"大家书房"会客厅等阅读活动。光明区图书馆有机融合科学与阅读元素，以"童心探科学"为主题，设计多样化、趣味性极高的阅读互动展，引领读者进入科普空间。深圳大学城图书馆以"'艺'启阅读之美"为主题，搭建艺术廊道，让每一位读者感受艺术的诗意与美感。深圳大学图书馆围绕"触碰科幻，幻想无边"主题创意设计阅读区，开展AI 互动、科幻简史展览、故事接龙、创意折纸等互动活动。深圳职业技术大学图书馆展示职业教育成果和工匠精神，开展 3D 打印体验、"以科学之名破坏这本书"模型拼装等活动。

（六）学术品牌深耕推进，匠心打造城市文化高地

1. 深圳市民文化大讲堂由深圳市委宣传部、深圳市社会科学联合会、深圳市文学艺术界联合会等单位联合主办，以"鉴赏·品位"为主题，自 2007 年起在深圳图书馆五楼报告厅举办，邀请国内顶尖专家学者传经布道，弘扬人文精神，发展公共文化，丰富市民生活，提升城市品位，已开展上千场讲座。2023 年，市民文化大讲堂聚焦"新思想、新战略、新知识、新要求"，举办 40 场展现时代情怀和现实意义的精品系列讲座，共设置"经济·创新""卫生·健康""文学·艺术""科技·教育""法治·管理""历史·社会""绿色·发展"等 7 个主题，坚持高端化与大众化相结

合、科学精神与人文精神相结合、国家战略与深圳实践相结合、线上与线下相结合，大力弘扬社会主义核心价值观。

2."深圳学人·南书房夜话"于 2014 年 11 月创办，立足学科背景，结合深圳实际，以现实问题为切入点，推动理论与实际、历史与现实、学者与大众的融合，致力于"全球视野、民族立场、时代精神、深圳表达"。2023 年，第十一季以"鹏城史话"为主题，主要邀请深圳本土历史文化研究学者开展系列讲座与对话，带领市民朋友重温深圳历史记忆，全年举办 18 场讲座与对话。截至 2023 年，共举办 11 季、181 场讲座，邀请 340 余人次嘉宾学者，线上、线下参与读者 110 万人次。

3."人文讲坛"是深圳图书馆主要联合深圳大学宗教文化研究所、中山大学禅宗与中国文化研究院于 2017 年创办的学术讲座品牌，旨在搭建知名专家学者与社会公众的沟通桥梁，塑造人文精神，弘扬优秀文化。2020 年，在原讲授基础上增设课程制的"儒家/道家文化研习社"，采取通识熏陶和专业养成并重的思路，依托"开班研修、专家授讲、线下实测、现场点评"的教研模式打造"专业化、体系化、开放式"的社会大学，为读者提供了一个"长期、系统、稳定"的优秀传统文化学习平台；2022 年，为期 2 年的研习社期满结业；2023 年，第二届研习社招募完成并顺利开班，两届研习社分别招募 50 名学员深入系统参与传统文化研习。截至 2023 年底，"人文讲坛"共举办讲座 222 场，线上、线下参与读者 84.63 万人次，近 80 位全国各地专家学者做客深图。

五、爱阅之城再添"新地标",深圳图书馆北馆率先建成开放,智慧"图书馆之城"再谱新篇

2023 年,深圳图书馆北馆(简称"北馆")建成开放,开启"图书馆之城"不断开拓创新的新征程。北馆对标国际一流图书馆,定位为集文献收藏、全民阅读、社会教育、思想交流、文化传承与创意创造于一体的大型综合性、智慧型图书馆,与深圳图书馆中心馆功能衔接、整合,错位发展,共同构成"图书馆之城"的双璧。

(一)新时代重大文化设施深圳图书馆北馆正式开馆

北馆于 2023 年 9 月 28 日起开放试运行,12 月 28 日正式开馆,是深圳首批建设并完工的新时代重大文化设施。北馆位于龙华区,建筑面积 7.2 万平方米,设计藏书量 800 万册,提供座位 2500 个;承担"一馆一库三中心"功能,既是城市公共图书馆、全市文献调剂书库,也是深圳"图书馆之城"联合采编中心、网络数据中心和文献调配中心;建筑外立面采用菱形石材拼成网状覆盖,明暗相间的波浪菱格纹路错落有致,犹如涌动的壮阔海浪,在厚重、沉稳的基底下焕发灵动气息,开阔通透的中庭以层层退台的方式自下而上延展,环绕中庭搭配通高书墙,为读者提供自由交流的空间,成为市民乐于驻足其间的城市文化客厅。

(二)开馆活动丰富多彩,展示馆藏精品,彰显时代风华

9 月 28 日,北馆试运行活动举行,通过 1 场高端对话、2 项主题展览、1 场新书发布三人谈、1 场弦乐四重奏,与市民读者共享阅读之乐。12 月 28 日,北馆开馆活动举行,包含 1 个开馆仪式、1 场交响音乐

会、10 个开馆展、6 项互动体验、2 个征集活动；开馆仪式通过"聆·新曲""焕·新颜""寄·新语""聚·新篇""阅·新馆"，共同见证深圳"图书馆之城"事业和全民阅读开启新篇章；10 个开馆展包括"一座城市的光荣与梦想——深圳'图书馆之城'二十周年专题展""一馆三期 万卷芳华——深圳图书馆馆史暨北馆建设历程展""麦光无瑕 丹墨生晖——深圳图书馆馆藏珍贵古籍展""广记事林 集成古今——深圳图书馆馆藏类书菁华展""'丰子恺儿童图画书奖'获奖作品暨深圳原创图画书展""深圳作家获奖作品展""中国网络文学——影视 IP 主题体验展""海内存知己，天涯若比邻——深圳睦邻文学十年回顾展""深圳早期动画人捐赠文献展""交响之声：黑胶韵律与乐器华章主题展"。

（三）新型空间特色多元，满足读者深层次阅读需求

北馆营造 9 个交互式学习空间，包括悦读大厅、多功能学习室、专家研究室 / 读者讨论室、录播室、特藏展厅、人文科技展厅、综合展厅、报告厅等，为市民参加各类主题讲座、培训、研讨等特色活动，享受展览、展陈等沉浸式阅读与体验服务提供重要阵地；创设开放 9 个多元特色馆中馆，包括深圳文学馆、深圳学人书房、影音资料馆、观影厅、HIFI 室、婴幼儿馆（3 岁以下）、儿童馆（3—8 岁）、少年馆（6—12 岁）、青少年馆（12—18 岁），为市民打造分众、分龄阅读空间。

（四）智慧场馆吸睛出圈，开启"图书馆之城"新篇章

1. 智慧底座夯实技术基础。部署面向全场景的第五代"图书馆之城"中心管理系统（ULAS–V），为"图书馆之城"各馆提供全流程、全域化的智慧图书馆数字底座，奠定人书互知、人馆互感的技术基础。

2.**"太空电梯"智慧书库刷屏全网。**建设国内最大地下智能立体书库和最快的全自动分拣系统，实现"图书馆之城"馆藏文献的高效入藏、高速分拣和精准配送。

3.**智慧调阅立等可取。**借助轨道自行走小车、多种类 AGV 机器人，实现馆内文献自动传输、快速调阅。

4.**智慧导航便捷指引。**通过手机、现场大屏等交互设备，基于场馆位置服务，面向读者实现对图书、服务的实时指引。

5.**智慧空间智能互联。**通过线上预约方式，便利读者使用配备智能空调、智能灯光、电子白板等新型物联设备的智慧型文化空间。

6.**智能应答多端获取。**基于全城统一知识库搭建智能咨询系统，实现从微信、网站、电话、信息屏、数字人获取统一、标准化咨询应答。

7.**智慧体验漫游全馆。**借助数字孪生技术，可视化呈现智慧书库和场馆运营工作实况，利用 VR 设备实现北馆场馆和智慧书库漫游；实时展示场馆各区域、设备服务数据，包含借还、办证、人流、座位、预约等信息。

2024 年是中华人民共和国成立 75 周年，是实施"十四五"规划的关键一年。深圳全市公共图书馆将深入贯彻落实习近平文化思想，围绕"全球视野、国家战略、广东大局、深圳担当"，携手并肩、精准发力、主动作为，推进全民阅读更高质量发展，为深圳全民创新创造提供持久深远的精神力量；建设新一代智慧型"图书馆之城"，展示具有深圳标识、中国特色、世界一流公共图书馆体系的深圳力量；推动全社会形成"爱读书、读好书、善读书"的浓厚氛围，助力深圳打造全球"文化高地"。

阅历史文脉 读现代文明

——第二十四届深圳读书月总结报告

深圳读书月组委会办公室

2023 年是全面贯彻落实党的二十大精神的开局之年，也是深圳获评联合国教科文组织"全球全民阅读典范城市"称号的十周年。党的二十大报告明确指出，"中国式现代化是物质文明和精神文明相协调的现代化"，其本质要求包括"丰富人民精神世界"。一直以来，深圳市委、市政府高度重视全民阅读工作，不断满足市民的精神追求，推进城市的文明进程。作为推动全民阅读最早的城市之一，深圳在 2000 年创办"深圳读书月"，以 24 年"高贵的坚持"打造出国内参与人数最多、持续时间最长、影响最为广泛的读书文化活动。2023 年 11 月，第二十四届深圳读书月成功举办，体现了深圳全面贯彻党的二十大精神、担负起新的文化使命、做好新时代新征程宣传思想文化工作，为建设中华民族现代文明贡献深圳智慧和力量。

在深圳市委宣传部的坚强领导下，深圳出版集团积极做好读书月总承办工作，配合组委会秘书处组织召开各类策划会、重点活动项目调度会，与 26 家成员单位通力协作，组织开展主推活动 20 项，主题活动共计 339 项、2000 余场，吸引超千万人次参与，协同主流媒体及官方新媒体大力宣传推广，共同推动深圳读书月成为现代化的全民阅读品牌标杆，为助力深圳打造城市文明典范，率先塑造展现社会主义文化繁荣兴盛的现代城市文明提供强大精神动力。

一、凸显文化传承发展，勇当文化传承创新的先锋

本届读书月以"阅历史文脉 读现代文明"为年度主题，寓意引领市民读者在书籍中读懂历史、把握当下、创造未来，为中华优秀传统文化插上传承创新的翅膀，努力创造属于这个时代的新文化。活动邀请莫砺锋教授在启动仪式上作《让经典走进千家万户》主题演讲，紧扣年度主题，与他在文化传承发展座谈会上题为《普及古典名著 弘扬传统文化》的发言一脉相承。通过特别策划"年度巨献"，重新发现城市文化，展现深圳对历史文脉的传承守望、对现代文明的探索追求。

一是以开创性思维挖掘展示中华优秀传统文化。特别策划的"年度巨献"版块，其中经典诗文朗诵会以"蓬勃的生长"为主题，邀请高侠、严晓频、赵岭等24位国内知名朗诵艺术家、主持人及音乐家等演绎古今中外的经典篇章，带领市民感受文化传承发展蓬勃的生命力；在深圳各大书城、各街道等8个场所举办"文化传承发展主题书展"联展，展出260余种、近万册相关主题图书，涵盖"一带一路"、中华优秀传统文化、新国潮等热门题材，呈现中华优秀传统文化与现代文化交融之美，在全市营造了浓厚的阅读氛围。

二是以科学人文艺术精神塑造现代城市文明。深圳读书论坛聚焦"城市精神漫游：科学 × 人文 × 艺术"主题，"在历史的天空下"高端对话邀请王京生、张抗抗、樊希安等文化专家探讨"阅读与文明"，3场"大

家的声音"专场论坛分别邀请莫砺锋、郑培凯、江晓原畅谈"风雨人生话东坡""传统文化与生活艺趣""如何看待基础科学",场场座无虚席,以名家思想为引领,激荡人心。

三是以讲好新时代中国故事彰显大国风采。举办"发展大局观"名家领读,邀请刘晓明分享"讲好中国故事 打造国际传播典范",郑泉水分享"聚焦·探索·突破——湾区创新人才培养思考",共同畅谈全球形势大局与深圳先行示范的关系,展望深圳探路中国式现代化,把粤港澳大湾区建设为高质量发展示范地的使命和未来。

二、凸显文化文明融通,深化跨地域阅读文化交流

"跨地域交流"是本届读书月的一大亮点,体现了深圳开放包容、兼收并蓄的城市形象与文化内涵。通过深港"共读双城"、双城文化对视等品牌活动,与香港、杭州等多个城市以及法国等国家搭建文化交流的平台,共赴一场城市的雅集,更好地促进了城市文化互融互通,中外文明交流互鉴。

一是深化深港共读。以香港首次设立"香港全民阅读日"为契机,推出深港"共读双城"系列活动,邀请香港特区政府文化体育及旅游局局长杨润雄、香港特区立法会议员霍启刚等30余位香港代表参加启动仪式,共同发布《深港"共读双城"共识》,进一步深化了深港文化交流合作。在深圳书城中心城、深业上城、福田高铁站、福田口岸、西九龙关口、香港中环传承馆等深港多个地点打造"共读双城"主题海报邀请展,展出10位深港设计师同题创作的海报,体现丰富的双城文化形象。联动香港

特区政府文化体育及旅游局、香港出版总会、香港联合出版集团、深港两地中小学校等多方资源，开展3场深港对谈、2场图书展、1场书市和1场展演。来自深港两地的新人作家、设计师、出版人交流对话，对双城多个领域进行深度交流，碰撞出新的火花。展出"想创你未来——初创作家出版资助计划作品展""香港出版双年奖和深圳年度十大好书联展"，为两地读者推介高品质书单。组织16所深港中小学校共300余位青少年参加深港青少年同诵古诗词展演，两地孩子用普通话和粤语同诵古诗词，展现中华优秀传统文化之美，促进文化相融、民心相通。

二是促进深杭交流。杭州在2023年先后举办第二届全民阅读大会和第十九届亚运会，在本届深圳读书月之际，深圳与杭州联动推出"当创新之城遇上浪漫之都：深圳·杭州的文化对视"系列活动，备受全国关注。深杭两地作家、学者、设计师、规划师、策展人、艺术家等以阅读为媒，开展跨界对谈。围绕"城市想象与南方书写""湖山之胜与山海连城""自然意蕴与城市意象""表达语境与城市美学"四大主题，融通两座城市的文学、写作、自然、地理、艺术、人文、想象、表达、美学等众多领域，互相学习借鉴、交流合作，让双城文化激发更多创造力和创新力，释放更多人文浪漫和情感温度。

三是助推中法文化交流互鉴。为迎接中法文化旅游年和中法建交60周年，推出"诗意历险与灵魂共鸣——中法文学专家对话"，邀请了法国驻广州总领事馆文化领事白川鸿，法国教育部首任汉语总督学白乐桑，法国著名作家妙莉叶·芭贝里，全国政协常委、中国人民对外友好协会原副会长户思社，中华译学馆馆长许钧等多位中法嘉宾，围绕中法文学出版、传播及交流互鉴展开对话，并在深圳书展主会场举办深圳出版社法国图书展览，展出深圳出版社20多年来引进和出版的法国优秀图书200余种，搭建起中法文学互译互鉴的桥梁，提升了读书月品牌国际知名度和影响力。

三、凸显深化全民共读，实现阅读强触达、广覆盖、优品质、全时段

本届读书月持续打造全民阅读可持续发展的机制体系，形成了党委政府主导倡导、全社会力量广泛参与、市民群众共建共享的机制，让阅读浸润千行百业，洒满城市每个角落，打造全民乐享其中的阅读的节日，进一步体现全民阅读的引领性、创新性、全民性、广泛性。

一是提升全民阅读引领性。举办"年度十大好书""年度十大童书""自然生态优秀图书大赏"等评选类品牌活动，打造高品质阅读风向标。"年度十大好书"已连续举办 17 届，坚守着对纸质书籍的热爱和对阅读的敬仰，饱含专业精神和人文情怀，为大众推荐高质量书单。"自然生态优秀图书大赏"汇聚盐田海洋图书奖、坪山自然博物图书奖、大鹏自然童书奖等各区自然图书奖项资源，体现深圳生态文明理念与特色。举办第二届全民阅读推广（深圳）峰会，聚焦"出版创新发展与全民阅读"主题，邀请邬书林、聂震宁等多位业内专家学者发布专题报告，为全国各地全民阅读推广提供参考借鉴。

二是突出全民阅读创新性。"书·城市·生活"书店人大会是本届读书月的一项创新之举，特别聚焦书店和书店人，邀请来自北京、上海、南京、成都等全国 28 座城市，60 家具有代表性的实体书店的主理人与书店文化学者集结深圳，共话书业，发布首届"书·城市·生活"书店人大会

深圳共识，以各自视角分享对书店当下境遇和多元发展的思考，激荡和而不同的声音，引领全国书店文化新热潮。

三是深化全民阅读全民性。全民阅读"五进"行动广泛动员社会阅读资源，进基层举办职工阅读大赛、读书月辩论赛等；进系统开展深圳市首届学生阅读节系列活动、"万花筒"家庭亲子共读活动等；进机关举办文化传承发展主题书展巡展；进一线开展"十大劳动者文学好书榜"评选、"圳兴乡村·同心共读"系列活动等；进场所开展"阅读零距离，书香浸社区"系列活动、"书香地铁"等活动，让阅读走进千家万户，实现人人可读。第五届深圳书展提出"山海有诗意 书香最深圳"年度口号，组织600余家全国优质出版机构，集中展销精品图书22万种、数量159万册，展出图书盛会新规模、新高度，10天时间共吸引209万人次参与，客流最高日达42万人次，实现总销售码洋3626万元，均创历届新高，被媒体誉为"市民买书如City Walk（城市漫步）的最美城市书展"和"美不胜收的图书文化盛会"。

四是强化全民阅读广泛性。本届读书月延续分会场模式，在全市各区开展各具区域特色的阅读品牌活动。盐田区分会场聚焦盐田海洋文化特色，举办盐田海洋图书奖、海洋文化论坛、"阅读山海"主题讲座等活动；罗湖区分会场以罗湖口岸连通深港为契机，邀请香港出版人、书店人、设计师等来深交流，开展4场深港艺文交流活动；南山区分会场立足科技强区特点，走进南方科技大学、深圳大学、深圳职业技术大学等高校开展"阅创南山"科普科幻系列活动。

第五届深圳书展联动7个区分会场，打造家门口的图书盛会。强化资源整合，联动莲花山公园籍杜鹃花展，在深圳书城中心城二楼天面连廊和莲花山公园串联打造露天阅读市集，在深圳中轴线上勾勒人文与自然交织的最美阅读风景线。联动深圳邮政设立展区，现场的邮筒、邮袋等怀旧老物件形成热门打卡点，为书展增添了人文内涵。联合中国书刊发行业协会共同主办第五届"全民阅读·书店之选"十佳书店表彰大会，邀请全国优秀书店代表汇聚深圳，共促行业发展。中宣部印刷发行局领导表示，"全民阅读·书店之选"十佳书店表彰大会作为深圳书展的一项重要活动，是深圳方面贯彻落实习近平文化思想的重要举措，也为图书发行行业树立了典范。

四、凸显数字阅读创新，积极拥抱阅读推广的新形态、新趋势

本届读书月在数字阅读领域加大创新力度，推出"名家荐书马拉松""云上读书月"系列活动等数字化阅读品牌活动，进一步丰富市民的阅读体验和文化福利，提升全民阅读便利性，让深圳读书月"永不落幕"，迈上文明的阶梯。

一是打造 24 小时播不停的直播荐书栏目。"名家荐书马拉松"以"24 小时"践行"24 年"的文化坚守，邀请周国平、毕飞宇、东西、冯唐、莫砺锋、梁永安、蒲熠星、海潖、罗新、周立民、绿茶、耿华军、朱迅、陶勇、刘畊宏等 70 位文化名人 24 小时直播荐书，极大地满足了快节奏的生活中市民对碎片化、高密度、高强度集中阅读的强烈需求，全网阅读量超 80 万人次，全网观看超 40 万人次，微博直播持续高居热度榜第一，受到广大读者的点赞和好评。

二是提供 24 小时阅不停的云端阅读福利。与华为、腾讯等科技企业

联袂开展"云上读书月"系列活动，依托华为阅读 APP、微信读书、深圳读书月小程序等高人气数字阅读平台，为市民读者免费发放海量数字阅读礼包，并依托深圳图书馆推出馆藏 600 余万册（件）免费数字阅读资源；打造沉浸式的数字阅读体验空间，举办"未来阅读漫游展""网络文学 IP 展""发现·数字图书馆展"等线下展览，为市民带来全新智能化的阅读体验，充分满足大众对阅读的新期待，营造处处可读、时时可读、人人可读的文化氛围。

五、凸显全媒矩阵传播，力争打造全民阅读品牌标杆

本届读书月强化全媒体平台传播模式，联手中央、省、市各级主流媒体及新媒体平台持续性报道，多家港澳媒体助阵宣传，全网总报道量超 3 万篇次，全网总浏览量超 2 亿人次，不断运作"全媒体大直播"模式，对重点活动进行全程直播，全网直播总观看量超 100 万人次。读书月期间，《人民日报》发布"第二十四届深圳读书月启动"报道；凤凰新闻也刊发多篇报道；《光明日报》发布"开卷品文 合卷赏景——第五届深圳书展观察"专题报道；学习强国、《深圳特区报》等官方平台开设读书月专题，转载读书月重点报道 300 余篇；"汇文化·惠深活"深圳读书月专用文惠券线上活动吸引超 10 万人参与，发放金额达 250 万元，充分点燃了全民读书热情；全市 1 号线、2 号线、5 号线列车打造读书月创意车厢，16 处楼宇 LED 屏、300 个公交站台、100 台公交车、8 条地铁线拉手环均投放读书月和书展宣传广告；京基 100 大厦、大百汇广场、平安金融中心、汉国中心、中国华润大厦、深圳湾 1 号等全市地标建筑为读书月亮

灯，进一步凸显"全域覆盖、全景联动、全民参与、全媒触达"特色。

本届读书月得到领导、专家的一致好评和点赞。中宣部出版局局长冯士新出席本届读书月启动仪式并寄语，"深圳是一座充满活力又充满书香的城市，以深圳读书月为代表，深圳积极拓展公共阅读空间，丰富城市阅读资源，20年来持续推进并不断创新，在书香社会建设上走在了前列，做出了表率"。香港特区立法会议员霍启刚点赞深圳全民阅读氛围，他表示深圳读书月很值得香港学习，希望两地的阅读文化能够多做交流和分享。莫砺锋教授表示，一座年轻的城市把阅读作为大事，这种现象很好，社会应该对阅读有一个整体的、正面的引导。刘晓明大使称赞深圳在全民阅读方面有多个"全国第一"，是中国全民阅读的标杆。贾平凹先生出席本届书展开幕式，他表示深圳市民高涨的阅读热情令他十分感动。莫砺锋、郑培凯、张抗抗、白乐桑、南兆旭等多位名家寄语读书月，短视频全网观看量超百万人次。

六、下一步工作规划

深圳读书月将继续秉持"品质、品位、品格"原则，凸显五大办节定位，持续深化全民阅读，助力书香社会建设。一是贯彻落实党的二十大精神，以习近平文化思想为引领，通过高质量办好深圳读书月贯彻落实新时代宣传思想文化工作。二是继续深化跨地域阅读交流，推动大湾区文化交流，深化深港"共读双城"项目，推动中法文学等国际阅读交流互鉴，不断提升读书月品牌影响力和辐射面。三是提升品牌创新，坚持"三品"原则，优化完善"策展人"机制，推动年度十大好书、深圳书展、经典诗文朗诵会等传统品牌增强创新力和引领性，推动书店人大会、名家荐书马拉松等创新品牌增强影响力。四是深化全民阅读全民性，调动全市多方资源参与，面向未成年人、大学生、来深青工、弱势人群等不同群体打造更精准化、更接地气的重点阅读品牌。五是加强数字阅读内容供给和平台建设，为市民提供时时可读的阅读条件，提升读书月线上传播力。

深圳读书月是坚持了 24 年的高品质全民阅读活动和城市文化品牌，未来将不断擦亮"全球全民阅读典范城市"金名片，把全民阅读做成深圳极重要的城市品牌，努力创造新时代新文化中勇当改革开放文化的先锋、中外文化交流交融的先锋、文化传承创新的先锋，为推动深圳打造城市文明典范，实现中国式现代化作出新的更大贡献。

山海有诗意 书香最深圳

——2023 南国书香节暨第五届深圳书展总结报告

深圳书展组委会办公室

2023 年是全面贯彻落实党的二十大精神的开局之年。习近平总书记在党的二十大报告中强调"深化全民阅读活动";在致首届全民阅读大会贺信中提出"希望全社会都参与到阅读中来";在文化传承发展座谈会上强调"要坚定文化自信、担当使命、奋发有为,共同努力创造属于我们这个时代的新文化,建设中华民族现代文明"。2023 年 10 月,全国宣传思想文化工作会议首次提出习近平文化思想,提出习近平文化思想明确了新时代文化建设的路线图和任务书,为担负起新的文化使命提供了强大思想武器和科学行动指南。

作为中国特色社会主义先行示范区,深圳正在切实担负起新时代新的文化使命,努力在创造新时代新文化中勇当先锋。在深圳市委、市政府的关怀指导与全国出版界的大力支持下,在深圳市委宣传部的坚强领导下,2023 南国书香节暨第五届深圳书展于 11 月 10 日至 19 日在深圳圆满举办,坚持高水平办展、高质量发展,力争把全民阅读做成深圳极重要的城市品牌,不断擦亮"全球全民阅读典范城市"金名片。

一、深化全民阅读，促进双效提升

2023 南国书香节暨第五届深圳书展以"奋进新征程 粤读再出发"为年度主题，提出"山海有诗意 书香最深圳"年度口号，围绕全民阅读，以推进人与自然和谐共生的现代化为理念，继续体现"在蓝天下、草地上办书展"的深圳特色，与莲花山公园簕杜鹃花展深度联动，以"书山花海"之姿展示深圳"山海连城"之美，引领市民以阳光健康、开放包容之态走进自然、拥抱阅读、尽享城市美好生活，积极打造全国一流的最美城市书展。

坚持品质引领，打造家门口的图书盛会。本届深圳书展采用"1+7"主分会场模式实现全市联动，共组织 600 余家全国优质出版机构，集中展销精品图书 22 万种、数量 159 万册。其中，主会场室外展区展出近两年新书 2.1 万种，2022 年以来出版的新品占参展品种的 65%，2023 年出版新品占参展品种的 35%，图书选品丰富，重点新书参展占比显著提升。书展期间，贾平凹、周国平、阿来、毕飞宇、濮存昕、朱迅、白茶、祝勇、海漄、张小娴、李尚龙、刘畊宏等 40 余位重磅名家齐聚深圳，开展新书发布、图书签售、对话沙龙等重磅活动 50 多场，策划"阅读·新风尚""传承·新发展""视野·新动向"三大系列主题，开展露天音乐会、青少年作家作品分享会等形式多样的阅读文化活动共计 200 多项，带动全城阅读热度，激发全民阅读热情。

坚持文化惠民，打造新型文化消费圈。本届深圳书展采用对等让利销售模式，共 235 家全国优秀出版机构促销让利，较 2022 年增幅达15%，参展商让利幅度远超前期，部分出版机构让利幅度可达 20%。书展共吸引 209 万人次参与，客流最高日达 42 万人次，实现总销售码洋

3626 万元，均创历届新高。其中，书展现场逛展人数 178 万人次，同比增长 61%，现场销售码洋超 3562 万元，同比增长 21%，均远超 2022 年同期水平。

筑牢守稳意识形态安全底线，确保意识形态安全零事故。一是强化组织协调，在深圳市委宣传部的悉心指导下，制订书展文化安全工作方案，成立文化安全专项小组，组建工作队伍，落实职责分工、明确工作流程、确定应急和处置举措。二是全面审核把关，各参展商对参展的出版物实行审读，报送审读报告和审读书目；组织审读专家对参展出版物书目实施审读，开展实体书审核和展前巡馆，共审读逾 2000 册图书，下架 10 种出版物；重点对 40 余场活动、近 30 名嘉宾背景实施审核等。三是严格开展文化安全值班值守，邀请审读专家参与值班，及时发现和纠正问题。四是实施书展 24 小时网络舆情监测，共监测涉书展网络舆情 14000 余条，未发现重大负面舆情。

二、凸显深圳特色，争创全国一流

（一）主题聚焦，彰显文化力量

以深入学习贯彻党的二十大精神及习近平文化思想为主线，引领读者潜心阅读，在书香中踔厉奋发、勇毅前行。一是特别推出主题出版物展区，展出习近平新时代中国特色社会主义思想系列读物、主题教育及党的二十大读物、党政学习优选读物、四史读物、"一带一路"主题图书等。二是特设学习强国展区，集中展示"学习强国"深圳学习平台有关建设成果和精品内容专题，市民群众现场扫码下载"学习强国"APP，订阅深圳学习平台，让学习从"指尖"到"身边"。三是推出深圳读书月"年度十大好书"入围书籍、"年度十大童书"入围书籍等专题书展，为读者推荐别具深圳特色的高品质书单。

聚焦文化传承发展，引领读者感受中华优秀传统文化之美，推动非遗融入校园、走进社区、贴近生活。联合深圳职业技术大学打造"指尖传非遗 文脉颂中华"非遗精品展，展出麦秆画、剪纸、浮雕、漆画、泥皮画、木版画、烙画、炕围画、掐丝珐琅、蜡染、纸浆、雕版印刷、皮雕等非遗技艺传承作品，以有趣有料的非遗创造性转化成果提升群众的非遗保护意识。

（二）跨域交流，凝聚湾区共识

加强粤港澳大湾区联动，推动中外文化交流和文明互鉴，助力人文湾区建设。一是首设"港澳台·国际进口图书展区"，联动紫荆文化集团直属成员机构中华商务贸易公司展示逾5000种、近万册进口图书，设置"从这里读懂香港"香港主题展区、"莲花书韵，文化交融"澳门主题展区、"一脉书香，两岸共读"台湾主题展区、益文书局原版外文图书展区等20多个精选图书专区。二是专设多版本图书比鉴专区，畅销榜《哈利·波特》《小王子》、经典榜《茶花女》《悲惨世界》等图书展出至少四种语言版本。三是举办深圳出版社法国图书展览，展出深圳出版社自1998年以来出版的从法国引进的各类图书近200种，包括小说、诗歌、散文、传记、漫画、学术著作等，以丰硕的中法文学出版成果迎接中法建交60周年。四是以深中通道即将通车为契机，联动中山打造深中展区，展出深中共读、香山文化、非遗文化、特色文创等内容，促进双城文化资源互通，共同打造深圳、中山全民阅读联盟。

（三）广泛参与，赢得社会支持

丰富展会业态，强化资源整合，联合社会各界力量共同参与，进一步扩大全民阅读广泛性。一是联合中国书刊发行业协会共同主办第五届"全民阅读·书店之选"十佳书店表彰大会，邀请全国优秀书店代表汇聚深圳，共促行业发展。中宣部印刷发行局领导表示，"全民阅读·书店之选"十佳书店表彰大会作为深圳书展的一项重要活动，是深圳方面贯彻落实习近平文化思想的重要举措，也为图书发行行业树立了典范。二是与莲花山公园籣杜鹃花展深度联动，在深圳书城中心城二楼天面连廊和莲花山公园串联打造露天阅读市集，开创人文与自然交织的文化体验新空间，在深圳中轴线上勾勒一道最美阅读风景线。三是设立深圳邮政展区，以"种子邮局"为主体，融合能量站、金融文创、邮件寄递、景观打卡等主要活动主题，邮筒、邮袋等具有怀旧气息的老物件形成热门打卡点，引发读者回顾书信文化，为书展增添了人文内涵。四是特别策划开展"争做党员先锋，共助全民阅读"志愿服务活动，深圳出版集团组织百余名党员、入党积极分子及职工群众奔赴书展一线，用心用情服务读者，累计志愿服务超 400 人次，形成了"哪里有需要，哪里就有志愿者；哪里有困难，哪里就有党员志愿者"的工作氛围，书展"红马甲"展现了深圳"志愿者之城"的文明底色。

（四）全民共享，舞动爱阅之城

一年一度的书香盛宴，迎来了大批热爱阅读的深圳市民，激活了市民读者的文化消费动力，彻底释放这座爱阅之城的读书热情，呈现一派处处可读、时时可读、人人可读的人文盛景。

一是书展主会场室内与户外联动，规划十大主题展区，包括出版物展区、深中展区、进口图书展区、学习强国展区、深圳邮政展区、非遗展区、音乐展区、电影展区、教装及儿童互动展区、文创零售展区，同时推出露天阅读市集，为市民读者提供新意十足的逛展体验。电影展区每晚放映露天电影，配套打造的露营风休息区可供读者休憩、交流，为书迷影迷们提供一段书影相伴的美好回忆。音乐展区主打"邂逅美好生活方式"理念，推出"在日落前碰面"主题，通过音乐让读者触摸到生活所感。

二是分会场联动各区，分别在深圳书城罗湖城、深圳书城南山城、深圳书城宝安城、深圳书城龙岗城、深圳书城龙华城，以及光明区大仟里购物中心外广场、简阅书吧中山公园店等地设立7个分会场，充分发挥深圳大书城优势，共赴星散全城的书香之约。优化升级云上书展，依托深圳书展、深圳书城等线上平台，在线提供图书选购、阅读指引、活动预告、直播互动、精彩回顾、分享交流等功能服务；通过全国新书首发中心抖音平台开启"云直播"模式，在主会场户外广场搭设直播间，并联动磨铁图书、后浪图书等全国知名出版机构开展书展专场直播，让市民足不出户"云逛展、云阅读、云互动"。

三是儿童互动区关照未成年人群体，将儿童阅读的趣味性与欢乐体验有机融合，联合阅读公益组织三叶草故事家族、国际知名品牌SMILEYWORLD开展"微笑向未来——乐观的力量"主题活动，举办能量书单发布、微笑阅读马拉松、华语原创绘本论坛、绘本剧大赏等活动，为亲子家庭营造一个欢乐无限的阅读体验互动区。

四是呼应市民购书热情，提供全年最低购书折扣。结合深圳读书月专用文惠券、出版社折扣让利、银行优惠活动、深圳书城会员日等多重福利，推出书展"薅羊毛"攻略惠民叠加的玩法，叠加书展折扣最低实现0

元购书，引爆书展购书热潮。

三、全媒宣传推广，讲好深圳阅读故事

据不完全统计，本届深圳书展累计全网总报道量超 1 万篇次，全网总浏览量超 1 亿人次。通过"全链条策划、全时段报道、全媒体传播"，布局新媒体平台矩阵式传播，发动微博、小红书等 30 余位博主大 V 预热造势，并得到主流媒体的全方位关注报道，仅书展开幕首日全网报道量就超 2000 篇次，书展期间持续发布"超人气""高销量""夜经济""书山花海""进口展区""深中共读""集戳盖章"等话题，让深圳市民的"书展时间"天天有热点、时时有话题。

本届深圳书展得到领导、专家、市民读者的一致好评，被媒体誉为"全国最美城市书展""美不胜收的图书文化盛会"。"阅见一座城的诗意"短视频在《人民日报》等官媒账号宣发，播放量超 100 万。贾平凹、周国平、濮存昕等名家发布短视频点赞深圳书展，全网浏览量超 500 万人次。《光明日报》刊载文章"开卷品文　合卷赏景——第五届深圳书展观察"，深圳发布平台发布推文《深圳书展，市民买书如 City Walk》。作家贾平凹亮相深圳书展与市民读者交流读书体会，他表示，深圳市民高涨的阅读热情令他十分感动，评价"深圳是最爱读书的城市"。

2023 南国书香节暨第五届深圳书展的成功举办，是深圳创新之城、爱阅之城、青春之城的缩影，也是深圳建设社会主义现代化强国城市范例、打造城市文明典范的有力举措。下一步，将继续发扬深圳创新精神，

发挥深港合作优势，不断擦亮"深圳书展"这一城市阅读品牌，为进一步推动全民阅读实现高质量发展贡献不竭动力，为全社会形成爱读书、读好书、善读书的浓厚氛围添砖加瓦，为建设中华民族现代文明和推进中国式现代化建设提供智力支撑。

全国新书首发中心 2023 年度新书市场报告

全国新书首发中心　北京开卷信息技术有限公司

　　全国新书首发中心成立于 2021 年 4 月，是全国首个图书全行业系统性新书推选发布平台，由深圳市委宣传部指导、深圳出版集团主办，旨在吸引更多优秀出版选题在深圳创新首发，通过贯穿全年的新书首发大事件，引领全民阅读全年化、常态化纵深发展，在华南地区构建阅读文化资源高地和出版发行高质量发展高地。成立迄今，全国新书首发中心已经与 30 余家头部出版机构展开合作，邀请王蒙、贾平凹、郑永年、李昌钰等重磅大咖和冯唐、许知远、刘畊宏、张皓宸等人气作家做客首发，组织举办各类新书分享活动 100 余场，多次带动首发新书全网热销，成为全国业界与大众读者关注重视的文化标杆。中宣部印刷发行局发行处处长、二级巡视员武远明称赞，全国新书首发中心已成为出版机构、作家学者与大众读者交流的活动平台，是推进全民阅读全年化、常态化、体系化的典范之举。中国书刊发行业协会理事长艾立民表示，全国新书首发中心再次为实体书店乃至文化产业的可持续发展提供新思路。中国出版协会理事长邬书林寄语，希望深圳像坚持推广全民阅读一样，坚持把全国新书首发中心做深做实，为全国业界与大众读者交上一份更骄人的答卷。

　　在此基础上，全国新书首发中心联合北京开卷信息技术有限公司，共同研制 2023 年度新书市场报告，进一步以大数据视角引领行业聚焦、思考、探讨新书文化生态。

一、2023 年度全国新书市场概况

（一）2023 年度上市新书 18 万余种，社科类本年度新书的码洋贡献率最高

2023 年，全国图书零售市场动销品种共 237 万种，其中上市新书共 18 万余种，占市场总动销品种的 7.73%；全国图书零售市场开卷监测码洋为 741 亿元，其中新书监测码洋约 118 亿元，新书为图书零售市场贡献了 15.95% 的销售码洋。与 2022 年相比，新书品种增加 12489 种，新书码洋贡献率上升 2.32%，新书品种贡献率上升 0.41%，反映出新书市场明显复苏，对整个图书市场的促进作用有所增强。

从渠道上看，实体书店渠道共上架 16.6 万种新书，占实体书店渠道总动销品种的 10.86%，为实体书店渠道贡献了 21.54% 的销售码洋；网店渠道共上架 13.7 万种新书，占网店渠道总动销品种的 6.74%，为网店渠道贡献了 14.62% 的销售码洋。

从一级细分类上看，社科类本年度上市新书的码洋占比最高，为该类贡献了 19.58% 的销售码洋。

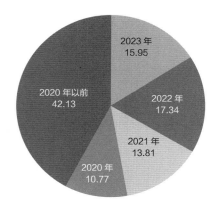

图 2-31 2023 年全国图书零售市场不同上市时间图书码洋占比分布（%）

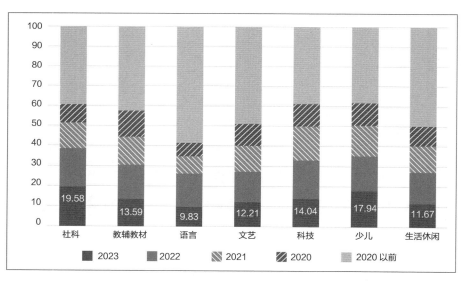

图 2-32 2023 年图书零售市场各一级细分类不同上市时间图书码洋占比（%）

表 2-21 2023 年图书零售市场各一级细分类新书贡献情况及同比变化

一级细分类	新书码洋贡献率	新书码洋贡献率同比变化（百分点）	新书品种贡献率	新书品种贡献率同比变化（百分点）
社科	19.58%	−1.68	8.60%	+0.57
教辅教材	13.59%	+2.36	8.32%	−0.09
语言	9.83%	+4.36	7.91%	+1.25
文艺	12.21%	+2.44	6.38%	+0.46
科技	14.04%	+1.29	8.80%	+0.55
少儿	17.94%	+6.18	6.24%	+0.30
生活休闲	11.67%	+1.43	5.15%	+0.68
综合图书	5.31%	−2.92	28.90%	−7.23
整体市场	15.95%	+2.32	7.73%	+0.41

（二）2023 年新书码洋品种贡献率达到近十年最高点

2023 年，新书码洋品种贡献率进一步上升至 2.06，达到近十年来的最高点。说明新书的单品种获益能力仍在不断提升。从渠道上看，2023 年实体书店和网店渠道的新书码洋品种贡献率均超过 1.00，说明新书在两类渠道的单品种获益能力都对图书市场的销售提升起到了带动作用。

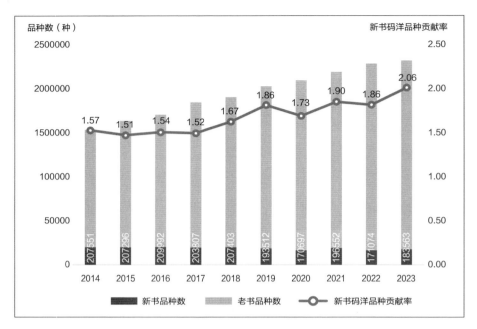

图 2-33　近十年图书零售市场新老书品种数分布以及出版效率走势

（三）2023 年度新书市场中少儿、教辅、马列思想及政策性读物码洋比重较高

从码洋占比上看，2023 年度新书市场中少儿类新书规模最大，占比为 30.61%。教辅、马列思想及政策性读物类紧随其后，占比均在 10.00% 以上。

从品种占比上看，2023 年度新书市场中教辅类新书品种最多，占比为 17.48%。对于大众类别而言，少儿、学术文化、经济与管理是新书品种较多的三个类别，占比分别为 11.51%、10.00% 和 8.96%。

在少儿类新书中，"漫画 +"成为最大畅销热点，除相关学科、经济、历史等相对成熟的既有选题外，2023 年新增涌现了教养等相关选题和《素书》等成人市场热门图书的少儿漫画版。教辅类新书作为刚需性图书，在市场中依然占据较大规模。马列思想及政策性读物类新书主要为主题出版类图书，码洋占比较 2022 年有所减少，但仍是新书市场的重要组成部分。专业类图书的新书销量普遍较低，因此码洋占比相对较小。

表 2-22 2023 年新书各细分类码洋占比

一级细分市场	新书中各细分类码洋占比
少儿	30.61%
教辅	14.86%
马列思想及政策性读物	11.81%
文学	9.00%
经济与管理	7.38%
学术文化	6.07%
心理自助	3.02%
教育	2.30%
语言	2.05%
艺术	1.80%
生活	1.78%
工程技术	1.63%
传记	1.49%
计算机	1.47%
医学	1.35%
自然科学	1.28%
法律	1.24%
中小学幼儿园教材	0.41%
地图	0.32%
大农业	0.13%

表 2-23   2023 年新书各细分类品种占比

一级细分市场	品种占比
教辅	17.48%
少儿	11.51%
学术文化	10.00%
经济与管理	8.96%
工程技术	8.75%
文学	7.30%
教育	5.25%
艺术	4.90%
医学	4.43%
语言	4.13%
计算机	3.43%
法律	3.01%
自然科学	2.94%
生活	2.43%
传记	1.33%
大农业	1.14%
马列思想及政策性读物	0.98%
中小学幼儿园教材	0.95%
心理自助	0.73%
地图	0.35%

（四）实体书店是当前图书零售市场中新书发行最主要的细分渠道

2023 年，实体书店渠道共上架 16.6 万种新书，占零售市场总体新书品种的 90.30%，说明超过九成的新书通过实体书店渠道进行发售。对比各细分网店渠道，平台电商的新书覆盖比例为 65.70%，垂直及其他电商的新书覆盖比例为 58.00%，短视频电商全年新书品种数不足 9000 种、新书覆盖比例仅为 5.20%。以上数据反映出，目前新书上市的渠道投放策略具有一定的差异化，其中实体书店仍然是当前新书发行最主要的细分渠道。

通过对比 2023 年度前十名出版机构新书发行的渠道比重，可进一步验证以上结论。部分出版机构的新书发行对实体书店及两类传统电商渠道一视同仁，部分则会有选择地进行调整。对于短视频电商渠道而言，不同出版机构新书发行的策略选择呈现出明显差异。

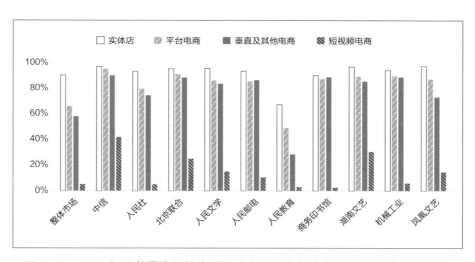

图 2-34　2023 年图书零售整体市场与头部出版机构各细分渠道新书覆盖比例

二、2023 年度畅销新书热点解析

（一）公众对心理自助类需求普遍增加，话题和服务人群外延化

现代生活节奏加快，在压力越来越大的情况下，人们容易出现焦虑、

不安等情绪问题，开始向外界寻求更多的帮助和指导，带动了心理自助类图书的销售。而随着大众对心理健康认知的提升，畅销新书呈现出话题细分、人群外延等特点。传统宽泛的成功学不再是畅销主力，而围绕职场关系、家庭关系、亲子关系等个人化视角与个性化问题的图书选题成为畅销风向，如《高手控局：中国历史中的殿堂级处世智慧》《5 分钟漫画人情世故》等关于生活沟通与人情世故的成人心理自助图书在 2023 年表现不俗。

2023 年，全国新书首发中心推选发布《找事：给年青一代的就业解惑书》《亲密关系：亲子关系的重建》等图书，切中了职场新人关于就业、现代父母对于教养的困惑与焦虑，引发较大反响。其中《找事：给年青一代的就业解惑书》在全年职场励志类新书中排名第六。

此外，2023 年新书市场上部分青少年心理自助类图书表现优秀，如《这才是孩子爱看的心理自助书》等，体现了当前家长希望从小培养孩子积极心态与稳定情绪的诉求。

（二）文化自信助推传统文化需求，图书类型丰富，带给大众更多启迪

随着国家文化软实力和中华文化影响力不断提升，越来越多的年轻人树立起了文化自信，更加认同并主动参与弘扬中华优秀传统文化。开卷榜单显示，通俗历史、国学经典、中医类图书正受到追捧。

通俗历史类图书是近年热点，畅销新品层出不穷，诞生了很多系列IP。其中，人气 IP"如果历史是一群喵"在 2023 年推出"元末明初篇"和"大明皇朝篇"两本新分册，市场反响良好。同时，人气 IP"半小时漫画"团队也推出了面向青少年读者的历史图书《知识点有画面：漫画中外

历史对照》，取得不错成绩。

国学经典类图书关注度居高不下，2023 年围绕古诗词、经典历史人物、传统文物景点等主题内容均有热点图书出版。如全国新书首发中心推选发布的《古诗词课》《故宫文物南迁》等，均属于典型新作。

中医类图书则是随着大众健康意识的普遍提升而更受欢迎，近两年保健类、食疗类图书成为市场热点。中医文化弘扬推广也带动了"中医热"，吸引更多读者关注中医相关图书，如《百病食疗大全》等书在生活类图书中持续畅销，《黄帝内经》等各类中医古籍销量也有明显提升。

（三）个人提升、认知发展备受关注，好奇心带领公众走向未来

阅读学习是个人成长和能力提升的重要途径，学习成长类图书能够较为直接地让读者受益，成就并延续了不同时代关于"求新求学"的畅销话题。尤其是在当前科技、商业持续变化、高质量发展的当下，以提升认知为导向的阅读倾向更加专业、更加前沿的好书新作。

2023 年，全国新书首发中心推选发布了《认知破局》《胜者心法：资治通鉴成事之道》《练就自由》等关注读者个人内心修炼、提升身体素质的热销图书，首发活动场场火爆。同时，推选发布了《产业政策变革：中国与世界》《5000 天后的世界：AI 扩展人类无限的可能性》《芯片战争：世界最关键技术的争夺战》等引领读者拓宽视野、了解科技发展与世界格局最新变化的热销图书，受到读者关注追捧。

（四）图画漫画型解读方式依旧广受欢迎，新话题和新系列不断涌现

自 2017 年"半小时漫画"系列火爆畅销以来，以图像化方式呈现知识性内容的出版作品一直广受欢迎。从 2023 年全国图书零售市场的发展趋势上看，图画漫画型图书主要还是在少儿市场发力，除相关学科、经济、历史、艺术等相对成熟的既有选题外，新增涌现了教养等相关选题的漫画作品和故事启迪类作品。《赢在教养：看漫画学礼仪》《5 岁开始学规矩》等新书进入少儿新书榜，反映出家长群体对孩子礼仪学习、教养提升的重视关注。成人新书中崭露头角的"漫画 +""花小烙漫画科普"及"不白吃漫画"系列都是源自网络的漫画形式轻科普作品，出版前在各网络平台已有相当规模的粉丝积累。值得一提的是，"不白吃漫画"系列将"漫画 +"表现形式推向了新题材——饮食，开始以漫画形式讲述美食背后的故事与知识。2023 年，全国新书首发中心推选发布了《中国奇谭》《今天在等待着明天——曹文轩国际大师哲理绘本》等少儿题材绘本产品，市场反响热烈。

（五）通过流量带动，知名人物相关图书热销

2023 年全国图书零售市场，无论是虚构类作品还是非虚构类作品，都有一众知名人物所写图书上榜。如，知名作家余华参与综艺和直播分享时，数次提到自己与作家史铁生的友谊，有效带动了各自作品的销售增长，两人新版作品共有 5 种进入全年文学类新书前 100 名中。再如，自带网络讨论度的作家马伯庸，新作《太白金星有点烦》一经上市就取得极高销量，最终位列年度虚构类作品第 5 名。而在非虚构类作品榜单中，《相信》《通透》《认知破局》《富足》《胜者心法：资治通鉴成事之道》等销量

较好的作品，都是人气较旺的网络名人所写图书。此外，《埃隆·马斯克传》和施一公传记《自我突围》，皆因传记主人公自身知名度较高、影响力较大而在新书市场中表现突出。

2023 年，全国新书首发中心推选发布新书亦覆盖大量知名人物相关图书，包括莫言、王朔、阿来、马伯庸等名家新作，以及何帆、张琦、冯唐、梁永安等网络名人的最新作品。同时，《埃隆·马斯克传》也在全国新书首发中心的推选发布范围当中。

三、2023 年度全国新书首发中心宣发效果

在深圳市委宣传部的指导支持下，2023 年深圳出版集团进一步制订实施全国新书首发中心运营提升专项方案，全年化、系统化、常态化地组织发布首发月榜、策划举办新书活动、创新开展线上运营，持续邀请名家大咖做客首发。全年共推选发布新书 104 本，策划举办新书沙龙 40 场与重磅首发 20 场，组织推出线上内容 244 条，创新开展新书首发中心抖音直播 76 场，积累粉丝读者超 15 万人次。

2023 年全国新书首发中心推选发布的新书在市场上产生了较强影响力，不仅成为传播热点，而且取得了非常亮眼的销售成绩。推选发布的 104 本新书全年累计销售 227 万册，其中较有影响力的 33 本新书全年累计销售 180 万册，共有 13 本重点新书位列所属类别年度新书销量榜首、全年累计销售达 143 万册。此外，全年销售超过 10 万册的图书共有 5 本，分别是《认知破局》《埃隆·马斯克传》《太白金星有点烦》《5000 天后的世界：AI 扩展人类无限的可能性》《漫长的旅途》。

全国新书首发中心发布重磅新书、潜力新书之多，对上游出版产生了很强的示范效应，吸引更多出版机构将重点新书放在深圳首发，极好地营造了"重磅新书，首看深圳"的文化氛围，逐渐在华南地区构筑起全国阅读文化的资源高地与头部平台。全国新书首发中心成立迄今，已逐渐成为市民买新书、见名家的第一选择，让市民读者第一时间掌握图书出版动向、阅读精品新书，推动新书、好书触达读者，在不到三年的时间里已经成为深圳乃至全国知名的阅读文化品牌，为大众提供了全新的阅读文化交流体验。

年度观察：一座城市的阅读之光与文化繁荣

厚植新质生产力
赋能全民阅读高质量发展

深圳出版集团

文化不仅是民族的灵魂，更是国家发展的强大动力。习近平总书记在文化传承发展座谈会上强调，"坚定文化自信。自信才能自强。有文化自信的民族，才能立得住、站得稳、行得远""在新的起点上继续推动文化繁荣、建设文化强国、建设中华民族现代文明"。2024 年的《政府工作报告》在"推动文化传承发展""深入推进国家文化数字化战略""大力发展数字教育""大力推进现代化产业体系建设，加快发展新质生产力""丰富人民群众精神文化生活""大力发展文化产业"等方面，对出版企业发展提出了许多新要求、新理念。

深圳出版集团围绕强化出版发行主业、创新打造阅读空间、擦亮全民阅读品牌、数字化转型赋能等方面，组织开展了一系列主题鲜明、内容丰富、形式多样、融合互动的文化活动，以文弘业、以文培元，以文立心、以文铸魂，进一步激发全社会参与全民阅读的热情，凝聚起"奋进新征程，建功新时代"的精神力量和必胜信心，以文化软实力赋能深圳文化高质量发展新征程。

一、强化出版发行主业，着墨深圳文化底色

作为改革开放先行示范区，深圳紧抓机遇，在"双区""双改"推动下，坚固文化基因，用独特的文化底色和创新方式，跑出"深圳加速度"，文化深圳影响力得到进一步提升。深圳出版集团作为深圳出版发行主阵地，坚持以人民为中心的创作导向，坚持把社会效益放在首位、社会效益和经济效益相统一，着力推出一批有影响力的主题出版物，做好党和国家重要文献的征订发行。

好书联动，佳绩频传。2023 年深圳出版社在出版行业取得了较好的成绩，不仅推出了一系列优质图书，还在多个领域获得了重要奖项，有效提升了深圳出版社的品牌影响力。首先，深圳出版社在图书出版方面展现出了高度的创新性和专业性。陆续推出《问苍茫》《中国科幻新锐系列》等重点好书，涵盖不同题材和领域，精准把握市场需求，同时，还推出了《走读亚马孙》《马丁一家》等一批法语文学图书，进一步丰富了出版物的多样性，为读者提供了更多的阅读选择，也为出版社赢得了良好的口碑和市场反响。《为什么是深圳》荣获第八届中华优秀出版物（图书）奖，入选 2023 年中宣部丝路书香工程。《春天的前海》《招商局历史珍档汇萃》入选"十四五"国家重点出版物出版规划增补项目。《用爱吻你的痛》获第九届徐迟报告文学奖提名奖。《荆棘中绽放：深圳 40 个历史时刻》等 6 种图书获全国城市出版社优秀图书奖。《论语（汉缅对照版）》获 2023 年度国家出版基金资助。《书都·走读深圳》杂志以打造"一座城市的文化说明书"为全新定位，获评第六届广东省优秀期刊。深圳出版社 2022 年、2023 年连续两年入选"中国图书海外馆藏影响力出版 100 强"。在全国 587 家出版社中，深圳出版社最新排名第 222 位，较 2021 年跃升了

108 位，创近 10 年历史新高。

纸媒传承，持续优化图书发行服务。深圳出版集团贯彻落实全省高质量发展大会精神，在深圳市委大院、各区举办"高质量发展"主题书展，获学习强国、光明日报、中新社等 50 余家主流媒体报道。发行主题教育学习读物 130 万册，为广大党员干部学习提供坚实保障。高质量履行教材教辅统一发行职责，保障全市 1021 所中小学 190 万名学生的教材教辅供应，实现"课前到书，人手一册"，年发行教材教辅 6200 万册。全国新书首发中心 2023 年推选发布的 104 本新书全年累计销售 227 万册，其中较有影响力的 33 本新书全年累计销售 180 万册，5 本新书单品销售超 10 万册；持续打造阅读文化新热点，开展王蒙、郑永年、李昌钰等名家分享和抖音直播 140 余场，全网触达超 1.5 亿人次，多次带动首发新书全网热销，在华南地区构建起阅读文化与出版发行的资源高地，成为全国业界关注的文化标杆。

二、创新打造阅读空间，织密公共文化服务网络

文化的传承离不开坚实的载体。深圳全民阅读活动的蓬勃开展，从大书城到小书吧，从大空间到小社区，从单一书房到"书城+"，深圳将阅读的网点延伸到每一个深圳人身边，实现书吧网点星罗棋布、互通互联、资源共享，为市民提供功能完善、方便快捷的阅读服务。

建设"湾区之眼"，打造湾区文化地标。作为粤港澳大湾区标志性公共文化设施和市重大文体惠民工程，湾区书城历经两年奋力攻坚，主体建筑于 2023 年底顺利封顶。未来将进一步融入文化旅游、创意设计、商贸

休闲等功能，打造沉浸式、体验式、复合式文化主题融合空间，吸引年轻客群和来深旅游客群，打造具有全球影响力的大湾区地标级文化综合体。

整合资源，公园书吧等系列书吧品牌精彩亮相。联动跨系统资源，创新推出百姓书房、公园书吧、移动书吧、图画书博物馆等新型阅读场所，搭建大书城、小书吧线下"十分钟阅读圈"，推动织密城市公共文化服务网络，提升全民阅读便利性。其中，百姓书房由深圳出版集团与市委组织部联合打造，是集文化、阅读、生活、社交等为一体的新型党建类城市文化空间，最高日客流量达 3000 人次。由深圳出版集团与市城管和综合执法局联合打造的莲花山公园紫陌书吧，是探索"城市公共文化空间 +"的全新公园书吧文化品牌，实现了公园空间的复合利用和多业态融合。新开拓的深圳湾公园迁鸟书吧，是深圳首个可移动性模块化公园书吧，可灵活利用公园绿地空间，让市民身边又多了一份"诗和远方"。白鹭坡书吧是深圳市总工会与深圳出版集团合作共建的职工书屋文化服务示范点，积极开展职工阅读活动，成功入选"全国工会品牌职工书屋示范点"。通过氤氲城市各处的书香，不断引领城市文明向纵深处推进，助力城市向着文明典范的方向高质量发展。

三、擦亮全民阅读品牌，丰富人文湾区内涵

文化是一个国家、一个民族的灵魂，是人民的精神家园，是使命的召唤，是内心的灯塔，深圳出版集团总承办第二十四届深圳读书月、第五届深圳书展，高品质、高标准打造高质量阅读盛会，为传承古今、联接中外、对话城市架起沟通的桥梁，从"读书"到"读城"，从书展到"云

展"，用最温暖的力量，点亮城市"心灯"，为市民读者打开书香世界大门。

中法交流，文明互鉴。为推动中法文化交流互鉴，迎接中法建交60周年和中法文化旅游年，推出"诗意历险与灵魂共鸣——中法文学专家对话"，邀请法国驻广州总领事馆、法国教育部官员和法国知名作家等多位中法嘉宾，围绕中法文学出版、传播及交流互鉴展开对话；在第五届深圳书展主会场举办深圳出版社法国图书展览，展出深圳出版社20多年来引进和出版的法国优秀图书200余种，搭建中法文学互译互鉴的桥梁，提升了读书月品牌国际知名度和影响力。

深港共读，文化相融。深化粤港澳大湾区全民阅读交流合作，以香港首次设立"香港全民阅读日"为契机，推出深港"共读双城"系列活动，联合发布《深港"共读双城"共识》。联动香港特区政府文化体育及旅游局、香港出版总会、香港联合出版集团、深港两地中小学校等多方资源，开展深港对谈、图书展、书市和展演等活动，展出香港"初创作家出版资助计划作品展""香港出版双年奖和深圳读书月年度十大好书联展"，为两地读者推介高品质书单，进一步促进深圳读书月与香港全民阅读日双向交流、文化相融，全力全线传播双城文化，全面全景讲好双城故事。

文化对视，书韵传情。精心举办深圳与杭州双城文化对视活动，深杭两地作家、学者、设计师、规划师、策展人、艺术家等以阅读为媒，开展跨界对谈，促进文化产业的创新与发展。首创"书·城市·生活"书店人大会，邀请来自全国28座城市、60家具有代表性的实体书店主理人与书店文化学者齐聚鹏城，探讨书店未来和发展的可能性，为出版业带来了新的思考和发展方向。与深圳对口帮扶协作地区联动开展"圳兴乡村·同心共读"系列活动，将阅读服务送到广东潮州、江西寻乌、新疆喀什等地区，将艺术与城市文化相结合，为观众带来全新的艺术体验，持续扩大深圳读书月影响力。

四、数字化转型赋能，创新牵引，数实融合催生新质生产力

"线上全平台发行 + 线下全方位服务"，共同构建全民阅读新生态。这一模式不仅推动了数字阅读的发展，也优化了传统的线下阅读体验，满足了大众日益增长的阅读需求。

作为"中国十佳数字阅读城市"，深圳着重加强阅读载体创新，积极推广数字阅读、开展数字阅读服务，为市民提供优质数字阅读资源。与华为、腾讯等科技企业联袂开展"云上读书月"系列活动，依托华为阅读 APP、微信读书、深圳读书月小程序等高人气数字阅读平台，为市民读者发放免费海量数字阅读礼包，依托深圳图书馆推出馆藏 600 余万册（件）免费数字阅读资源。线上全平台发行模式不仅扩大了阅读资源的覆盖范围，也提升了阅读的便捷性，满足了大众对多元化、个性化阅读的需求。

线下打造沉浸式数字阅读体验空间，举办"发现·数字图书馆展"等线下展览，为市民带来全新智能化的阅读体验，充分满足大众对数字阅读的新期待，进一步推动了阅读文化的普及。优化升级云上书展，依托深圳书展、深圳书城等线上平台提供图书选购、阅读指引、活动预告、直播互动、精彩回顾、分享交流等在线服务。通过全国新书首发中心抖音平台开启"云直播"模式，在深圳书展主会场户外广场搭设直播间，并联动全国

知名出版机构开展书展专场直播，让市民足不出户"云逛展、云阅读、云互动"。

深圳出版集团积极发展会员营销、数字出版、线上线下融合等项目，全力激活会员资产，盘活自媒体营销矩阵，培育"短视频+直播"生态，通过数据挖掘、客群分析、消费行为分析等，提供优质数字经济服务，着力打造线上"深圳书城"数字消费品牌，推动形成体系化、生态型、开放式的城市文化产品服务一站式平台，探索布局数字新场景，打造新的经济增长点，助力书香文化建设，进一步丰富市民读者数字阅读新体验。

与时俱进，国内首单文化消费类公募REITs项目持续推进。深圳出版集团与深创投、国信证券等中介机构积极联系，推动所属书城资产纳入公募REITs试点。其中，深圳书城中心城、深圳书城南山城作为标志性文化消费类基础设施，其书城资产得到国家发改委认可，目前已成功进入国家发改委项目库，根据市场行情适时推动在2024年内发行首单文化消费类公募REITs，届时将大力推动文化消费基础设施高质量发展，改善消费环境、优化消费场景，从而促进文化产业经济稳步增长，为文化产业的持续发展注入新的活力。

五、结语

爱阅之城，永不落幕。深圳出版集团将深入推进习近平新时代中国特色社会主义思想传播工程，巩固壮大奋进新时代的主流思想舆论，围绕全民阅读推广主力军、品质文化生活引领者、新型文化国企示范者定位，深化改革创新，探索新业态新模式，加快发展新质生产力，扎实推进集团高质量发展，继续丰富高品质阅读服务以飨读者，通过全民阅读和出版发行力量，向世界讲好中国故事、传播湾区声音、展示深圳精彩，以高质量发展的实际行动和成效，为深圳加快建设高质量文化强市、打造中国特色社会主义城市文明典范作出积极贡献。

以推荐书目深化阅读推广
——深圳图书馆"南书房家庭经典阅读书目"十年研制与推广

张岩 林婉婉

一、推荐书目之于阅读推广的重要意义

公共图书馆作为开展阅读指导、深化全民阅读的主要阵地，一直在实践与深耕中探索更实更优的阅读推广方式。其中，能够指示门径、引导阅读的推荐书目是有效手段之一。推荐书目有着深厚的目录学科理论基础和实践支撑，对于阅读推广有着重要的认识论和方法论意义，是图书馆开发馆藏资源、指导阅读、推广服务、引领社会风尚的重要工具和重点业务。推荐书目，也称导读书目、举要书目、选读书目、必读书目、劝学书目等，是目录的一种基本类型。目录之学作为"学中第一要紧事"，其导读、指示功能在推荐书目中有着尤为充分的体现。《目录学辞典》将"推荐书目"定义为"是有针对性地选择所收录的文献信息，指导特定读者对象正确地阅读书籍的一种书目"，这一定义更加明确地凸显了推荐书目的指导性、选择性和评价性特征。推荐书目的选题有明显的现实性、针对性，收录文献具有严格的选择性和代表性，特别注重通过提要的方式揭示文献内容，对于广大读者，尤其是阅读的初入门者来说，可以起到指示读书门径、引导阅读方向的重要作用。

（一）推荐书目发展历程

在我国，推荐书目应传统官学、家塾、书院与科举制度的需要，很早就得到了发展，并在教育实践中一直延续。自唐代末年《杂钞》中的"唐末士子读书目"伊始，到元代程端礼所著《程氏家塾读书分年日程》，明代末年陆世仪的《思辨录》，再到清代康熙年间李颙口授、门人李士璞手录的《读书次第》，道光年间龙启瑞的《经籍举要》，光绪年间张之洞的《书目答问》等，这一时期的书目主要服务于科举考试，倾向于儒家典籍的推荐，突出教育功能。20世纪前后，科举制被废，西学东渐，在中西文化的碰撞、交融之中，学者们为引导国人思想，纷纷读西书、译西书、倡西书，其中以维新派代表人物梁启超的《西学书目表》是为典型；同时，伴随着"整理国故"思潮，开列国学推荐书目之风勃然兴起，如胡适的《一个最低限度的国学书目》、章太炎的《中学国文书目》、顾颉刚的《有志研究中国史的青年可备闲览书》、林语堂的《国学书十种》等，诸多名家先后开列书目引导青年读经典，一时蔚为大观。

中华人民共和国成立后，为普及知识、配合思想教育与经济建设，推荐书目进一步发展，呈现出数量多、内容新、大众化、多样化、小型化等特征，各类型图书馆大力编制推荐书目，其中北京图书馆的《中国古代重要著作选目》达到较高编制水平。十一届三中全会后，在国家政策法规的引导和支持下，推荐书目取得巨大进展，配合群众性读书活动的推荐书目大量涌现，各类专业书目相继问世，少儿推荐书目愈加受到重视。至21世纪，信息空前爆炸、群众精神文化需求日益增长、全民阅读活动蓬勃发展、市场经济推波助澜、移动互联网迅速普及，推荐书目已然超越传统目录的学术范畴，逐渐成为公众文化生活的一部分。书目编制主体越来越多样，由教育界、名人学者、图书馆领域，延伸至宣传部门、网络媒体、出版机构、电商平台和阅读相关社会团体等；推荐对象由儿童、青少年等各阶段学生，拓展至女性、老年人、兴趣爱好者、职业者等多元群体；推荐方式由传统纸质，发展为纸质与电子版并行、文本与网络相结合；网络推荐媒介由传统门户网站，发展至博客、微博、微信公众号等 Web2.0 渠道。目前我国较权威、较系统的大型书目有中国图书馆学会及其下属委员会的推荐书目、国家新闻出版署的百种优秀图书推介、农家书屋重点出版物推荐目录、知识工程推荐书目，以及各类国家权威机构评选的图书奖项，如中国国家图书奖、"五个一工程"奖、文津图书奖等。

可以说，推荐书目是社会观念、人文思潮、阅读环境共同作用下的产物，不只是一种教育需要、一种文化情结，更是一种经过实践检验的、行之有效的阅读促进方法。

（二）公共图书馆编制推荐书目现状

推荐书目数量的勃发和质量的参差，对其编制与应用推广提出了更高要求。在诸多编制主体中，公共图书馆拥有编制书目的丰富馆藏和目录学专业基础，深化全民阅读的阵地和服务职责，肩负引领经典阅读、弘扬优秀文化的时代使命，以及提供公共文化服务的公益、普惠、均等属性，具备专业、公正、客观的优势。事实上，《中华人民共和国公共图书馆法》明确规定："公共图书馆应当通过开展阅读指导、读书交流、演讲诵读、图书互换共享等活动，推广全民阅读。"

近年推荐书目在公共图书馆领域的实践伴随着全民阅读的蓬勃发展而不断丰富。针对优质馆藏，各馆大多采用编纂重要馆藏／著作选目的形式；针对新书、好书、主题图书，通常选择馆员荐书、新书通报、好书榜单、借阅排行等方式；针对地方文献或特藏文献，大多在官网或微信公众号开设专栏定期推介，如广西壮族自治区图书馆"走读广西·遇见好书"、浙江省图书馆"两浙缥缃"、四川省图书馆"川图观四川"。一般的主题／特色馆藏推荐、好书／新书荐读更适用于休闲类阅读需求，而严肃阅读、深度阅读、经典阅读则需要更为专业、系统的综合型推荐书目。此类实践不多，相关范例如国家图书馆的《中华传统文化百部经典》、深圳图书馆的"南书房家庭经典阅读书目"。

学界对于公共图书馆推荐书目的研究，主要集中在推荐书目发展史和学术史考据，推荐书目的编制意义、标准、原则和方法，各主题类型推荐书目的实践案例，阅读推广视域下的图书馆推荐书目，新媒体环境下的图书馆推荐书目服务，基于新技术的图书推荐系统研究等方面。其中，经典著作一直是国人阅读的重要类型，故而经典书目依旧是当前推荐书目的重要议题，且备受关注；而家庭阅读作为重要的阅读形式，家庭藏书作为藏书体系中不容忽视的组成部分，家庭阅读书目逐渐得到各级各类公共图书馆的重视。

无论是由古至今的发展历程，还是伴随着阅读推广不断深化的实践现状和学理研究，都表明推荐书目对于指引读书门径、深化全民阅读有着不可替代的作用和意义，并且在公共图书馆的服务实践中逐渐成为重要内容和活跃因子。

二、"南书房家庭经典阅读书目"研制经验

阅读与经典同行。作为人类璀璨文明的重要组成部分，灿若群星的经典著作是民族精神赓续的深厚底蕴和国家创新发展的不竭源泉。耕读传

家、诗书继世是中国悠久的阅读文化传统，是经典得以代代相承、世世相续的重要因素。一份面向家庭的经典阅读推荐书目，是文化繁荣兴盛的需要，是全民阅读深化的需要，是书香城市建设的需要，亦是市民个人素养提升的需要。而截至目前的本领域研究中，缺乏具有时代性的典型案例研究，业界呼唤挖掘范例，以促进这一领域创新发展。深圳图书馆"南书房家庭经典阅读书目"（简称"书目"）秉持"南书房"经典阅读空间推广经典阅读的宗旨，由高等院校团队、跨界专家、专业馆员协力编制，注重人文性、经典性和可读性的遴选原则，强调版本择别、提要导读、得失品评的著录体例，突出传承性、体系性和现代性的编制理念，致力于打造一份具备专业性、系统性、深入性的高质量推荐书目，具有创新性、典型性和代表性。为此，本文探究深圳图书馆（简称"深图"）书目十年研制经验，为业界提供借鉴。

（一）缘起于"南书房"经典阅读空间的书目推荐

2013年11月，为倡导经典阅读，弘扬优秀文化，深图创设"南书房"服务区，致力于打造一个集阅读、活动与展示功能于一体的城市经典阅读空间，旨在扬经典阅读之风、弘优秀文化之善。"南书房"位于深图一楼东侧，装修设计贴近家庭书房，融合我国古典审美与时尚简约风格；配置有6000余册中外经典图书；采用"全开放、全自助"管理模式，全年7:00—23:00超长时段开放，实行无人值守服务。

为充分发挥"南书房"经典阅读功能，践行弘扬优秀传统文化、推广经典阅读的建设理念，深图于2014年初联合中国图书馆学会阅读推广委员会，启动"南书房家庭经典阅读书目"推荐推广十年计划，旨在向广大读者推荐适合当今中国家庭阅读与收藏的300种经典著作，打造家庭阅读

"够得着的经典"。书目注重人文性、经典性和可读性，计划每年推荐 30 种图书，用十年形成一般家庭经典书架的基本容量。同时，配套持续举办立体化的经典阅读推广活动，向全社会倡导读经典、读好书的阅读理念。

（二）联合高等院校团队、跨界专家、专业馆员的协力编制

书目由顶尖高等院校书目研究专业团队提供初选稿，邀请各界知名专家进行评审，由深图工作团队择别版本、编写提要等推荐信息，经过层层筛选、反复打磨、审议定稿，于每年 4 月 23 日 "世界读书日" 期间发布。

年度书目编制流程大致如下：首先，北京大学王余光教授团队收集百种中外推荐书目作为基础材料，按照被推荐次数对所涉 3000 余种图书进行统计排序，从中选取影响力较大的、经过时间检验的、内容有一定广泛性的、适合中国家庭阅读与收藏的经典著作，形成年度书目初选稿；之后由深图召开专家评审会，各学科专家遵循选书原则对书目进行审议；评审会前后，深图工作团队在馆员推荐书目遴选、提要编写、版本择别、市场调查、专家意见征询、图书采购编目等环节进行组织筹备工作，精益求精，同时随着书目编制实践的深入，馆员参与度持续增强，逐渐增加馆员讨论、投票、推荐等多个编选环节。

（三）注重人文性、经典性和可读性的遴选原则

客观公允的选目依据是推荐者需要着力考虑的重中之重，只有采用科学的选目依据才能取信于人，也唯有这样的书目才有行世的意义和指导的价值。书目遴选图书基于五大原则：推荐图书是在国内（不含港澳台）公开出版发行的正式出版物；立足家庭亲子阅读需求，关注读物的可读性，

部分入选典籍为选本或译注本；经典图书需要时间淘洗和沉淀，入选图书侧重于历久弥新之作；以文史哲经典图书为主，兼顾社会科学、科学普及读物；为便阅读，推荐版本多为目前通行的较好版本。

（四）强调版本择别、提要导读、得失品评的著录体例

书目所荐图书的推荐信息包括题名，责任者，推荐版本的出版机构、出版日期、ISBN 编号，提要，名家推介，封面，等等，其中尤其强调对版本的择别和对提要的编写。深图工作团队会对所荐图书的通行版本进行全面比对、审慎考量，综合出版机构、译者、注者、装帧、印刷、注释、翻译、插图、收录内容的完整性和价值性等诸多要素，并确保所荐版本市面在售，最终择优推荐，保障对阅读的指导性和读者获取图书的便捷性。提要的编写在历年研制过程中也逐渐总结出一套较为成熟的体例框架，一般通过近 400 字概述一部图书的主要信息，在保证准确、完备的基础上，力求简明扼要、文辞优美。提要通常包括责任者信息，涉及姓名、国籍、身份、代表作等人物生平；图书主要内容，涉及篇幅、结构、主要章节 / 情节梗概、主题思想等；以及价值品评，涉及文学性评价、对学科或专业领域的意义或影响等。此外，名家推介则精选具备影响力的名人名家语录，尽量确保语录出处切实可考，对图书的评价恳切精练、言之有物。

（五）突出传承性、体系性、现代性的编制理念

书目在注重人文性、经典性和可读性的同时，也突出家庭经典阅读书目的收藏性与传承性，致力于引导读者构建全面完备的知识体系并培养现代公民意识。

一是突出传承性。一般推荐书目的图书数量通常在 100 种左右，而书目面向家庭这一社会基本细胞，着重考虑家庭经典书架的传承功能，将数量选定在 300 种，希望以此丰富书架作为家庭阅读、家庭藏书传承的起步。书目在保障可读性的同时，也考虑经典面向未来的延续性和可能性，并未排除当下阅读起来相对艰深的典籍。例如，书目中选入的中国历史地理著作《读史方舆纪要》，全书规模宏伟、体量庞大，洋洋洒洒 280 余万字。当下一般家庭可能较少使用、阅读这样的大部头，但随着国家教育水平不断提高，家庭的子孙后代将会有阅读它的能力和需求。

二是突出体系性。先贤编纂的推荐书目典范之作，均是基于成书时期最前沿、完整、成熟的文化知识结构。清乾隆朝中期，纪昀等纂修《四库全书总目》时，认为当时中国古代文化所构成的知识体系已达到相对完整成熟的阶段，将所录图书分为经、史、子、集四部；至清代末期张之洞编纂《书目答问》时，在西学东渐影响下，中国知识体系已然发生变化，故书目中收录了西学相关书籍。书目希望打造一份新时代的《书目答问》，亦是立足于当下的知识结构，梳理传统文化发展脉络与知识体系，注重各学科门类的合理规划和兼容并蓄，既考虑古今，亦涵盖中外，既有文史哲等传统经典，也纳入社会科学、自然科学、艺术等学科，力求系统地反映当前知识体系最前沿、完整的结构、状态。

三是突出现代性。书目不仅是为深圳阅读基因的培育贡献文化力量，更在与这座高速发展的城市共同成长。作为图书馆界发出的价值引领和行为引导，书目包含了面向过去、面向现在、面向未来的综合考量。为适应变化的阅读环境和社会观念，契合现代读者的阅读习惯和需求，所荐图书中兼顾了一些致敬时代发展、彰显时代荣光的作品。例如，在书目研制期间，余光中、霍金、金庸、冯天瑜等大家先后离世，书目都选入了他们的代表著作，是为了致敬时代，也是希望与当下社会生活缔结更多关联，引导公众构建现代知识体系，在涵养个人人文修养的同时，培养现代公民意识。

三、公共图书馆以推荐书目深化阅读推广的策略

"书目"并不是一份孤立的推荐书目，而是一个丰富的、不断生长的阅读推广有机体。它以"南书房"城市经典阅读空间为阵地，以高质量推荐书目为导读抓手，配套全方位、立体化的阅读推广活动与传播矩阵，积极融合社会力量拓展馆校合作，组织具有业界影响力的全国性学术会议，最后将十年成果集结出版，六位一体，在十年深耕中实践并开辟出一条公共图书馆以推荐书目深化阅读推广的崭新路径。

（一）以城市经典阅读空间，筑就文化交流新高地

"南书房"是深图以空间再造搭建公共思想文化平台的创新尝试。在"南书房"，"书目"等优质馆藏资源有了展示陈列的专题空间、主题架位，经典主题讲座、读书沙龙等优质阅读推广活动有了开办的实体区域，经典阅读推广有了价值理念的具象引领。如今，"南书房"已然成为深圳市民家庭的"大书房"，是读者窥探中外经典的知识殿堂，是城市公共文化交流的新高地，实现了以空间汇聚读者、以资源保障服务、以活动引导阅读，引领着宁静致远的价值追求。

依托于"南书房"，深图陆续打造了"深圳学人·南书房夜话"学术沙龙、"人文讲坛"学术讲座、"深读"读书沙龙等相关活动品牌。截至

2023 年 4 月，"南书房"接待读者约 141.58 万人次，举办各类阅读活动 1800 余场，线下参与读者约 31.9 万人次。

（二）以高质量推荐书目，焕发经典阅读新活力

书目有别于其他大型综合性推荐书目，它立足于经典，着眼于一般中国家庭这一推荐对象，在传统与现代、完备与精粹、时代与个体之间取得了动态平衡，在强调人文性、经典性和可读性的同时，兼顾家庭阅读的收藏性与传承性、知识结构的完整性与体系性，以及社会文化的时代性与现代性。一份专业可靠、系统化、有深度的推荐书目，在古代经典与现代社会之间架起了一座桥梁，让经典阅读焕发出强劲蓬勃的生命力与时代活力，不仅使得深圳经典图书的借阅量节节攀升，也促进了文化产业的发展。

截至 2022 年底，2014—2022 年间所荐前 9 期书目 270 种图书，在深圳"图书馆之城"统一服务平台的外借量持续上升，累计外借量达 198.87 万册次，借阅人数达 180.80 万人次。其中，在 2022 年，前 9 期书目外借量为 38.34 万册次，而在书目推荐前的 2013 年，这 270 种图书外借量为 13.25 万册次，2022 年的外借量是 2013 年的近 3 倍。部分内容较为深奥、长期无人问津的经典图书也通过"书目"走入读者视野，实现外借量"0"的突破，并在后续几年均保持外借量的相对稳定。此外，据深圳出版集团门店销售数据统计，在"书目"首次发布的 2014 年，所荐图书销售量较推荐前一年增长了近 3 倍，在 2022 年，书目所荐图书销售量同比增长 74%，实现了社会效益与经济效益的双丰收。

（三）以立体化活动矩阵，搭建内容供给新体系

书目围绕经典阅读延伸出图书展览、主题讲座、学术沙龙、公益刊物、征文比赛、经典诵读、馆校合作、研究出版等丰富内容，探索并实践空间、资源、活动等要素的有机结合，以优质的文化内容、多元的活动形式、系统化的宣传媒介，打造出全方位、立体化的活动与传播矩阵，搭建起一个高质量的阅读推广内容供给体系，在凝聚社会力量、引导家庭阅读、弘扬中华优秀传统文化、建设书香社会等方面发挥了积极作用。

年度书目发布后，深图即围绕书目开展形式多样、内容丰富的阅读推广活动，并在全网各大平台宣传推介。例如，举办年度"南书房家庭经典阅读书目"图书展及版本展，设立图书专架；邀请专家学者开展经典书目导读专题讲座；依托"深圳学人·南书房夜话"学术沙龙项目，邀请学者对话学术思想、讲述百家观点、分享学术成果；编印面向广大市民的公益阅读杂志《行走南书房》，通过"书目发布""经典再现""经典品读"等内容推介年度书目；组织"南书房家庭经典阅读书目"征文比赛，鼓励读者阅读、研习、推荐经典图书；举办"经典诵读"活动，带领读者吟诵经典文本；等等。截至2022年底，经典书目专家导读专题讲座累计举办50余场；"深圳学人·南书房夜话"举办十季，开展讲座160余场，参与读者逾35万人次；《行走南书房》杂志编印27期；"经典诵读"举办400余场，参与吟诵读者近2万人次。

（四）以社会力量融合，探索馆校合作新机制

"青少年阅读基地"是深图于2018年创设、与中小学建立长效合作、深入推广经典阅读的实践，以书目等优质图书为媒介，在资源、空间、活动、服务等方面共建共享，逐步建立起专业化、规范化、常态化的馆校长

效合作机制，有效促进优质公共阅读资源走进校园，推动青少年人文素养提升。

深图通过指导经典阅读空间建设，配置书目"家庭与图书馆（室）少儿推荐书目"及其他精选图书，举办阅读推广活动、开展阅读行为分析与指导，并邀请知名教授学者走进校园进行高端对话，多措并举打造"青少年阅读基地"。截至 2023 年 8 月，深图已在深圳市中小学建立 12 所"青少年阅读基地"，遍布 6 个行政区，累计办理读者证 1.6 万张，配置图书 1.8 万册。

（五）以专业学术研讨，迸发思想交流新火花

为总结家庭经典阅读书目推荐推广经验，倡导广大家庭读经典、读好书，2023 年 3 月 3 日，"南书房家庭经典阅读书目"十周年研讨会在深图举办，约 150 名来自全国各地的专家学者及业界同仁参加会议。

与会专家热烈交流，从体现目录学专业性、彰显图书馆态度、培养阅读种子、倡导家庭阅读、强化通识教育、共建书香社会等六个维度强调了"书目"的重要意义，建议从依托政府、行业平台扩大社会影响力，立足空间、资源、服务的深度融合创新阅读推广，关注影像文明、善用声光影像等新媒介提升传播力，促进书目推荐推广的创新发展。

该会议聚焦场景、聚焦文献、聚焦经典，搭建了一个高起点、大范围、深层次的交流平台，反映了新时期图书馆阅读推广的追求，体现了图书馆行业的特色和价值。借此契机，深图与社会各界同心聚力，分享经验、探讨方法，充分汲取专家智慧，进一步优化完善、创新提升书目，共同推动新时代图书馆家庭经典阅读推广的高质量发展。

（六）以十年成果汇编，展现文化引领新作为

2023 年 4 月 23 日，第 10 期书目面向公众发布，300 种图书完整亮相，"南书房家庭经典阅读书目"推荐推广十年计划圆满收官。立足于项目十年深耕与沉淀，深图精心筹备出版《经典之美："南书房家庭经典阅读书目"（300 种）》一书。该书在收录历年"书目"的基础上，对所荐 300 种古今中外经典图书的版本、提要、名家推介语录等进行了全面、系统的更新与完善，集中呈现出前沿、完备、细致的书目推荐信息，着力编制出一份专业、系统、深入的推荐书目，以期为当今中国家庭的阅读与收藏提供权威、可靠的参考。

四、结语

深图书目十年研制与推广，聚沙成塔。这是一种逆袭，在碎片化、数字化、娱乐化时代，逆流而上倡导深入阅读、纸质阅读，构建认知体系的阅读；这是一面旗帜，在众声喧哗中亮出图书馆的态度，发出图书馆界的声音；这是一路坚守，文化传承与传播需要持之以恒；这是一种创新，引入社会力量参与，得益于行业和文献学专家支持、跨界专家评审、年轻馆员参加；这更是一份希望，有些图书对普通家庭来说可能比较专深，但相信只要逐步涉猎，人们一定会从其中承载的古今中外优秀文化中收获滋养。

2023 年 6 月 1 日至 2 日，习近平总书记专程到中国国家版本馆和中国历史研究院考察调研。他在文化传承发展座谈会上强调，在新的起点上继续推动文化繁荣、建设文化强国、建设中华民族现代文明，是我们在新

时代新的文化使命。该讲话提出的中华民族现代文明这一重要课题为文化工作者指明了方向。图书馆不仅是文献借阅和学习的场所，而且是润物无声、具有丰富内涵的文化机构，要乘势而上，在文化事业发展中找准定位，不断丰富图书馆的社会教育功能，推广经典阅读，深化全民阅读，强化文化引领，助力中华民族现代文明建设，为推进中国式现代化贡献更多的智慧和力量。

张岩，研究馆员，深圳图书馆党委书记、馆长

林婉婉，深圳图书馆馆员

挥别"文化荒漠"，营造"书香之都"

—— 在不断创意创新中发展提升的深圳读书月活动

徐雁 陈哲彦

深圳市区中心，最初是在广东省宝安县的辖区里迅猛发展起来的。1980 年 6 月，到深圳担任中共市委常委、副市长的罗昌仁回忆说："火车驶入深圳时，看见沿途的景观要么是荒山野岭，要么是乡村的零落炊烟。"出站后，"从东门到市委只有泥巴路，两边都是稻田。"

随着当年 8 月 26 日，全国人大常委会批准深圳成为"经济特区"后，这种局面迅速地被现代化的建筑技术改观了，但与深圳城市形貌日新月异的变化相比，其文化内涵在初期却较长时期没有得到相应提升。于是，"文化沙漠"便成为 20 世纪 80 年代初期，深圳早期移民对深圳这一新城市家园的自嘲。

深圳市新华书店首任总经理汪顺安先生回忆说，到 1985 年，即深圳作为"经济特区"建设的第 6 个年头，所谓深圳新华书店，依然只有解放路和沙头角两个门市部，营业面积仅有可怜之至的数百平方米，在整体上其实还是原来广东省宝安县新华书店的规模，店面陈列图书种类不全，库存复本储备量不足，以至于很多想看书的人要托其他地方的亲友买了寄来深圳。另一方面，位于红荔路上的深圳图书馆，是迟至 1986 年才开放的。它能够提供给当时读者的书刊借阅品种和数量，以及阅览座位，也都十分有限。而深圳市人口当时已经激增到 100 多万，图书市场及公共文化服务在需求与供给间的强烈冲突，导致"文化沙漠"之说正式在媒体上出现，反映了人们在精神食粮方面的强烈诉求。

为改变这一现状，30 年来深圳通过持续的投入和不懈的努力，在公共文化事业上获得了不俗的发展和建设成果。而在 2013 年 11 月，联合国教科文组织授予深圳"全球全民阅读典范城市"的荣誉称号，使之成为全球唯一获此殊荣的城市，即是对深圳全民阅读事业的充分赞誉。

那么，深圳是如何持之以恒地在内涵上建设"书香之都"，逐渐挥别"文化荒漠"的谑称的？已连续举办 24 届的深圳读书月在这期间发挥了何种积极推动作用？深圳这个"全球全民阅读典范城市"，对于其他城市可持续、高质量地开展全民阅读推广工作，又提供了哪些可供借鉴的经验？这三个问题，正是本文所要探求的重点。

一、深圳读书月活动创办的"天时"和"地利"

1996 年 11 月，第七届全国书市在深圳书城举办。在书市启幕当天，为控制客流量实行现场购票进场方式，结果售价 5 元人民币一张的门票丝毫未抑求知若渴的深圳市民们的热情，在书市开展的第一天就吸引了约 10 万人前来参观购书。在 10 天内，深圳书城销售总额高达 2177 万元。这说明，随着现代化产业和经济的不断发展，以市场选择为机制的社会竞争新格局，让来到深圳的具有较高学历的年轻人，乃至外来务工人员，都表现出了旺盛的自学求知的欲望和继续学习的需求，而这，正是深圳可持续创新发展的文化软实力所在。

　　于是，深圳文化界的一些有识之士开始琢磨，应该如何把在全国书市期间表现出来的读书热情维持下来，留住一年一度的文化狂欢。1996年，时任深圳图书馆副馆长兼深圳市政协委员的刘楚材先生，开始提出深圳设立"读书节"的提案，但直到2000年，在时任深圳市文化局局长的王京生先生大力支持下，才得到中共深圳市委有关领导的重视。据后来担任中共深圳市委常委、宣传部部长的王京生回忆，正是他俩共同促成了深圳市文化局对这一政协委员提案的落实。

　　到2000年4月，深圳市文化局提交的《关于在我市举办"深圳读书月"活动的报告》，获得深圳市委宣传部的同意批复，决定将每年11月确定为深圳读书月，从而一举开创了以城市名义举办读书月（节）活动的先河。

二、在不断创意和创新中与时俱进的深圳读书月活动

　　2000年11月，首届深圳读书月开场举办。次年，又创意策划并执行了首届深圳读书论坛的活动，持续酝酿出浓厚热烈的群众性读书氛围。有一年深圳读书月期间，应邀参加有关活动的北京大学中文系教授谢冕先生就曾对媒体发表他的观感："这么多文化活动，又是演出，又是话剧，再加上'读书月'天天有活动和讲座"，"感觉这里每天都在过着'文化狂欢节'！"那么，不妨让我们先来回顾一下这24年来深圳读书月的发展历程，及其不同时期的活动特点。

（一）以媒体宣传热度提升深圳读书月的活动温度（2000—2004 年）

从 2000 年至 2005 年，前六届深圳读书月属于探索初创阶段。创办全市性的读书月活动，在国内乃至世界范围内都是先例，正如作为经济特区推动改革开放时期的经济建设，深圳几乎没有先前经验可参考，只能"摸着石头过河"铺路。

于是在 2000 年 8 月，深圳读书月活动组委会及其秘书处成立，并建立了办公室。由时任中共深圳市委副书记的李统书，时任深圳市委常委、宣传部部长的白天，时任深圳市文化局局长的王京生，分别任组委会的主任、副主任及秘书长。此举为顺利举办深圳读书月活动，提供了有力的组织保障。而后还建立了读书指导委员会，先后聘请李灏、厉有为、李海东、饶宗颐、金庸、陈佳洱、谢冕、余秋雨、牛憨笨等老领导和专家学者为顾问。

与此同时，从市宣传文化事业专项发展基金中拨出 80 万元人民币，作为启动深圳读书月的资金保障，到 2003 年增至 120 万元。2003 年，深圳读书月由政府主办改为政府委托承办制，两年后确定由原深圳发行集团总承办。至此初步形成了"政府主办、专家引导、全民参与、社会联动"的运作模式，这被认为是深圳读书月取得巨大成功的关键秘诀。

为推广新兴的深圳读书月，深圳的媒体在宣传造势方面不遗余力，"场面上热热闹闹，形式上丰富多彩，让市民逐渐熟知了读书月"。为此，深圳采取了打造品牌活动的策略。在这一阶段，深圳读书月推出了多种形式的数百场活动，包括朗诵、讲座、辩论、推荐书目、比赛等。其中从首届读书月就开始开展的经典诗文朗诵会以及 2001 年创设的深圳读书论坛，至今仍是深圳读书月最受欢迎、最负盛名的经典品牌活动。

第一届深圳读书论坛邀请了香港中文大学教授饶宗颐、南京大学教授徐雁、中国科学院院士何祚庥、中国工程院院士牛憨笨、著名文化学者余秋雨、北京大学教授谢冕依次作报告，在第二届深圳读书论坛以后，又邀请了王蒙、金庸、周国平等30多位名家担任嘉宾做讲座，每一场听众都争先恐后地抢票，报告厅内座无虚席。

为全面了解深圳市民的阅读特点和喜好追求，最大限度地提高深圳读书月活动的吸引力，深圳读书月活动组委会与媒体一起，在2000至2002年曾进行过三次较大规模的深圳人读书状况及读书月品牌影响力调查，累计调查人次逾万人，以此作为策划活动的依据。如从第三届深圳读书月开始，深圳读书月活动组委会实施了进学校、进机关、进军营、进企业、进社区、进家庭的"六进"计划。在第五届深圳读书月期间，诞生了全国第一个中学生文联和全国第一所特殊少年儿童图书馆。

由于深圳读书月活动形式多样，活动内容顾及不同性别、籍贯、年龄、职业及文化程度，因此读书活动逐渐为深圳市民所喜闻乐见。参与读书月活动的读者与年俱增，五年间累计参与人数多达1690万。在2007年市民喜爱的深圳十大文化品牌活动评选中，深圳读书月以高票当选，说明其可持续发展已经具有了良好的民众基础。

（二）以新颖的文化创意来不断提升深圳读书月的人文内涵（2005—2014年）

从第六届深圳读书月开始，深圳读书月活动组委会确定将"阅读·进步·和谐"定为读书月的总主题，每年再拟定年度主题。另外，深圳读书月的活动数量只增不减，对活动进行分区变得十分必要，因此从2005年开始，组委会从读书月活动中划分出一部分活动作为重点活动，给予策划、宣传和经费上的倾斜，以便更进一步完善资源分配体制。如此一个大型阅读活动，也会遭遇"七年之痒"的瓶颈："激情没有了，想象力也贫乏了，因此重新唤起阅读激情，寻找新的创意，这对读书月太重要了，对组织者、参与者都很重要。"从这以后，深圳读书月进入了创新提升阶段，除了沿袭一些品牌活动，每年都会开创新的活动内容或创新经典活动的形式，以创新驱动作为读书月常办常新、越办越有活力的重要因素。

如第六届深圳读书月举办全国打工文学论坛，原有的读书论坛增设"在历史的天空下"对谈；第七届深圳读书月举办全国读书文化研讨会和中国首届报纸阅读文化圆桌会；第八届深圳读书月新增海洋文化论坛、青工大课堂、评选"年度十大好书"等重点主题活动；第九届深圳读书月举办了首届校园网络文学深圳论坛，结合改革开放 30 周年特别设立了"阅读 30 年"活动版块；第十届深圳读书月有全国全民阅读活动经验交流会、世界知识城市峰会以及公共图书馆国际高峰论坛等重量级会议……敢于创新、善于创新是深圳独特的城市基因，这也赋予了深圳读书月经久不衰的活力源泉，深刻的创新理念从这一阶段延续至今，每年深圳读书月活动仍维持着 30%—40% 的高创新比。

2010 年，深圳市委、市政府印发了《关于深入开展全民阅读活动、加快学习型城市建设的若干意见》，首次明确全民阅读作为城市发展战略之一，要求进一步推动深圳读书月等全民阅读活动发展。随后《深圳读书月发展规划（2011—2020）》的正式发布，标志着深圳读书月活动在宏观设计方面迈上了一个新台阶。

在提升阶段，"政府主办、专家引导、全民参与、社会联动"的运作模式得到深化，形成了更为成熟的"深圳模式"——"政府倡导、专家指导、社会参与、企业运作、媒体支持"。在深圳经济特区成立 30 周年之际，"让城市因热爱读书而受人尊重"和"实现市民文化权利"入选"深圳十大观念"。这说明，由深圳读书月衍生出来的阅读理念已经深入市民心中。

（三）以地方性法规制度保障深圳读书月的高水平发展（2015年迄今）

2015年12月24日，《深圳经济特区全民阅读促进条例》经深圳市第六届人民代表大会常务委员会第四次会议正式通过，这是国内首部全民阅读领域的地方性法规。以法律的形式将深圳读书月等全民阅读推广活动固定下来，标志着深圳读书月进入了全新的阶段。深圳读书月的开展时间、责任主体、资源保障等内容均在条例中有明确规定，任何个人或组织不可擅自更改，以此规范了政府及相关责任方的行为，是读书月顺利开展的有力支撑，切实保障了深圳市民的文化权利。

此外，以《深圳经济特区全民阅读促进条例》为法规依据，以《深圳文化创新发展2020（实施方案）》等相关政策为指导意见，以《深圳读书月发展规划（2021—2030）》等规划性文件为纲领，以深圳市全民阅读研究与推广中心建立的评价指标体系为评估标准，深圳读书月可持续发展获得了制度性保障。在完善制度的保障下，深圳读书月在这一期间取得的高水平发展，有以下表现。

一是与时俱进顺应数字化阅读潮流，并通过媒体赋能打造活动形式的新高度。据统计，2016年深圳市数字阅读用户已高达454.6万人。深圳敏锐地把握住这一变化，及时调整了深圳读书月的活动重心，第十六届深圳读书月年度主题为"互联网＋读书"，并从此在重点活动中增设了"互联网＋"版块。2017年全民阅读APP与掌上书城APP正式上线，开展活动大力推广有声书，引领数字化阅读"新时尚"，满足读者新需求。在新冠肺炎疫情期间，借助新媒体手段化挑战为机会，在 2020 年第二十一届深圳读书月投入使用官方微信小程序，集新闻资讯、书目推荐、预约报名、活动打卡、直播互动、票券申领等多元功能于一体，使得活动形式更加多元化。自第二十二届深圳读书月开始，进一步采用线上直播形式延展线下活动，第二十三届深圳读书月首次举办"名家荐书马拉松"活动，邀请 50 位名家学者 24 小时直播推荐 100 本好书。第二十四届继续凸显数字阅读和媒体赋能，除了延续全媒体平台传播的方式以外，进一步推出海量免费的数字阅读资源（600 余万册），联动华为、腾讯发放数字阅读礼包，还增设了"网络文学 IP 展""发现数字图书馆"等数字阅读活动。

二是促进双城阅读文化交流，扩大地域影响力的广度。在第十六届深圳读书月活动中，新设"阅读双城记"活动，与英国爱丁堡开展阅读文化交流活动，第二十届深圳读书月邀请维也纳、第二十一届深圳读书月邀请柏林加入互动交流，从而以阅读活动为抓手，把具有改革开放标志性意义的现代化新城市——深圳推向世界。自第二十二届深圳读书月始，整合推出"城市的雅集"活动版块，聚焦国内城市的文化交流，首次举办"当设计之都遇上文学之都：深圳·南京的文化对视"，次年策划举办"当奇迹之城遇上东方之珠：深圳·香港的文化对视"。在刚刚结束的第二十四届深圳读书月中，特别策划"当创新之城遇上浪漫之都：深圳·杭州的文化对视"作为重头戏之一，两天四场名家对谈，从文学、自然、建筑和设计的视角探讨双城文脉的差异和融合。

三是重视经验总结和研究，加深深圳全民阅读的理论深度。2016 年，由深圳出版集团发起，成立了深圳市全民阅读研究与推广中心。该中心负有组织、统筹深圳阅读指数项目，组编《深圳全民阅读发展报告》，发布年度"深圳数字阅读报告"等职责。连续八年出版的《深圳全民阅读发展报告》，以及《让城市因热爱读书而受人尊重》《让城市的每扇窗户都透着阅读的灯光》等著作，都记录了深圳读书月的历史步履。深圳出版社在2018、2020年先后编辑出版了由王京生、朱永新、徐雁共同主编的"书香中国·全民阅读推广丛书"，两辑共10册，丰富了全民阅读的人文内涵。首届全民阅读推广（深圳）峰会在第二十三届深圳读书月期间举办，提供了多学科、广范围、大规模的全民阅读学术交流平台。

这些高水平发展的实践成果和丰富的理论经验总结，又反过来促进深圳市全民阅读地方性法规制度的进一步完善。在第二十四届读书月期间，《深圳市进一步深化全民阅读工作实施意见》《深圳全民阅读进基层、进系统、进机关、进一线、进场所行动计划》相继印发，在总结已有工作经验的基础上，进一步推动全民阅读立法、阅读空间拓展、阅读活动品牌影响力、多元主体合作等方面高质量、可持续发展。

三、深圳读书月活动赋予我们的思想启迪

深圳读书月开我国城市举办读书月（节）活动之先河，如今已步入第三个十年，成为我国乃至世界范围内全民阅读活动的典范。自成立以来，深圳读书月陆续吸引了国内数十个城市的来宾到深圳观摩学习，日渐造就了城市公共文化活动的新品牌效应。2005年的"东莞读书节"，2006年的"苏州阅读节""福州读书月"和2007年的"株洲读书月"等纷纷跟进创立，见贤思齐，使得全民阅读推广活动不断拓展和深化，终于汇集成为20世纪末以来建设"书香社会"、促进"全民阅读"的时代声浪。

（一）地方党政领导和文教部门的大力支持

2022 年，党的二十大报告提出要"深化全民阅读活动"，国务院《政府工作报告》已经连续十一年倡导促进全民阅读，推动"学习型社会"建设，但各地方党政领导部门对此共识的认知，以及贯彻执行的力度却有着天壤之别。如前所述，深圳读书月能够率先在深圳这样一个年轻的滨海城市落地生根，并年年开花结果，实是当年地方党政领导和文教部门的有识之士共同努力合作的结晶。自第一届深圳读书月活动开始，每届的读书月活动启动仪式，均有深圳市委、市政府主要领导出席并致辞。在获得联合国教科文组织授予的"全球全民阅读典范城市"荣誉称号后，深圳市委、市政府提出通过立法将深圳读书月固化下来，为已有的全民阅读成果提供可持续机制和制度保障。

如今，文化竞争力成为评价城市发展的重要因素，为了提高城市创造力、建设城市人文精神、保障公民文化权利，倡导并促进全民阅读成为政府治理城市的文化责任与重要战略。深圳正是秉持着高度的文化自觉和社会责任感，在深圳读书月创办和发展过程中，发挥了领导、保障和支持作用。

（二）地方性法规提供必要的制度性保障

政府重视是推广全民阅读的基本前提，但仅仅以政府领导的个人自觉推动政府自觉是偶然发生事件，难以在各地推广普及。另外，全民阅读活动的持续性也会因领导换届造成不良的影响。为巩固已有的实践成果，明确未来发展目标和方向，深圳启动了全民阅读立法工作，历经两年出台了第一部全民阅读领域的市级地方立法。《深圳经济特区全民阅读促进条例》明确规定了每年 11 月为深圳读书月，并确定了读书月活动的运行机制与活动内容，为深圳读书月长效发展提供了根本保障。

除深圳以外，全国还有 16 个省、市出台了全民阅读的地方性法规和政府规章，将地方实践经验上升为法律内容，以法规的形式确保全民阅读活动能够常态化、规模化和持续性发展。因此，在目前属于国家法规层面的"全民阅读促进条例"暂且缺位的现实中，许多地方可以从江苏、深圳等地的做法中获得借鉴，尽快从无到有地构建起地方性的制度体系，保障本地区全民阅读推广活动高质量发展。

（三）形成社会力量多方协作下不断创新的活动机制

全民阅读是区域性的大型阅读活动，在政府的主导下，还需要汇集各方力量，集思广益，群策群力。深圳读书月创新并坚持"政府倡导、专家指导、社会参与、企业运作、媒体支持"的运作模式，充分发挥了社会各方力量的优势，是其大获成功的关键点，这一模式逐步降低政府投入读书月活动的成本，在不断的活动创新中，收获了日益扩大的社会效益和社会影响力。

由专家学者组成的总顾问和特别顾问团队是深圳读书月的智囊团，他们以思想和智慧保障读书月活动的科学性和专业性；"企业运作"阐释了企业如何积极承担社会文化责任，缓解了读书月活动的财政压力，更利用企业的高效率管理运作模式提高了读书月的效益；民间阅读组织、阅读志愿者等民间力量犹如"星星之火"，在读者群众中燃起阅读的"燎原之火"；媒体不遗余力地宣传、报道，在有效提高读书月知名度、认可度的同时也提供了舆论监督机制，成为读书月活动的重要宣传者和推动者。

在深圳读书月的发展历程中，书业等企业和社会力量的参与是非常靓丽的风景。尤其是民间阅读组织，如三叶草故事家族、青番茄阅读组织、深圳读书会、聚橙网读书会、后院读书会等，在具体活动层面发挥着社会"书香细胞"一般的作用，保障着深圳全民阅读的内容质量和民间活力。2012年第十三届深圳读书月的启动仪式上，国内首家以企事业单位、群体团队和民间阅读单位共同合作的"深圳市阅读联合会"正式宣布成立，作为各类民间阅读团体的集合体，为读书月活动出谋划策，并积极承办读书月有关活动。

在第二十四届深圳读书月期间发布的《深圳全民阅读进基层、进系统、进机关、进一线、进场所行动计划》，进一步明确各方阅读服务责任主体，旨在推动强劲合力联动，促进深圳全民阅读事业在强触达、广覆盖、优品质、全时段方面更上一层楼。

四、结束语

无论是率先创立的深圳读书月，还是见贤思齐、后续跟进的"株洲读书月""福州读书月"以及"东莞读书节""苏州阅读节"等，其全民阅读的丰富实践证明，只有在党和政府的切实领导和文化、教育部门的大力支持下，才能形成社会力量多方协作下不断创新全民阅读的机制，才能有效推动真正意义上的全民阅读格局的形成。

但亦毋庸讳言，就当下全国各地举办读书节、读书月等实际情况来看，推广活动形式趋同、缺乏内容上的新颖性和内涵上的吸引力等，已开始成为共性化的问题。一些地区的全民阅读推广活动缺乏活力与热情，照搬其他地区的先进经验，甚至基本沿袭上一年的活动形式和内容，数年下来市民们对全民阅读活动逐渐失去新鲜感和关注度，表现出参与意愿低迷的倾向，而实际社会效益和精神文明效用自然也呈进行性弱化。如何正视并解决这些问题，深圳读书月不断与时俱进，努力更上一层楼的历程，恰好为我们提供了一个如何在创意创新中可持续提升发展的典型。

腹有诗书气自华，人生唯有读书好。阅读不仅能改变一个人的气质和风度，还能提升一座城市的文化内涵，赢得世人的礼敬和尊重。深圳借助每年 11 月大张旗鼓的读书月活动，为我们树立了这方面的一个成功典范。先哲云："最是书香能致远。"我们期待深圳读书月这一"高贵的坚持"，能够继续领跑更多的南、北方和中、西部城市的公共文化活动，在"书香中国"的建设进程中镌刻下一块又一块的文化里程碑。

徐雁，南京大学信息管理学院教授，
中国图书馆学会阅读推广委员会副主任
陈哲彦，深圳大学图书馆助理馆员

《书都·走读深圳》
何以成为"一座城市的文化说明书"

李晓锋 曾岚

"推进文化自信自强，铸就社会主义文化新辉煌。"这是党的二十大明确指出的发展目标。如何更加贴近实际、贴近群众、贴近生活地举旗帜、聚民心、育新人、兴文化、展形象？深圳如何从科技之城走向文化之城？深圳出版集团提出打造城市文化刊物《书都·走读深圳》，通过聚焦全民阅读，梳理历史文脉，挖掘在地文化，展望城市未来，成为赋能城市精神文明建设的文化品牌。

一、《书都·走读深圳》的溯源与理念

《书都·走读深圳》杂志是由深圳出版集团主管，深圳出版社主办，深圳市书都出版有限公司出版，面向全国公开发行的公益性刊物。其前身是深圳出版社（原海天出版社）主管主办的《花季·雨季》，2014 年，在深圳市委宣传部的支持下，经原国家新闻出版广电总局批复同意，《花季·雨季》刊名变更为《书都》，并于 2015 年 7 月出版第一期《书都》，至 2022 年 6 月，共出版 36 期。

2022年7月，为了更好地托举城市精神文明建设，让文化渗透城市肌理、融入群众生活、赋能城市发展，深圳出版集团对《书都》重新定位，提出"打造一座城市的文化说明书"的办刊理念，以"接地气、见未来、有思想"为指导思想，对《书都》进行改版升级。

2022年8月，深圳出版集团推出改版升级后的杂志——《书都·走读深圳》，以"不做最熟悉城市的陌生人、不辜负身边习以为常的美与好、发现并传递这座城市的温度"为策划原则，打造"面孔""外眼""封面""未来""深圳客""目的地""首发在深圳""街角/打卡""朋友圈里的深圳"等栏目，从"小切口"呈现"大主题"。《书都·走读深圳》把握时代脉搏，阅见文化未来，展现深圳经济特区在推进中国式现代化建设中走在前列、勇当尖兵的担当作为。

二、引领阅读向城市纵深延伸

《书都·走读深圳》深耕在地文化领域，全力挖掘城市阅读榜样，打造城市阅读事件，探寻城市阅读方向，与名家对话，与城市对视，引领阅读向城市纵深延伸，被称为"深圳全民阅读精神外溢的重要力量"。

（一）擦亮城市品牌，打造文化名片

《书都·走读深圳》紧跟城市步伐，与城市共成长，在重要时间节点推出贴合主题的重磅策划。如2023年2月/4月合刊中，以盐田区建区25周年为背景，策划《10个细节背后的盐田"凡尔赛"》，从经济、生态到人文，以全新角度全面解读盐田蝶变，从一个城区的发展变化中，窥见深

圳在港口经济、进出口贸易、深港合作、打造民生幸福标杆的缩影。

2023 年 6 月刊，《书都·走读深圳》站在深圳被联合国教科文组织授予"设计之都"称号 15 周年的历史节点，策划《一个记者眼中的深圳"设计之都"15 年》，梳理"深圳设计"的 15 年历程。深圳作为中国式现代化最具活力城市的生长样本，从市场驱动向技术驱动，再向设计与文化驱动，崛起"设计之都"形象，让"深圳设计"成为中国式现代化在文化实践上最生动形象的注解。

2023 年 8 月刊，《书都·走读深圳》为深圳大学建校 40 周年策划《因城而变：深圳大学 40 年创业史》，站在今人的视角去探寻一段不寻常的大学创业史。

2023 年 10 月刊，《书都·走读深圳》策划《"典范"的 16 个笔画》，纪念深圳获得"全球全民阅读典范城市"荣誉称号 10 周年，通过解剖"典范"二字的 16 个笔画，解读深圳是如何成为该荣誉的"全球唯一"……

凡此种种，不胜枚举。《书都·走读深圳》追寻城市发展的脚步，见证城市文化发展"百尺竿头，更进一步"。

（二）着眼历史村落，推进文化建设

2023 年以来，广东深入实施"百县千镇万村高质量发展工程"，并将其作为推动高质量发展的头号工程全面推进。为了落实广东省委深入实施"百县千镇万村高质量发展工程"重要部署，《书都·走读深圳》创新性打造"深圳文化名村"项目，推出"文化名村行"活动，倡议"文化进村"。以深圳历史村落为基本单位，打造"目的地"栏目，通过挖掘村落价值，梳理历史文脉，引领一批区域特色明显、市场潜力大的文化名村亮

相，扩大村落影响力，连接深圳的历史与未来。

目前，《书都·走读深圳》已推出"邂逅上围""洪桥头印象""乐群声量"等策划，以多元视角，走读历史村落。如拥有四百多年历史的上围艺术村，实现艺术与古村落共融共生，成功探索出老村的活化之路，为城中村改造提供了环境提升、文化传承、全面开放、共建共治的"上围样本"；因长篇报告文学《拳承：古村秘事》而亮相中国现代文学馆的洪桥头村，三百年来秉承古训，坚守习武传承，其洪佛拳先后被列入区级、市级非物质文化遗产名录；走出中国第一个女博士的乐群村，拥有深圳现存规模最大的私人书塾建筑——绮云书室，以及一条纪念冒死为民谏言官员的巡抚街和街边的巡抚祠……这些老村，因《书都·走读深圳》杂志的介入，再次亮相于世人面前，也随之揭开都市生活的另一面，丰富深圳的历史文化形象。

（三）对话城市阅读，探寻未来方向

《书都·走读深圳》关注城市文化事件，聚焦深圳声量，对话名家学者，寻找阅读榜样，努力勾勒城市文化的发展脉络。《书都·走读深圳》曾策划《致敬睦邻文学 10 年：从社区出发的社稷表达》，将目光对准社区文学，强调文学与城市的共生关系，全面展现深圳文化风采。

"首发在深圳"栏目瞄准新书，聚焦深圳声量，为城市发出呐喊：深圳以城市的名义，把新书带进剧场、带进城市中心，为一本又一本书的亮相搭建高地。《一本书的城市打开方式》就是对这座全球全民阅读典范城市的深刻解读。

"面孔""外眼""深圳客"栏目，对话名家学者，也寻找阅读榜样。如中国作协副主席李敬泽讲述"和时间争夺意义"的作家使命；曾任《天

涯》杂志社社长、海南省文联主席的著名作家韩少功认为要让自己成为道路；香港中文大学（深圳）教授、前海国际事务研究院院长郑永年认同"理性扶梯"的价值；法国《图书周刊》总编法布里斯·皮沃讲解他眼中深圳与巴黎的交叉点；还有十年如一日往返深湘两地做公益阅读的谢颂泉，时隔 17 年再替深圳拿下鲁迅文学奖的作家蔡东，获得中国青年五四奖章的快递小哥秦文冲，等等。《书都·走读深圳》以文化为描点，聚焦与深圳有关的名家学者，以及能够代表深圳力量的人物和事件，通过对他们的记录与观察探索城市的文化未来。

三、成就城市阅读文明典范

《书都·走读深圳》通过阅读推动乡村振兴系列活动，挖掘深圳推广全民阅读走出去典型人物——泉蓉书苑创始人谢颂泉，并联合泉蓉书苑擦亮公益底色，举办"全民阅读走进泉蓉书苑"座谈会，助力阅读走进乡村。该活动被著名出版家、全民阅读推广人、韬奋基金会理事长聂震宁评价为"深圳这座全球全民阅读典范城市的精神外溢"。主人公谢颂泉获评由中央宣传部、农业农村部评选的 22 位全国"乡村阅读榜样"之一。

2023 年 10 月，在深圳读书月的背景下，《书都·走读深圳》以"深圳'书'赢"为题，根据"City Walk（城市漫步）"热点话题，策划了"Book Walk"活动，对深圳市 20 余家各具特色的书店进行了集中报道，并设计出一条覆盖全市各区的 Book Walk 走读路线，串联起一座座展示深圳阅读的精神地标。11 月 30 日，《书都·走读深圳》与中共深圳市委党校联合举办"'阅读的颜值'诗文诵读接力暨《书都·走读深圳》赠刊仪式"活动，拉近深圳出版集团与市委党校之间的距离，共同助力深圳以先行示范之姿推进全民阅读。

此外，《书都·走读深圳》以双城文化对视促进城市间的阅读文化交流。如《书都·走读深圳》2023 年 12 月刊（总第 45 期）"当设计之都遇上文学之都"深圳·南京文化对视回顾特刊与 2024 年 2 月刊（总第 46 期）"当奇迹之城遇上东方之珠"深圳·香港文化对视回顾特刊，系统全面地解读双城的文化异同，并从多角度、多层次剖析城市文化对视带来的意义，唤起城市文化自觉与自信，促进城市文化交流的认知迭代和观念跃迁。

阅读塑造城市精神，阅读走出文化自信。在深圳阅读文化推广之路上，《书都·走读深圳》记录并传播深圳这座创新之城与众不同的追求与执着，成为一道亮丽的文化风景线。2023 年 11 月，《书都·走读深圳》获评深圳市第七批全民阅读示范项目；2024 年 1 月，《书都·走读深圳》获评第六届广东省优秀期刊（由广东省委宣传部、广东省新闻出版广电局指导，广东省期刊协会主办，每五年评选一次）。未来，《书都·走读深圳》还将继续努力，深化在地文化特色品牌，助力全民阅读推广事业走深走远，不断讲好深圳故事，推出更为精彩而温暖的"一座城市的文化说明书"。

李晓锋，资深媒体人，《书都·走读深圳》总策划

曾岚，《书都·走读深圳》编辑

深圳图书馆北馆智慧书库系统建设与实践

刘哲

公共图书馆是城市公共文化服务的重要组成部分，需要根据社会文化需求和科技发展，不断进行服务理念调整和技术升级。"十四五"时期是公共图书馆创新发展的关键时期，智慧图书馆是目前关于图书馆未来形态的共识，体现了科技赋能的新时代发展逻辑。国家图书馆提出了建设"全国智慧图书馆体系"，在全国层面谋划推动图书馆事业智慧化转型发展的工作设想。

一、智能图书馆是智慧图书馆转型期的初级形态

图书馆向智慧图书馆转型是一个复杂过程，在转型前和转型后之间有一个转型期，从难度看这个转型期比较长，目前我们所建设的实际上是"智能图书馆"，是智慧图书馆的初级形态，也是从数字图书馆、复合图书馆向智慧图书馆转型的中间状态。

在智能图书馆建设进展方面，国内部分图书馆进行了多方位的先行探索和实践，如深圳图书馆引进 RFID（射频识别）技术构造图书馆智能化应用环境，武汉大学图书馆引进图书自动盘点机器人，广东省立中山图书

馆建设图书采分编智能作业系统，苏州图书馆建成大型智能立体书库并开展相关应用研究，等等，上述案例中图书馆结合自身业务发展需要，紧跟智能科技发展动态，积极将先进技术和管理理念引进图书馆行业，根据图书馆行业特点加以重新规划和设计，取得了良好的应用效果。因此以智能技术赋能图书馆事业不是单纯的技术引进和照搬照抄，而是采取以终为始的思维模式，以实际需要为出发点，在技术积累的基础上选择合适且成熟的技术，并且进行相应的技术改造和提升。

二、城市图书馆体系运行需要建设文献智能仓储系统

城市图书馆是公共文化服务的主阵地，全国大中型城市图书馆逐渐以联盟形式向公众提供服务，如深圳市"图书馆之城"统一服务平台、嘉兴"城乡一体化公共图书馆服务体系"、广州市公共图书馆统一服务平台、佛山市联合图书馆等，一证通行，通借通还，"全城一个图书馆"在为市民带来服务便利的同时，纸本文献流转量和调配需求也在同步增加，需要建设一个以文献智能仓储系统为支撑的智能化图书馆文献调配中心。

针对深圳市"图书馆之城"业务发展的需要，深圳图书馆先行先试，在"十四五"发展规划中提出"创新推动智慧引领"的建设目标，其中包括以文献资源为中心的馆藏建设智慧化，要求完成智能立体书库、分拣、调阅智能化系统建设和使用，建立文献智能化管理、调配机制，保障全市文献科学贮存、管理和服务的工作任务。

（一）纸本文献阅读需求持续增长

尽管近年来数字阅读量增幅较大，但并未取代传统的纸质图书阅读，总结近 20 年国民阅读趋势，图书阅读变中趋稳，近年来呈现稳步增长的态势，2019 年图书阅读率达到 59.3%，接近数字阅读出现前 1999 年 60.4% 的水平，2020 年该指标进一步升至 59.5%；深圳全市公共图书馆年度图书外借量 2003 年为 158.61 万册次，2019 年上升到 1556.08 万册次，上升了近 10 倍；深圳图书馆面向全市提供的图书预借服务已超过 10 年，深受市民读者欢迎，服务量年均增长近 20%，2023 年，虽然受到因设备更新致使可预借取书的服务点减少，以及因书库迁移致使第四季度可预借文献数量大幅下降等诸多因素的影响，该项个性化服务的总量仍然突破了 32 万册。

（二）受馆舍空间限制，二线书库文献量增长，服务效率需同步提高

书库从过去的封闭型，到半开架型，再到后来的全开架型，图书馆一直在追求最大限度地利用馆藏资源。随着文献的积累，图书馆依然要回归三线典藏制藏书体系，即按照图书文献利用率的高低及新旧程度，结合服务方式方法，将藏书依次划分为三个层次，组成一、二、三线书库的布局体制。一线书库为开架辅助书库；二线书库为闭架（或半开架）辅助书库；三线书库为闭架管理的基本书库。目前，图书馆继续提供流通服务的二线书库普遍存在，且一部分是在异地，调阅服务存在困难。

（三）深圳地区公共图书馆流通图书跨区转运数量持续增长

据统计，2019 年全市统一服务平台需物流转运的异地还书数量超过

214万册（2023年达到312万册），自助图书馆年配送图书数量在200万册左右，以往这些图书分发、交接主要采用人工作业方式，很难适应配送策略持续优化和精细化，转运效率也需要相应提高。

基于上述原因，建设一个现代化高效率的文献调配中心，为全市文献流转提供存储和调配空间是城市图书馆一体化建设的客观需要，且日益迫切。2023年12月，兼具全市调剂书库和文献调配中心功能的深圳图书馆北馆正式投入运行。

三、ASRS 在图书馆领域的应用

图书馆建设立体书库的核心设备是自动存取系统（Automatic Storage and Retrieval System，简称 ASRS）。

（一）应用特点

目前 ASRS 在各行业普遍应用，具有共性的应用特点主要包括占地少、存储量大、应用场景众多、可靠性高、高效率存取、大流量出入库、便捷盘点和统计、实现全流程管理等。图书馆应用 ASRS 与其他领域不同之处包括以下三点：

1.SKU 量级不同

SKU 全称为 Stock Keeping Unit（库存量单位），即库存进出计量的基本单元。对一种物品而言，当其品牌、型号、配置、等级、花色、包装容量、单位、生产日期、保质期、用途、价格、产地等属性中任一属性与其他物品存在不同时，可称为一个单品，每种单品均对应有唯一的 SKU 号。

对于其他行业 ASRS 整体而言，其管理的 SKU 数量较少。图书馆的每一册文献都有独立编码，即是一个 SKU，因此容量为 400 万册的立体书库，理论上其 SKU 数量即为 400 万。

2. 物品流向不同

其他行业 ASRS 管理的立体仓库是物品的临时存放场所，不论是零配件、成品、货物等，都有上下游流程对接，实现存储物品单向流动，一旦出库，其存储单元即被释放。图书馆立体书库是图书文献相对稳定的存放地点，在文献流通过程中是出库和入库双向流动，在 ASRS 管理中可实现回原存储单元或不回原存储单元的指令。

3. 自动化程度不同

由于其他行业 ASRS 的存储单元（料箱或托盘）中一般存放同类 SKU，符合标准化作业的要求，能够实现如机器码垛、整体封装、自动传输等整件进出的全自动作业。图书馆 ASRS 存储单元中存放不同的 SKU，需要依靠人工逐册登记放入，无法实现整箱进出，除非书箱的入库来源或出库目的地相同，并且将书箱中文献的登记工作前置完成。

（二）应用局限

图书馆在引进 ASRS 时都会结合本馆需要进行设计，目前大部分应用案例都是以单一的高密度存储功能为设计核心，即以高效率存储为主，非为高流量的文献提取和配送而设计。加州大学北岭分校的奥维亚特图书馆（Oviatt Library）是第一个将 ASRS 应用到馆藏储存的图书馆，该项目于 1991 年建造完成并投入使用，用于储存使用率较低的馆藏。在后续运行中，图书馆员逐渐发现了 ASRS 快速存取的优势，不仅大大提高了服务效率，也解决了传统书库难以同时满足高效存储、高效借阅的问题。2000

年之后，随着奥维亚特图书馆参考部门将一些高使用率的资料放入，越来越多的高利用率馆藏被装载到 ASRS，用户开始频繁地请求提取存储在该系统的馆藏资料，图书馆应用 ASRS 向服务功能转变。

ASRS 在图书馆领域的应用局限包括以下几点：

1. 服务对象单一

通过归纳 5 个国外图书馆 ASRS 应用案例情况，指出其服务对象以在校师生为主，目前的图书馆应用案例中，ASRS 的服务对象一般为读者个人，服务方式包括到馆自取或异地传送。现代城市图书馆除了针对读者个人的文献服务需求，还需要服务全市各级公共图书馆，实现全市文献批量调配，现有的设计还无法实现。

2. 服务功能单一

图书馆在引进 ASRS 时都会立足服务需求进行设计，立体书库作为图书文献相对稳定的存放地点，文献"静态储存"是它的主要功能，目前大部分应用案例都是以高密度存储功能为核心，以处理单册文献为主要作业方式。而立体仓库的核心优势是采用先进的自动化物料搬运设备，不仅能使物品在仓库内按需自动存取，还能与仓库外的上下游环节进行有机连接，从而形成一个自动化的物流系统，是一种"动态储存"，能够实现"先进先出"，库内循环，该功能在图书馆行业尚无应用。

3. 逐册存取，出入库效率较低

国外图书馆的立体书库多采用重型堆垛机和较大的金属书箱，图书入库采用逐册采集馆藏条形码或 RFID 标签，借出时出库也采用同样方式，出入库效率较低，难以承担城市图书馆区域大批量文献调配的任务要求，没有发挥立体仓库大流量出入库的技术优势。

4. 设备类型单一

目前图书馆应用案例多是引进单纯的立体书库设备，在设计上采用存储书箱直接或间接对接服务台的方式，以最短的传递路径保证最高的文献提取效率。在其他行业的应用中，还会配套建设自动传输系统、自动分拣系统等，以形成高效的智能仓储物流体系。

四、创新设计理念，打造新一代智慧书库

（一）系统构成

深圳图书馆北馆距深圳图书馆中心馆约 15 千米，总建筑面积约 7.2 万平方米，设计文献容量 800 万册，阅览座位约 2200 个。北馆承担"一馆一库三中心"功能，既是城市公共图书馆，也是全市文献调剂书库，深圳"图书馆之城"的联合采编中心、网络数据中心和文献调配中心。其中调剂书库和文献调配中心的功能主要由文献智能仓储系统承担。

北馆智慧书库由存储书库（立体书库 ASRS 和密集架书库）、分拣系统、传输系统等主要部分组成，采用双核心设计，即立体书库系统和大型分拣系统，通过系统高度集成来满足多种文献流作业，实现文献高密度存储与调阅、"图书馆之城"文献集散中心、服务点文献配送及流转、预借服务等功能。

1. 分拣系统

分拣系统位于建筑首层西侧，区域层高 5.5 米，主分拣线设计占地面积约 448 平方米，采用直线交叉带分拣机，设置 60 个分拣格口，通过识别图书 RFID 标签处理单本图书分拣，设计分拣效率为 1 万册 / 小时，具

备自动换箱功能。10 个投入工位包括 4 个投入专用工位和 6 个立库拣选工作站共用工位，通过皮带传输线将图书传送至分拣机。

2. 立体书库

立体书库设计容量为 400 万册，主要用于存储预借图书，缓存流通图书（包括"图书馆之城"流转图书、服务点配送图书等），承担全市通借通还图书的集散、周转功能。高密度存储货架安装在图书馆地下三层，库区高度 21.55 米，跨地下三层和地上一层，书架高度 18.5 米，设计占地面积约 2862 平方米，划分为五个独立的库区，其中 1—4 号库区存储约 5.96 万个 A 型书箱，5 号库区存放约 1.3 万个 B 型书箱，文献容量超过 400 万册，配置 15 台料箱式堆垛机（Miniload），通过双层传输线连接库区外，8 个拣选工作站位于库前区，库区内部实现无人作业。

3. 传输系统

传输系统包含水平和垂直传输线路，用于解决作业楼层功能区域之间以及全馆各个服务楼层的文献传输。水平传输设备包括电辊筒输送机（整箱）、皮带传输线（单册）、自动导引运输车（整箱）；垂直方向利用建筑的两个核心筒内的垂直竖井完成，传输设备包括 1 台轿厢式提升机（整箱）和 1 套轨道小车（多册）系统。

4. 密集架书库

密集架书库设计容量为 300 万册，主要用于存放全市保障本文献，10 间库房分布在地下一至三层，由轨道小车实现书库与地上服务楼层之间文献双向传输，提供本地调阅服务，今后可对接物流扩展至全市公共图书馆。

（二）创新特点

深圳图书馆北馆文献智能仓储系统在目前图书馆应用的基础上，针对深圳市"图书馆之城"业务发展的需要，充分发挥 ASRS 的技术优势，与全馆自动化系统协同设计，打造全新的仓储业务模式和策略，实施模块化作业，形成面向全市读者和图书馆用户的全新文献智能仓储系统。

1. 立体书库与分拣系统双核心设计，高度协同

北馆由于承担全市调剂书库和"图书馆之城"文献调配中心的职能，设计需要兼顾文献存储和文献配送两方面的功能要求。本项目智能仓储系统采取了立体书库和分拣系统双核心设计，通过传输系统相连，规划不同的作业模式对接多项业务流程，存储和处理高流通率的预借文献和全城流通文献，在大容量存储、高效率文献提取的基础上，注重各系统独立运行且高度协同，利用高速分拣设备和料箱堆垛机，提高全市文献的中转效率；充分利用 ASRS 的管理算法，实现库内文献时间与位置轮转，使书库成为一个有序的生命体。

（1）入库前分拣模式，库内轮转

按配送线路分拣："图书馆之城"统一服务平台上的基层图书馆具有数量多、分布广、馆藏容量小的特点，在人工处理模式下很难做到馆际文献轮换。文献智能仓储系统建成后，依托立库与分拣系统协同作业，为基层图书馆实现文献品种和服务周期精准轮换创造了条件。以自助图书馆图书配送为例，读者在图书馆及自助图书馆还回的自助图书馆配送图书，按配送线路分拣后整箱传送入 5 号库存储。通过分拣结果记录书箱内图书的物流配送线路和入库时间，在立库内通过管理系统预置配送线路和配送周期轮转策略排序等待出库。当执行文献配送作业时，按配送线路整箱出库，对接自助图书馆物流，实现精准配送。

按文献所属馆分拣：读者在图书馆及自助图书馆还回的各馆图书，其中需要转运回馆的，经"图书馆之城"物流或自助图书馆物流运抵中心，按照文献所属馆分拣后经整箱传输线传送入 5 号库缓存。当执行文献回馆配送作业时，按所属馆整箱批量出库，对接"图书馆之城"物流，提高转运效率。

（2）出库后分拣模式，对应各类业务需求

预借图书：图书馆自动化集成系统（LAS）定时收割读者发出的借书请求后通知立库出箱拣选，出箱后的预借图书按照读者选择的取书方式分别传递，读者到馆自取的图书经调阅小车传输至北馆服务区一、二、四楼的服务台站点；选择快递到家方式的图书，则利用播种墙系统进行合单后由快递公司配送；选择服务点取书方式的图书经分拣系统按配送线路集中分拣后交物流配送。

本地还回图书：馆内各服务楼层还回图书经垂直传输系统整箱入 5 号库缓存，按照常规每日 2 次和高峰期每日 3 次的频率集中出库，经整箱传输线送至投入工位单册投入分拣，完成分拣后，本地服务区图书经垂直传输系统整箱传送至各服务楼层，其他服务点图书传送至中转区或 5 号库存放。

2. 书箱分型设计满足各类作业需要

基于北馆兼顾全市调剂书库和"图书馆之城"物流中心的职能，智能仓储系统设计了两种书箱，即 A 型书箱和 B 型书箱。

A 型书箱为主存储箱，主要用于存放可预借 / 调阅图书，统一编码管理，存储位置为 1—4 号库；图书摆放采用书脊垂直书箱底部、书脊朝向书箱长侧边方向的方式，符合国内出版图书的保存和利用特点；长侧边镂空，便于工作人员查看书脊的书名和书标；书箱中带有活动隔板，将书箱分隔为 2—6 个单元，图书在装箱时会将其信息绑定至具体单元；长隔板两侧能同时放置正度 16 开的图书，存储容量为 56 册（按单册图书 20mm 厚度计算）。

B 型书箱兼具存储箱、分拣箱和中转箱功能，统一编码管理，存储位置为 5 号库。B 型分拣箱承接分拣格口滑落图书，可直接转为存储箱，设计存储容量为 58 册（按单册图书 20mm 厚度计算），存储图书范围涵盖"图书馆之城"图书、自助图书馆图书、本地还回图书等，使各项作业流程在分拣、传输、缓存等环节得以优化和统一。

3. 拣选工作站衔接各业务系统

（1）多功能设计

拣选工作站集成设计了立体书库拣选和分拣投入的功能，工作人员可根据系统订单进行 A 型书箱图书的出入库操作，也可以将待分拣图书逐本放置在皮带机上传送到分拣机。拣选工作站也是轨道小车传输起始站点之一，可以将立体书库拣选出库的文献装入轨道小车运送到各楼层服务台。

（2）传输线连接出入库作业

拣选工作站和立库巷道之间设计双层环形传输线连接，用于书箱出库和入库传输。以传输线连接的方式可以均衡分配拣选工作站和立库巷道作业任务，提升整体作业效率。

（3）书箱可旋转，方便出入箱操作

根据 A 型书箱图书立放、书脊朝向两侧的特点，系统设计了两级书箱旋转机构，方便工作人员拣选图书。第一级旋转机构位于立体书库的出库传输线，系统根据图书在书箱中存放单元的信息分析需要出箱的朝向，扫描识别书箱外表面所贴书箱编码和方向编码（两侧）判断该朝向是否面向工作人员，如果不是，则通过第一级旋转机构将书箱旋转 180 度再传送

到工作人员面前；如果书箱的两侧单元都有需要出箱的图书，则通过在拣选工作站的第二级旋转机构进行 180 度旋转。图书入库装箱也需要使用拣选工作站的旋转机构。

4. 整箱作业串联各个功能区域

智能仓储系统设计了多条整箱传输流线，相应系统均设置通道和系统接口，如立体书库系统支持整箱出入库模式，包括 A 型书箱和 B 型书箱，配置 1 条整箱上线专用通道和 2 条整箱下线专用通道；分拣系统分拣箱（B 型书箱）可通过水平传输系统对接立库系统直接入库、暂留中转区及装卸区出馆，或通过垂直传输系统转至各楼层；还书系统的还书箱（B 型书箱）可通过垂直传输系统转运至作业区。

5. 自动导引运输车（AGV）实现跨区转运

（1）潜伏式 AGV

智能仓储系统在不适合部署电辊筒输送机的中转区和装卸区采用潜伏式 AGV 搬运 B 型书箱，主要对接立体书库系统、分拣系统和物流装载区。其搬运方式为通过移栽机将书箱排列在搬运货架上，AGV 顶升货架运送至目的地。每个货架可装载 4 个 B 型书箱。

（2）夹抱式 AGV

在图书馆主要还书服务区使用夹抱式 AGV 对接四台自助还书机和垂直提升机，实现读者一次多本还书、还回图书整箱自动转运至一楼的分拣作业区。

6. 轨道小车自动卸载提高工作效率

轨道小车系统主要负责将从书库中拣选出的读者预借文献或调阅文献传输到楼层服务台，或将读者调阅后的文献回库。系统设置 7 个站点，包括地下 3 个密集架书库站点、1 个立体书库作业区站点和 3 个服务区站点

（少儿区服务台、3 楼预借服务台和 5 楼调阅服务台）。配备 24 台运载小车，每台可装载 5 册图书；小车具备到站自动卸载功能，卸载后即可承接后续运送任务，无需等待工作人员处理。轨道小车单次运行时间不超过 8 分钟，给读者提供方便快捷的借阅体验。

五、文献智慧服务和智能管理

（一）图书馆智慧服务

基于北馆智慧书库开展的文献智慧服务为读者利用图书馆提供了准确高效的服务保障，通过"图书馆之城"统一服务平台 ULAS 与智慧书库的管理系统 WMS 实现数据交互，全市读者均可使用用户终端（PC 端或手机端）查询馆藏目录并发出借书申请，即可一键驱动后续一系列的业务流程直到图书送达，实现所见即所得，具体包括 ULAS 收到读者的借书申请，智慧书库的管理系统 WMS 收到 ULAS 下达图书调阅指令，WMS 判断图书所在书箱及书箱所在货位，WMS 向 WCS 下发出库任务，WCS 并向 Miniload 下达出库指令，Miniload 按指令自动叉取书箱出库，水平传输系统从 Miniload 接过书箱传送至指定拣选工作站，工作人员拣选图书出箱并装入调阅小车传递至服务台或交物流配送全市。

（二）促进图书馆文献服务公平和高效

北馆立体立库将可预借文献规模扩充至 300 万册级别，由以前的分散管理改为现在的集中管理，减少了异地调阅的时间成本，无论读者在馆或在城市的任一位置，都可通过三种方式获取图书，实现无差别使用图书馆，即在馆取书、服务点自取和快递到家，其中在馆取书可实现 10 分钟立等可取，服务点自取和快递到家也能从以前的 48 小时缩短至最快 24 小时以内，从而促进了图书馆文献服务公平性和服务效率提升。

（三）文献智能存储

ASRS 被引入图书馆领域，在节省空间和人工的前提下，解决了纸本文献的精确存储、快速存取的难题。北馆立体立库充分利用垂直空间实现高密度存储，1—4 号库区可存放约 5.96 万个 A 型书箱，容纳图书约 330 万册，主要计划存放深圳图书馆的二线图书，同时也为各区级图书馆提供二线图书存放条件，文献出入库效率达到 1600 箱 / 小时，为全市预借服务体系提供了高效率的技术和空间保障。

（四）文献智能调配

依托 ASRS 自动存取功能和分拣系统的高效率精准分拣，智能仓储系统将承担全市各级图书馆及网点还回图书的分拣与调度，负责城市街区自助图书馆文献和两馆文献的配置与流转，将分布广、数量多、馆藏体量不一的各级服务网点文献进行快速地集中、轮转、再分发，采取入库前分拣的策略，分拣时标记还回图书物流线路和入库时间，以便出库时根据时间和线路轮转配送，通过灵活的分拣策略和物流体系满足服务网点文献品种和服务周期调配需求，实现基层服务点文献质量的控制和精准配送。

六、结语

深圳图书馆北馆于 2023 年 12 月正式投入运行，覆盖图书馆文献服务全流程的智慧书库系统也同步投入运行，为智能仓储系统与图书馆业务融合发展提供了参考范式，馆藏文献的高效进出、智能管理、精准配送等诸多设计功能逐一验证，将形成辐射全市的智能化文献物流枢纽，提升"图书馆之城"统一服务效能，助力深圳图书馆实现"创新推动智慧引领"的建设目标。

刘哲，深圳图书馆副馆长

SHENZHEN
QUANMINYUEDU FAZHANBAOGAO 2024

深港共读

2023 年香港全民阅读调查

香港出版学会

一、引言

香港出版学会委托新青年论坛，在 2023 年 2 月至 3 月以电话的方式成功访问了 1240 名 10—84 岁的香港市民，以了解他们的阅读习惯，数据以香港年龄分布作加权处理。

表 4-1 受访者的教育程度

年龄	学历		
	小学或以下	中学至预科	大专或以上
18 岁以下	42.10%	53.90%	4.0%
18—30 岁	4.20%	20.20%	75.60%
31—40 岁	2.80%	20.80%	76.40%
41—50 岁	1.80%	53.70%	44.50%
51—60 岁	10.30%	46.90%	42.80%
60 岁以上	30.90%	48.60%	20.50%
总计	13.20%	39.90%	46.90%

表 4-2 受访者的职业状况

年龄	职业状况					
	在职人士	待业人士	全职学生	家庭主妇	退休人士	其他人士
18 岁以下	3.90%	1.30%	88.20%	0.00%	0.00%	6.60%
18—30 岁	59.00%	8.50%	22.20%	4.70%	1.90%	3.70%
31—40 岁	82.10%	5.20%	1.90%	9.90%	0.90%	0.00%
41—50 岁	74.10%	5.70%	0.90%	17.10%	0.90%	1.30%
51—60 岁	56.10%	4.00%	0.00%	17.50%	20.60%	1.80%
60 岁以上	18.00%	2.40%	0.30%	15.60%	60.60%	3.10%
总计	52.30%	4.80%	9.80%	12.40%	18.50%	2.20%

表 4-3 受访者的性别分布

性别	总计
男	45.50%
女	54.50%

表 4-4 受访者的年龄分布

年龄	占比
18 岁以下	6.10%
18—30 岁	17.20%
31—40 岁	17.10%
41—50 岁	18.30%
51—60 岁	18.00%
61—84 岁	23.30%

二、调查结果

（一）69.4% 的受访者过去一年有电子阅读的习惯

如果将阅读电子书、网上报纸、杂志、文章、评论等归类为电子阅读，在 1240 名受访者当中，有 69.4%（861 名）表示在过去一年有电子阅读的习惯，有 30.6%（379 名）没有电子阅读的习惯。与 2022 年的情况（68.8% 与 31.2%）接近。

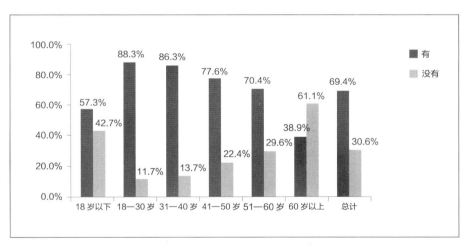

图 4-1 各年龄层的电子阅读习惯

在年龄分析中，18—30 岁及 31—40 岁是有电子阅读习惯比例较高的年龄组别，均在 85% 以上；41—50 岁及 51—60 岁的也超过 70%；60 岁以上受访者的电子阅读习惯比例最低，不足 40%。

（二）50.2% 的受访者每天花 1 小时以下用于电子阅读，15% 的受访者每天花 3 小时以上用于电子阅读

问及过去一年有电子阅读习惯的受访者（861 名），平均每天花多少时间用于电子阅读，有 50.2% 的受访者表示每日花"1 小时或以下"，有 49.8% 的受访者表示每日花"1 小时或以上"。其中 34.7% 的受访者每天花"1 至 3 小时"，7.8% 的受访者每天花"3 至 5 小时"，只有 7.3% 的受访者表示"每日花 5 小时或以上"（2022 年为 11.0%）。跌幅明显，估计原因是新冠肺炎疫情已经过去，市民生活恢复正常，用于网络办公、电子阅读的时间减少。

在年龄分析中，表示每日花 5 小时或以上于电子阅读的受访者，18—30 岁组别比例最高，达 11.2%，比例与 2022 年接近。其次是 31—40 岁，有 7.7%。但 18 岁以下组别只有 2.3%，跌幅最大（2022 年为 12.8%），相信新冠肺炎疫情对未成年人的学习和生活模式的影响最直接，因此变化最大。

表 4-5 各年龄层平均每天花在电子阅读上的时间

年龄	1 小时或以下	1 至 3 小时	3 至 5 小时	5 小时或以上
18 岁以下	62.8%	34.9%	0.0%	2.3%
18—30 岁	48.9%	30.9%	9.0%	11.2%
31—40 岁	42.0%	41.0%	9.3%	7.7%
41—50 岁	47.7%	35.8%	9.7%	6.8%
51—60 岁	58.0%	31.8%	3.8%	6.4%
60 岁以上	53.6%	33.0%	8.9%	4.5%
总计	50.2%	34.7%	7.8%	7.3%

（三）年长受访者最经常读新闻或杂志，年轻受访者较常读小说、文章或评论

问及过去一年有电子阅读习惯的受访者（861 名）最经常阅读的内容，45.9% 的受访者表示是"新闻或杂志"，23.0% 的受访者表示是"小说、文章或评论"，9.0% 的受访者表示是"讨论区和社交媒体的内容"，8.4% 的受访者表示是"饮食、娱乐、交通、旅游等实用信息"，5.3% 的受访者表示是"电子书"，4.6% 的受访者表示是"漫画、插图或绘本"，3.8% 的受访者表示是"其他内容"。

前四位的排序与 2022 年完全相同，比例亦接近；但 2023 年阅读"电子书"的比例略高于"漫画、插图或绘本"，情况与 2021 年相同。

表 4-6　各年龄层的电子阅读内容

年龄	新闻或杂志	小说、文章或评论	漫画、插图或绘本	电子书	饮食、娱乐、交通、旅游等实用信息	讨论区和社交媒体的内容	其他内容
18 岁以下	30.2%	27.9%	27.9%	2.3%	2.4%	7.0%	2.3%
18—30 岁	27.0%	25.8%	10.1%	9.0%	9.5%	13.8%	4.8%
31—40 岁	42.4%	28.8%	3.2%	8.7%	9.8%	7.1%	0.0%
41—50 岁	51.7%	18.8%	1.1%	2.2%	7.4%	13.1%	5.7%
51—60 岁	60.8%	17.7%	0.0%	3.2%	11.3%	3.8%	3.2%
60 岁以上	59.8%	20.5%	0.9%	2.7%	3.6%	6.2%	6.3%
总计	45.9%	23.0%	4.6%	5.3%	8.4%	9.0%	3.8%

在年龄分析中，最经常读"新闻或杂志"的受访者，多在 41 岁以上的组别；在 51—60 岁组别，比例更是达到 60.8%。

经常阅读"小说、文章或评论"的受访者较年轻，40 岁以下的组别皆高于 25%；而在 41 岁以上的组别，则在 17.7%—20.5% 之间。

表示最经常读"漫画、插图或绘本"的受访者更年轻，集中在 30 岁以下的组别。

表示最经常读"电子书"的受访者，在 18—30 岁组别比例最高，为 9.0%；31—40 岁组别次之，为 8.7%。这两者皆不足 10%。其他组别则在 2.2%—3.2% 之间。

值得留意的是 18 岁以下的受访者的变化。2023 年 18 岁以下的受访者表示最经常读"新闻或杂志"的比例达 30.2%（远高于 2022 年的 10.4% 和 2021 年的 20.1%）；阅读"电子书"的比例则为 2.3%（远低于 2022 年的 12.5% 和 2021 年的 10.1%）。两者的变化也许反映了新冠肺炎疫情后学习模式的常态，值得长期关注。

（四）约 32% 的受访者曾为电子阅读付费，当中 60% 每月花费少于 50 港币

问及有电子阅读习惯的受访者，平均每月花费多少钱用于购买电子阅读的内容，31.9% 的受访者表示购买过电子阅读内容，比例低于 2022 年的 34.6%，连续两年下跌。

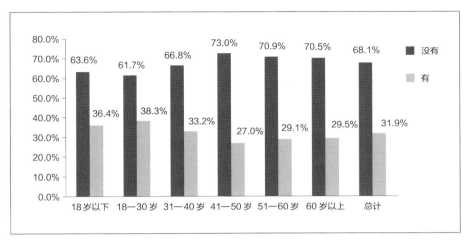

图 4-2　各年龄层是否曾为电子阅读付费

　　曾为电子阅读付费的受访者中，28.3% 的受访者平均每月花费"10
港币以下"，34.4% 的受访者花费"10—50 港币"，22.1% 的受访者花费
51—100 港币，15.2% 的受访者花费"100 港币以上"。花费"51 港币以
上"的合计 37.3%，略高于 2022 年的 33.5%。

　　按年龄分析，18—30 岁组别中，有 23.6% 花费 100 港币以上，是比
例最高的组别；51—60 岁组别次之，为 21.7%；再次是 41—50 岁组别，
为 14.6%。

表 4-7　各年龄层每月在电子阅读上的花费

年龄	10 港币以下	10—50 港币	51—100 港币	100 港币以上
18 岁以下	37.4%	43.8%	18.8%	0.0%
18—30 岁	25.0%	29.2%	22.2%	23.6%
31—40 岁	31.3%	39.3%	19.6%	9.8%

续表

年龄	10 港币以下	10—50 港币	51—100 港币	100 港币以上
41—50 岁	22.9%	29.2%	33.3%	14.6%
51—60 岁	26.1%	32.6%	19.6%	21.7%
60 岁以上	36.3%	42.4%	15.2%	6.1%
总计	28.3%	34.4%	22.1%	15.2%

（五）67.2% 的受访者表示使用电子媒介增加了阅读时间

问及有电子阅读习惯的受访者，使用电子媒介阅读是否增加了他们的阅读时间，67.2% 的受访者表示使用电子媒介增加了他们的阅读时间；26.2% 的受访者表示没有增加，和实体书的阅读时间差不多；6.6% 的受访者则表示比实体书的阅读时间更少。

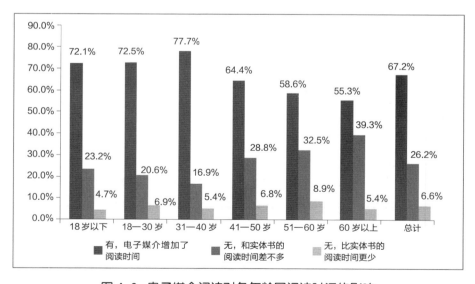

图 4-3 电子媒介阅读对各年龄层阅读时间的影响

在年龄分析中，超过 70% 的 40 岁以下的受访者表示使用电子媒介增加了他们的阅读时间；31—40 岁组别达 77.7%，18—30 岁组别达 72.5%，是比例较高的两个组别。情况与 2022 年接近。

（六）61.2% 的受访者没有使用过政府公共图书馆提供的电子书借阅服务，其中 31.9% 的受访者不知道有电子书借阅服务

问及有电子阅读习惯的受访者，是否使用过政府公共图书馆提供的电子书借阅服务，61.2% 的受访者表示"完全没有"使用过，38.8% 的受访者表示有使用。其中只有 4.9% 的受访者表示"经常有"使用，10.8% 的受访者表示"偶尔有"，23.1% 的受访者表示"很少有"。

在年龄分析中，18 岁以下组别有 55.9% 的受访者表示有使用政府公共图书馆提供的电子书借阅服务，是比例最高的组别。其次是 60 岁以上组别，比例为 49.1%。比例最低的组别是 18—30 岁，只有 31.3%。

表 4-8　有电子阅读习惯的各年龄层使用政府公共图书馆提供的电子书借阅服务的情况

年龄	经常有	偶尔有	很少有	完全没有
18 岁以下	14.0%	23.3%	18.6%	44.1%
18—30 岁	6.9%	9.0%	15.4%	68.7%
31—40 岁	5.5%	12.0%	18.0%	64.5%
41—50 岁	1.8%	9.0%	27.1%	62.1%
51—60 岁	3.8%	10.2%	26.8%	59.2%
60 岁以上	3.6%	10.7%	34.8%	50.9%
总计	4.9%	10.8%	23.1%	61.2%

问及受访者没有使用电子书借阅服务的原因，31.9% 的受访者表示"不知道可以借"，21.3% 的受访者表示"不方便"，20.1% 的受访者表示"较喜欢读实体书"，12.0% 的受访者表示"没有适合的书"，14.7% 的受访者表示"其他原因"。

表 4-9　有电子阅读习惯的各年龄层没有使用政府公共图书馆提供的
电子书借阅服务的原因

年龄	较喜欢读实体书	不知道可以借	不方便	没有适合的书	其他原因
18 岁以下	22.2%	29.6%	14.8%	18.5%	14.9%
18—30 岁	11.4%	38.6%	15.8%	20.9%	13.3%
31—40 岁	17.9%	37.8%	19.2%	13.2%	11.9%
41—50 岁	19.0%	32.3%	20.8%	9.5%	18.4%
51—60 岁	27.2%	23.5%	28.7%	6.6%	14.0%
60 岁以上	28.9%	23.7%	25.8%	5.1%	16.5%
总计	20.1%	31.9%	21.3%	12.0%	14.7%

年龄分析中，51—60 岁的组别，只有 23.5% 表示"不知道可以借"，是比例最低的组别；其次是 60 岁以上的组别，比例为 23.7%；再次是 18 岁以下的组别，比例为 29.6%；其他组别均达 30% 以上。

与往年比较，表示"没有适合的书"和"不方便"这两个原因合计达 33.3%，高于 2022 年的 29.0% 和 2021 年的 27.2%。30 岁以下的组别表示"没有适合的书"多于"不方便"；31 岁以上的组别刚好相反，表示"不方便"多于"没有适合的书"。

与往年比较，表示"较喜欢读实体书"的比例为 20.1%，低于 2022

年的 24.4% 和 2021 年的 25.2%，某种程度上反映实体书的吸引力下降。

（七）72.7% 的受访者过去一年读过实体书，不到 60% 的未成年人过去一年读过实体书

问及整体受访者在过去一年是否阅读过实体书，72.7% 的受访者表示有，27.3% 的受访者表示没有。与往年大致接近。

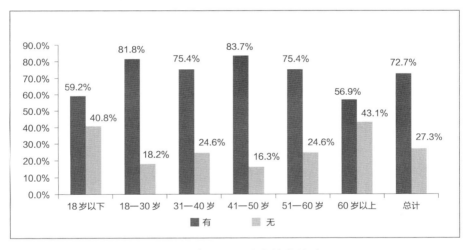

图 4-4　各年龄层阅读实体书的情况

在年龄分析中，60 岁以上组别一如既往，是比例最低的组别，只有 56.9% 的受访者阅读过实体书；但 18 岁以下的组别也只有 59.2%，远低于 2022 年的 71.3% 和 2021 年的 75.1%，情况值得关注。

其他组别阅读实体书的比例都维持在 70% 以上，尤其是 18—30 岁和 41—50 岁的组别，均在 80% 以上。

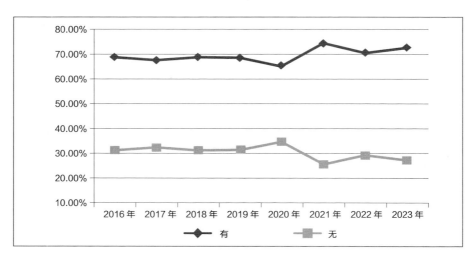

图 4-5　2016—2023 年受访者阅读实体书的情况

（八）38.3% 的"非读者"一向没有阅读实体书的习惯

问及受访者没有阅读实体书的原因，38.3% 的受访者表示"没有阅读实体书的习惯"，29.2% 的受访者表示"没时间或工作太忙"，14.8% 的受访者表示"喜欢上网阅读"，11.2% 的受访者表示"想找其他休闲娱乐"，6.5% 的受访者表示"找不到感兴趣的书"，排序与 2022 年完全相同。

表 4-10　各年龄层没有阅读实体书的原因

年龄	没有阅读实体书的习惯	没时间或工作太忙	想找其他休闲娱乐	找不到感兴趣的书	喜欢上网阅读
18 岁以下	32.3%	16.1%	25.8%	6.4%	19.4%
18—30 岁	25.6%	46.2%	0.0%	10.3%	17.9%
31—40 岁	35.8%	30.2%	11.3%	3.8%	18.9%
41—50 岁	24.3%	51.4%	2.7%	2.7%	18.9%
51—60 岁	37.5%	28.6%	12.5%	3.6%	17.8%
60 岁以上	49.6%	20.3%	13.0%	8.9%	8.2%
总计	38.3%	29.2%	11.2%	6.5%	14.8%

在年龄分析中，表示"没有阅读实体书的习惯"的比例以 60 岁以上受访者最高，达 49.6%，其次是 51—60 岁组别，达 37.5%。

表示"没时间或工作太忙"的比例以 41—50 岁组别最高，达 51.4%；其次是 18—30 岁组别，达 46.2%。

表示"喜欢上网阅读"的比例连年增加，由 2021 年的 11.2%、2022 年的 13.4%，增加至 2023 年的 14.8%。其中 18 岁以下组别最为明显，由 2021 年的 3.7%、2022 年的 8.7%，增加至 2023 年的 19.4%，这种情况值得关注。

（九）50.1% 的受访者每年读 1—5 本书，49.9% 读 6 本以上

问及有阅读实体书的受访者，过去一年阅读了多少本实体书，50.1% 的受访者表示 1—5 本，18.2% 的受访者表示 6—10 本，5.1% 的受访者表示 11—15 本，8.1% 的受访者表示 16—20 本，18.5% 的受访者表示 20 本以上。分布与往年大致接近。

表 4-11　各年龄层阅读实体书的情况

年龄	1—5 本	6—10 本	11—15 本	16—20 本	20 本以上
18 岁以下	45.5%	15.8%	2.3%	0.0%	36.4%
18—30 岁	52.3%	15.2%	5.2%	9.9%	17.4%
31—40 岁	50.3%	23.6%	4.5%	3.8%	17.8%
41—50 岁	48.7%	18.5%	5.8%	11.7%	15.3%
51—60 岁	51.8%	19.3%	4.8%	7.8%	16.3%
60 岁以上	48.4%	15.7%	5.7%	8.8%	21.4%
总计	50.1%	18.2%	5.1%	8.1%	18.5%

以阅读量计，受访者过去一年平均阅读实体书的中位数是 6 本，低于 2022 年的 8 本，也低于 2021 年的 7 本。

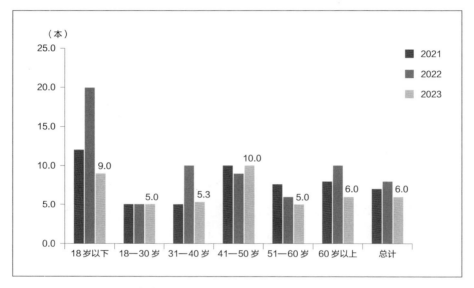

图 4-6 各年龄层 2021—2023 年阅读实体书的中位数

在年龄分析中，对比 2022 年，只有 41—50 岁组别阅读量有所增加，阅读中位数是 10 本，也是众多组别中最高的一组。

18 岁以下的组别，2023 年阅读的中位数是 9 本，远低于 2022 年的 20 本和 2021 年的 12 本。可能是由于新冠肺炎疫情消退，生活逐渐恢复正常。

（十）66.0% 的受访者会买实体书，31.0% 的受访者每月至少花费百元港币购买实体书

问及有阅读实体书习惯的受访者，平均每月用多少钱买实体书，66.0% 的受访者表示买过实体书。

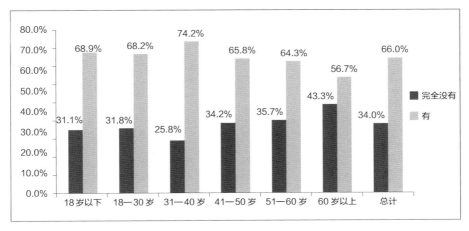

图 4-7　各年龄层是否购买过实体书

其中 11.5% 的受访者平均每月花费"10 港币以下"，36.9% 的受访者花费"10—50 港币"，20.6% 的受访者花费"51—100 港币"，31.0% 的受访者花费"100 港币以上"，分布与往年大致相同。

按年龄分析，18—50 岁组别的受访者中，50% 以上表示平均每月花费 50 港币以上，其他组别也有 40% 多。

表 4-12　各年龄层每个月购买实体书的花费

年龄	10 港币以下	10—50 港币	51—100 港币	100 港币以上
18 岁以下	9.7%	41.9%	22.6%	25.8%
18—30 岁	13.6%	28.8%	19.5%	38.1%
31—40 岁	3.4%	42.4%	22.0%	32.2%
41—50 岁	12.8%	32.0%	24.8%	30.4%
51—60 岁	14.9%	40.7%	18.5%	25.9%
60 岁以上	14.0%	40.9%	16.1%	29.0%
总计	11.5%	36.9%	20.6%	31.0%

（十一）28.2% 的受访者不会考虑买电子版，46.6% 的受访者要视情况而定

问及有阅读实体书习惯的受访者"是否会考虑买电子版本"，25.2% 的受访者表示"会考虑买电子版"，32.0% 的受访者表示要"视价格而定"，11.8% 的受访者表示要"视图书类型而定"，2.8% 的受访者表示要"视书本长度而定"，另有 28.2% 的受访者则表示"不会考虑买电子版"。

表 4-13 各年龄层有阅读实体书习惯的受访者购买电子版本的意愿

年龄	会考虑买电子版	视价格而定	视书本长度而定	视图书类型而定	不会考虑买电子版
18 岁以下	28.9%	26.7%	4.4%	8.9%	31.1%
18—30 岁	36.8%	28.7%	2.9%	13.8%	17.8%
31—40 岁	30.2%	35.8%	1.3%	17.6%	15.1%
41—50 岁	23.0%	34.6%	2.6%	16.2%	23.6%
51—60 岁	23.2%	33.9%	2.4%	6.0%	34.5%
60 岁以上	12.2%	28.0%	4.3%	5.5%	50.0%
总计	25.2%	32.0%	2.8%	11.8%	28.2%

在年龄分析中，"会考虑买电子版"的比例在 18—30 岁组别最高，达 36.8%；其次是 31—40 岁组别，达 30.2%。

60 岁以上组别表示"不会考虑买电子版"的比例则较高，达 50%；其次是 51—60 岁组别，达 34.5%；但 18 岁以下组别中，也有 31.1% 表示"不会考虑买电子版"。

在众多考虑因素之中，最重视价格的受访者组别是 31—40 岁，达 35.8%；其次是 41—50 岁，达 34.6%。

综合往年调查统计结果，可见"不会考虑买电子版"的比例正逐年下降。更多人不抗拒电子书，但会考虑各种因素后再决定是否购买。

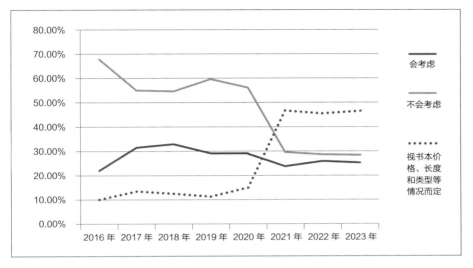

图 4-8 有阅读实体书习惯的人购买电子版的意愿

三、总结

2023 年的调查方法和问卷内容与前两年相同。如果说前两年的数据显示了新冠肺炎疫情期间的情况，2023 年则或多或少地反映了新冠肺炎疫情后的新常态。

（一）有阅读实体书习惯的比例与电子阅读相差不大

2023 年的调查结果显示，72.7% 的受访者过去一年阅读过实体书，有电子阅读习惯的有 69.4%，两者比例相差不大。

18—50 岁组别有较强的阅读习惯，其实体书阅读和电子阅读习惯的比例均是所有年龄组别中最高。18—40 岁组别的实体书阅读习惯的比例稍低于电子阅读，其他组别的实体书阅读习惯比例稍高于电子阅读。

60 岁以上组别受访者的阅读习惯最低，包括实体书和电子阅读，历年均是如此。

值得关注的是 18 岁以下组别的受访者，不管是实体书或电子阅读，有阅读习惯的人比例都不到 60%，低于前两年。

（二）实体书阅读习惯

近三年调查发现，每年都有约 70% 的受访者有阅读实体书的习惯。2023 年有 72.7% 的受访者在过去一年阅读过实体书，比例稍高于 2022 年的 70.7%，低于 2021 年的 74.5%，但都超过 70%。

有实体书阅读习惯的受访者中，近三年阅读中位数在 6—8 本之间，算是比较稳定。66% 的受访者表示买过实体书，比例连续两年下降。其中虽仍有 50% 左右的受访者表示每月花费 50 港币以上，但比例略微下降。如果有选择，25.2% 的受访者表示会考虑电子书，约有 46.6% 的受访者表示要视情况而定，价格是最主要考虑因素。只有 28.2% 的受访者表示不会考虑买电子书，情况与 2022 年相似。

没有实体书阅读习惯的受访者占整体受访者的 30% 左右，当中接近 40.0% 的人表示最主要的原因是没有阅读习惯，比例稍降；接近 30% 的人表示没有时间或工作太忙，比例较 2022 年有所提升，可能是新冠肺炎疫情过后，生活节奏恢复紧张状态有关；约 15% 的人表示上网阅读已经足够，比例微升。

（三）电子阅读习惯

有电子阅读习惯的受访者接近 70%，其中有接近 70% 认为使用电子媒介增加了他们的阅读时间。情况与往年相似。

有电子阅读习惯的受访者中，约一半的受访者每日在电子阅读上花费多于 1 小时，约 35% 的受访者每日花 1—3 小时，与往年相似；至于每日花 5 小时以上的比例为 7.3%，比例低于过去两年。其中以 18—30 岁组别最高（11.2%），而 18 岁以下组别的只有 2.3%，跌幅最大（2022 年为 12.8%），原因也应该与生活恢复常态有关。

有电子阅读习惯的受访者中，约 46% 的受访者表示最经常阅读"新闻或杂志"，其中 50 岁以上组别达到约 60%；表示最经常阅读小说、文章或评论的受访者在 40 岁以下组别的比例最高，接近 30%。而阅读"讨论区和社交媒体的内容"的比例逐年下降，2023 年更低于 10%。

有电子阅读习惯的受访者中，约 32% 的受访者为电子阅读消费过，连续三年减少，当中有 37.3% 月花费 50 港币以上，虽高于 2022 年的 33.5%，但仍低于 2021 年的 44.8%；18—30 岁的组别中，月花费 50 港币以上的达 45.8%，是比例最高的组别，其中有一半月花费更在 100 港币以上。

约 61% 的受访者没有使用政府电子书借阅服务，高于 2022 年的 56%，与 2021 年接近；经常有或偶尔有使用的合计只占约 16%。被问及没有或很少使用政府电子书借阅服务的原因，有约 32% 的受访者表示不知道有电子书借阅服务，与 2022 年相同；约 21% 的受访者表示不是很方便，约 12% 的受访者表示没有适合的书。换言之，有约 33% 的受访者借阅电子书的体验不算理想，比例较往年微增。只有约 20% 的受访者表示较喜欢读实体书，这一比例持续下降，反映实体书的吸引力不及往时。

四、建议

（一）加强研究和追踪青少年的阅读行为，关注"阅读鸿沟"的后果

新冠肺炎疫情期间，青少年经常进行线上学习，电子阅读的时间骤增，随着新冠肺炎疫情消退，学习和日常生活恢复常态，青少年电子阅读的时间大幅减少。约 60% 的受访者表示每日的电子阅读时间在 1 小时以下，约 35% 的受访者表示在 1—3 小时，在 3 小时以上的比例由以往的超过 20% 锐减至 2.3%，可见新冠肺炎疫情对青少年生活模式的影响。

电子阅读内容方面，约 30% 的青少年最常阅读"新闻或杂志"，比以往大幅增加，而阅读"小说、文章或评论"和"漫画、插图或绘本"的各占约 28%，其次是阅读"讨论区和社交媒体的内容"（7%），阅读电子书的只有 2.3%，远低于 2022 年的 12.5% 和 2021 年的 10.1%，这一现象值得关注。

更值得关注的是 2023 年不足 60% 的青少年表示在过去一年读过实体书，而往年皆超过 70%。被问及没有阅读实体书的原因，最主要是因为"没有阅读实体书的习惯"（32.3%），其次是"想找其他休闲娱乐"（25.8%），这一比例的大幅提升也许反映了青少年生活恢复常态后的状况，至于表示"喜欢上网阅读"的比例（19.4%）也大幅提升，往年不足 10%。

而有阅读习惯的青少年受访者中，有约 46% 阅读 1—5 本书，约 36% 读 20 本以上，阅读中位数是 9 本，阅读平均册数是 24 本。以上数据都显示，在青少年群体之中，实体书阅读量的差距正逐渐加大，甚至呈现两极化的现象。

2023 年调查结果反映青少年的电子阅读习惯在新冠肺炎疫情过后大致维持，不过时间减少了，较多阅读报纸和杂志而较少阅读电子书；但实体书阅读的习惯则明显减弱，甚至有可能出现"阅读鸿沟"。本会认为这一现象值得担忧，因为阅读习惯需要从小培养，如何在家庭、学校和社区等不同层面更多地给予青少年接触书本和阅读的机会，提供更多优质和合适的阅读内容，让青少年无论以实体或电子模式阅读，都可得到更多的乐趣和更好的滋养，应是社会各界须加以正视的。

（二）正视长者的阅读需要，提升长者的阅读体验

2022 年调查发现，新冠肺炎疫情下，长者待在家中的时间更长，接触书本的机会明显减少；2023 年长者的日常生活恢复常态，阅读习惯也大致恢复至 2021 年的情况，有 56.9% 的 60 岁以上人士读过实体书，是增幅最大的组别（7.6%），反映阅读仍是某些长者日常生活的一部分；但阅读中位数为 6 本，不及过去两年。

长者的电子阅读习惯与往年接近，约有 40% 的受访者有电子阅读习惯，当中更有约 46% 的受访者每天电子阅读时间多于 1 小时，时间相比以往增加。长者最常阅读的仍是新闻或杂志，阅读过电子书的只有 2.7%，与 2022 年相似。约 85% 的受访者很少或完全没有使用政府公共图书馆的电子书借阅服务，前三个原因依次为"较喜欢读实体书"（28.9%）、"不方便"（25.8%）、"不知道可以借"（23.7%），排序与 2022 年相同，较特别的是"没有适合的书"占 5.1%，比例高于以往两年。

以上数据反映长者已逐渐适应电子阅读，但阅读电子书的体验不算理想。因此，如何积极协助长者解决使用电子书时所遇到的困难，包括如何应用电子设备的辅助阅读功能并提供更多合适的书种，改善他们的体验，

建议有关当局展开更具目标性的研究，同时拨出相应资源，鼓励业界提供更多合适的书种。毕竟，香港已走向高龄化社会，需要未雨绸缪。

（三）政府和出版业界携手协作，加快提供电子书品种，提升读者阅读体验

这次的调查结果显示有约 32% 的受访者为电子阅读消费过，当中约 37% 的受访者每月花费 50 港币以上，比例与 2022 年接近。约 66% 的受访者购买过实体书，当中约 51% 的受访者每月花费 50 港币以上，呈缓慢下降趋势。如果有实体书和电子版书籍选择，约 25% 的受访者表示会考虑购买电子版，约 32% 的受访者表示要视价格而定，约 15% 的受访者表示要视书本类型和长度而定，只有约 28% 的受访者表示不会考虑买电子版，情况与 2022 年几乎一致。反映了实体书的市场不容乐观之余，电子阅读消费市场的发展仍然缓慢。

而 2023 年调查资料显示，在有电子阅读习惯的受访者中，有约 61% 的受访者表示完全没有使用过电子书借阅服务，与前两年情况差不多。不知道有电子书可借的受访者占约 32%，反映受访者对电子书借阅服务的认知度仍然不足。约 21% 的受访者认为不方便，12% 的受访者表示没有适合的电子书，两者合计的比例稍高于往年，或因有更多受访者开始接触电子书借阅服务，开始对书种、轮候时间、阅读体验等有较高的要求。

基于本地市场狭小，出版业界既要应对实体书市场的萎缩，又要开拓电子书的市场，委实不易。针对上述情况，本会建议香港特区政府在提升实体书借阅服务时，应继续增加资源，加强推广电子书借阅服务，有针对性地提高市民对电子书的认知与运用能力、增加借阅天数、增加本地出版的采购量（包括书种数量和复本量），以缩短市民轮候时间，提升阅读体

验等。与此同时，业界也应加大参与力度，培训电子书的出版人才，以加快行业转型，为广大市民提供更多更适合的出版物。

（四）呼吁订立"香港全民阅读日"，推动全民阅读风气

社会逐渐恢复常态后，阅读的重要性似乎不及新冠肺炎疫情期间。因为尽管有实体阅读和电子阅读习惯的受访者比例大致得以维持，但受访者无论在阅读时间、数量、内容以至消费金额上，整体情况都似乎较以往逊色。当然，有可能是因为社会恢复常态后，各种经济、社交活动都有或多或少的"补偿"甚至"报复"形态，阅读这种比较静态的活动就相形见绌。

然而，香港出版学会一直深信阅读与一般的休闲活动不同，阅读不只可以提升个人的人文素养，更可以提升社会的软实力和竞争力。而阅读习惯的培养不是一朝一夕的事，而是细水长流、久久为功的千秋大业，因此本会多年来不间断地推动全民阅读，2023 年更与社会各界携手，倡议香港特区政府将 4 月 23 日定为"香港全民阅读日"。一方面提高市民对阅读的关注度，一方面投放更多资源，令市民有更多机会或更方便地接触到实体书和电子书，让阅读轻易成为市民日常生活中的必需品。

其实，自 2014 年起，"全民阅读"已连续十一年被写入《政府工作报告》，更从过去的倡导全民阅读，改为深入推进全民阅读。全国各地都有不同形式的支持政策和推广活动。而与香港仅一河之隔的深圳，更是走在前列，2013 年就获得了联合国教科文组织授予的"全球全民阅读典范城市"称号，从设立深圳读书月、为阅读立法、举办书展，到建设许多新型阅读文化空间，诸多举措落到实处，对建设深圳的城市文明起重要作用。尽管每个城市都有不一样的条件，但香港又岂可自甘人后？千里之行，始于足下；亡羊补牢，未为晚也！

共建书香湾区　搭建文化桥梁 [1]

霍启刚

　　香港特区政府宣布，把每年 4 月 23 日定为"香港全民阅读日"，对香港出版业界和喜欢阅读的市民来说是极大的鼓舞。过去的周末，笔者随香港特区文化体育及旅游局代表团一行到深圳参加第二十四届深圳读书月开幕式，一起见证《深港"共读双城"共识》的发布，随后团队调研深圳图书馆，其多功能用途、对科技数字的应用以及浓厚的阅读氛围，令人印象深刻，很值得香港参考，相信将来在推动双城互动、共建书香湾区方面，有巨大的发展空间。

　　创办于 2000 年的"深圳读书月"，被公认为中国全民阅读的起源和品牌，深圳因此被联合国教科文组织授予"全球全民阅读典范城市"称号；2016 年深圳更是率先出台《深圳经济特区全民阅读促进条例》，为推广阅读注入强大支持。其推广阅读的工作非常全面，从顶层设计到构建实体阅读空间体系，除了六大书城和大量连锁书店、独立书店、自助图书馆，还有很多公园设施、老建筑、园区里面的特色空间，把快递小哥的休息站做成书房样式，数字阅读也越加普及，方便市民随时随地阅读。

　　阅读承载知识和传承文化，塑造一个城市的人文精神，其重要性毋庸

---

[1]　本文转载自《香港文汇报》。

赘述。事实上，设立"香港全民阅读日"、营造阅读氛围刻不容缓。2023年，香港出版学会进行"2023年香港全民阅读调查"，以了解市民对纸质图书和电子书的阅读习惯，包括阅读时间和习惯、消费行为等，发现随着新冠肺炎疫情消退，学习和日常生活恢复常态，受访者无论在阅读时间、数量以至消费金额上，整体情况都较以往逊色，青少年电子阅读习惯在新冠肺炎疫情过后大致维持，但纸质图书阅读习惯减弱，这些现象均值得留意。

在政府倡导下，社会各界的力量都可以参与推动"香港全民阅读日"的落实，举办全天、全港的阅读推广活动，还可以发布年度阅读推荐书单、香港年度阅读报告，设立"香港最美图书"奖项等，同时发展电子书，更加积极主动地拥抱数字化和全媒体环境下对阅读推广的新形态新趋势。

此外，在《深港"共读双城"共识》的基础上，两地要加强青年交流、业界交流，用文字、文化历史把大家联结到一起，培养业界人才。两地可以共同举办大型文化出版盛事，比如书博会、文博会，在香港设立分会场。香港可利用自身海外联系和优势联通中外，促进区域版权交易、出版物展销、信息交流、行业研讨，和深圳一起开发人工智能及数据分享，以高科技方式共同推动全民阅读。

深圳和香港山水相依、文脉相通。随着港深关系快速趋向紧密，两地人文领域合作应该继续向纵深推进。期待未来一起以阅读作为桥梁，增进两地民众友谊，以文化润泽人心。

霍启刚，全国人大代表、香港特区立法会议员

香港的"香"，也是书香的香

傅伟中

2023 年 11 月 4 日，受第二十四届深圳读书月组委会邀请，我有幸加入了香港特区政府文化体育及旅游局在"深港共读"的主题下到访深圳的团队。这是在香港特区政府将 2024 年 4 月 23 日确定为"香港全民阅读日"背景下，香港出版界到访深圳的首次集结。

在深圳，我和香港出版界同仁一道，在香港特区政府文化体育及旅游局局长杨润雄和香港特区立法会议员霍启刚的带领下，在深圳书城、图书馆、社区、街头，在城市的夜空下，甚至每一个角落，亲身体验到全民阅读在深圳 24 年如一日"高贵的坚持"，亲身见证到全民阅读在深圳早已从"庙堂之高"走向"江湖之远"，亲身感受到全民阅读对深圳的气质涵养、精神塑造、文化建设乃至社会和谐发挥了独特的作用，也亲身体会到深圳对全体市民阅读权利的立法保障以及竭尽全力提供的周到服务和慷慨的善意。总而言之，我们看到，为人熟知的"来了就是深圳人"的城市格言，确实不是浪得虚名，也并非纸上谈兵。我深信大家一定会赞成我的观点。

我是一名文化工作者和出版人，也是一个工作和生活在香港时间不长的"港漂"。近几年来，我深刻感受到中华民族伟大复兴和香港融入国家发展大局的步伐加快，在中央支持香港发展中外文化艺术交流中心，香港即将推出首个"香港全民阅读日",深圳和香港开启"共读双城",发布"共读宣言"背景下,我常常思考,深圳全民阅读"高贵的坚持"到底有何与众不同?深港两地"共读双城"有着什么样的愿景?我们怎样建设香港的阅读文化?

一、在深圳,我获得了一些数据

2000 年 9 月 21 日,深圳正式确定每年 11 月为"深圳读书月",属全国首创。

2008 年,深圳被联合国教科文组织授予"设计之都"称号,2009 年被世界知识城市峰会授予"杰出的发展中的知识城市"称号,2013 年被联合国教科文组织授予"全球全民阅读典范城市"称号,连续多年荣获"全国文化体制改革先进地区""全国文明城市"称号。

2016 年,深圳成为首个出台《深圳经济特区全民阅读促进条例》的城市,"深圳读书月"得以法定化,并将 4 月 23 日世界读书日确定为深圳未成年人读书日。

深圳是"图书馆之城"。目前全市图书馆超过 1000 家,其密度之高居全国前列,是名副其实的"千馆之城"。

深圳是"书店之都"。迄今建成六座大型书城文化综合体和 700 余家各类实体书店,每年依托书城、书吧开展超过 1 万场公益文化活动。

深圳提出的"文化立市"战略,推动了图书馆之城、钢琴之城、设计之都和深圳文博会的建设,营造了书声琅琅、琴声悠扬、创意无限的城市文化氛围。尤其令出版人羡慕的是,深圳阅读风气浓厚,有全国第一家 24 小时书店，也是全国第一个为阅读立法的城市，其拥有的六大书城，也成为港人选购内地图书的重要选择。深圳连续 24 年举办读书月，累计开展公益阅读文化活动 10000 余项，吸引逾 1.8 亿人次参与。24 年的不懈坚持，"全球全民阅读典范城市"名不虚传。

我的题目是《香港的"香"，也是书香的香》，这次来我还有一个体会，即深圳的"深"，也是深度阅读的"深"。

二、在香港，我们也来回顾一些历史

香港是亚太重要的华文出版中心。过去半个多世纪，香港出版和印刷业蓬勃发展，每年出版逾 10000 种图书、50 多份报纸和 700 多种杂志，是全球中文书刊重要的出版中心和印刷中心。进入 21 世纪的第二个十年，香港的出版传媒环境急剧变化。互联网加速对纸质出版的冲击，电子媒体与跨平台媒介不断延展，深耕垂直领域的自媒体如雨后春笋般涌现，为新时代的读者塑造了全新而又前所未见的阅读场景。

香港很早就是出版重镇和书家必争之地。商务印书馆 1914 年就来到了香港，1934 年乔迁北角，北角"书局街"因此得名。1927 年中华书局在香港设立分局，三联书店更是 1948 年由生活书店、读书出版社、新知书店在香港组建而成，由此可以说，香港是三联书店的诞生地。张元济、陆费逵、邹韬奋等一大批文化大家在香港著书立说传承文化，陆费逵还长眠于此，在历史上留下了追求真理的足迹和翰墨书香的传奇。

香港有着诸多成就卓著、影响深远、远播海外、自带流量的文化名人。国学大师、一代巨匠、南派文化宗师饶宗颐先生集学术与艺术于一身，无论甲骨文、简帛学、敦煌学、佛学、道学、史学、哲学、古文字学乃至印度梵学、西亚史诗、艺术史、音乐、词学、书画及理论，他学无不涉，涉无不精；金庸、倪匡、黄霑、蔡澜等，在华人世界久负盛名，在香港这片奇葩的土地上活色生香、经久不息。文学界值得一说的还有古龙、梁羽生、亦舒、张小娴、刘以鬯、也斯等人。

众所周知的香港书展，不仅是香港一年一度的城中文化盛事，更已成为亚洲最具影响力的国际书展。人们也许不知，在1990年香港贸易发展局主办首届香港书展之前，香港的出版商会即开始自行于中区之香港大会堂举办书展。1988年湾仔会展中心第一期落成，1989年11月开幕之后，香港出版界感到有必要把书展发展为一个规模更大、更专业化、更能服务业界的平台，因此要求香港贸易发展局协助业界主办书展。于是，首届由香港贸易发展局主办的书展在1990年举行，当时有149家参展商，展期4天，参观人次达到20万。如今，香港书展已举办了33届，从2014年开始，每届入场人次都超过了100万且屡创新高。

香港最早的公共图书馆成立于1869年，设在当时刚落成的旧香港大会堂。由康乐及文化事务署管理的香港公共图书馆系统辖下包括71间固定图书馆、12间流动图书馆、3间自助图书站和154间社区图书馆，其中32间图书馆附设有学生自修室，整个系统馆藏达1490万项，包括书籍、视听资料、报章、期刊、只读光盘数据库、缩微资料及地图等，其中1252万册为书籍及印刷资料（总馆中央图书馆馆藏250万余项），为香港市民提供图书馆服务。特别值得一提的是，香港特区政府2011年修订的《香港规划标准与准则》规定，每区达20万人口将获得政府提供的一间分区图书馆，每区达40万人口则获得政府提供的一间主要图书馆。

香港出版学会连续八年进行"香港全民阅读调查"，以了解香港市民的阅读习惯趋势，包括读者纸质图书和电子书的阅读习惯、内容、时数、消费行为等。调查结果显示，随着新冠肺炎疫情消退，学习和日常生活恢复常态，受访者无论在阅读时间、数量，还是消费金额上，整体情况都较以往逊色。有纸质图书阅读习惯的受访者和有电子书阅读习惯的受访者比例差不多。而有纸本阅读习惯的受访者中，近三年平均阅读数量在6—8本，算是比较稳定。60% 的受访者表示有买纸质图书或期刊，这个比例连续两年下降。50% 受访者表示每月花费 50 港元以上，比例略微下降。近70% 的受访者表示过去一年有阅读电子书的习惯，与前一年的情况接近。当中，50% 的受访者每天阅读电子书超过 1 小时，35% 的受访者每日花1—3 小时，与往年差不多。

2023 年香港书展期间，有感于香港读者阅读的热情，中宣部副部长张建春深有感触地说过，香港的"香"，也是书香的香。作为出版人，我非常赞成这个观点。

深港两地同根同源，我们完全有理由相信，两地携手"共读双城"，香港有着独特的区位、文化、资源优势，必将为"共读双城"乃至人心相通、文化相融发挥独有的作用。

三、由此，我们衷心期盼

期待两地政府立足系统筹划，做好顶层设计，为"共读双城"提供更全面、更持久的支持。比如：香港推出"香港阅读推广大使"；组建香港阅读推广人联盟；支持于香港全民阅读日期间发布《香港年度阅读报告》及"香港年度阅读推荐书单"；支持"香港书奖"做大，设立"香港最美图书"等奖项；设立香港出版基金，支持业界出版精品力作，讲好中国故事；向香港市民发放电子书券，鼓励和支持市民到参与活动的书店阅读消费；支持业界与学界携手整理出版《香港文库》，全面系统地反映香港的历史政治、经济发展、社会文化、自然资源、人物业绩等方面成果；创造条件设立中国国家版本馆香港分馆，让香港市民可以全方位接触、了解、感悟中华优秀传统文化。

期待两地政府以"深港共读"为契机，进一步为两地阅读、出版、文化、艺术、设计、图书馆领域的交流合作搭建平台，更好地为两地民众在文化融合上创造机会。当前，深港两地市民交流日益频繁，将来，我们更希望看到，深圳的朋友来到香港，不仅仅是为了买东西，而香港的朋友去到深圳，也不仅仅是为了喝奶茶。

四、由此，我们更加体认

出版人的核心价值与生俱来，出版是经世致用的哲学。确实，出版的价值从来都不会是一时一事，也不止于一书一刊。古今中外，从有文字记载开始，出版从来都不仅仅是书斋里的学问，更不是象牙塔里的玄学，出版注定始终与时代同频共振。出版从来都是和时代的命运与呼声同在，出版人的天职从来都应该与时代偕行，与中华民族同呼吸共命运。我们做出版，"在路上、在现场、在远方"，不仅仅是文化传承者、文明火炬手，不仅仅是知识的搬运工，也不仅仅是时代的评论家，更应该是满腔热情的建设者、参与者。

我们常说，书比人长寿。内容创新是出版核心竞争力皇冠上的明珠，从微观层面来说，出版人的天职，不仅仅是对出版物的持之以恒，精益求精，专注极致，追求卓越，还应该是对文化的温情与眷恋，对文字的礼敬与尊崇，对知识的沉潜与创新；从道义层面来说，则应该是坚持中国视野，找准出版站位，紧扣时代主题，不忘人民中心，始终葆有对传统的坚持与守望，对思想的建设与创新，对变革的承担与分享。

展望伟大中国越来越走近世界舞台中央，思考国家支持香港发展中外文化艺术交流中心，香港如何更好利用国际化特色、发挥超级联系人优势，更加勇于承担"人类命运共同体"和"中华民族伟大复兴"的历史责任，更加积极主动融入国家发展大局，传播中华文化，讲好中国故事，促进国际交流，更好发挥中西文化交流桥梁纽带作用，我以为，这便是新时代赋予香港出版人的发展定位、历史机遇和神圣责任。

傅伟中，香港联合出版集团董事长、香港出版总会名誉会长

数字阅读

数字原生时代出版产业链的数字化重构

乔卫兵

随着数字科技的飞速发展，我们逐步从数字转型时代迈入了数字原生时代。数字转型时代，我们更多的是在探索如何将传统出版与数字技术结合，实现出版流程的数字化和产品的数字化。然而，在数字原生时代，数字不仅仅是一种资源，而且是一种新的逻辑起点，是万事万物的基因，更是成为出版产业链各个环节的核心和基石。数字原生时代出版产业链的数字化重构，数字将贯穿从选题策划、内容创作、编辑加工、出版发行、营销推广到融合发展的每一个环节。出版业的数字化将重构出版的产业链、供应链与价值链，将形成新的经济价值与社会价值，将对全民阅读形成新的影响。

一、从数字转型时代到数字原生时代

目前，数字化发展到了新的历史阶段，数字技术推动了经济社会各个领域前所未有的数字化转型。而数字化转型的高阶形态是数字原生。数字原生是数字化转型发展的结果和目标，为数字化转型提供了一个终极愿景，实现了数字思维、数字技术以及数字生态更高阶段的发展。

数字原生是一个完全数字化的世界，数字成为一切事物的基因，数字技术和数字文化已经深入人类社会的各个领域和层面，成为人们生活、工作和学习的重要组成部分，甚至已经改变了人们的生活方式和思维方式。

在数字原生时代，我们将以数字化为核心，以数据本身为原材料、为资产，以算力为数字世界的动力源，以软件为数字原生世界的开端，通过数字技术实现生产和服务的全面数字化、智能化和生态化，并以这种思维，促进数字产业化与产业数字化。

在数字原生时代，数据将作为我们观察世界和延展世界的新逻辑起点，将成为重构并驱动人们的生产、生活和学习的基础要素，并以此塑造数字原生经济新模式、新业态，开启新的世界、新的时代。

从数字转型时代到数字原生时代，是完全不一样的生态，我们目前大多数人都处于转型期。即便是"00 后"，他们可能具有某种意义上的数字原生的基因，但是仍然还没有完全转型。

未来数字原生的生态体系，将贯通众多的新兴业态，包括制造业、金融业、医疗领域、教育领域，出版业也将借助于数字化和智能化，重构产业链和供应链。

2023 年 10 月 25 日，国家数据局正式揭牌。根据中共中央、国务院《党和国家机构改革方案》，国家数据局负责协调推进数据基础制度建设，统筹数据资源整合共享和开发利用，统筹推进数字中国、数字经济、数字社会规划和建设等。这是时代转型的行政体制方面的重要标志。

国家数据局的成立标志着我国迈入了数字驱动发展和数字治理的新时代，快速迈向数字原生时代，该机构将在数字驱动的治理、数字经济的发展以及数字生态系统的壮大方面发挥重要作用。

二、数字原生时代出版产业链的数字化重构

传统出版产业链中的每个环节，都有专业人员和机构参与，形成一个复杂而互相依赖的系统。

在内容创作阶段，作者与编辑等在这个阶段负责创作原始内容与内容的再创作，内容可以提供给图书、杂志、报纸、公众号、互联网等载体。

在编辑与校对阶段，内容经过编辑和校对，确保语法、拼写和内容的准确性、流畅性以及政治导向性。编辑还负责确保内容符合出版标准。

在设计与排版阶段，设计师和排版师负责将文字、图像和其他元素组织成版面，确保视觉上的吸引力和易读性。

在印刷与制造阶段，经过设计和排版人员内容被印刷到纸张上，或者在其他媒介上制造。这个环节包括选择合适的印刷技术、材料，进行印刷、装帧等工艺。

在销售与市场推广阶段，完成印刷后的图书、杂志等产品需要分销到书店、超市、在线零售商等销售渠道。出版商或者第三方分销商负责将产品推向市场，包括制订市场策略，做好广告宣传、销售推广等，吸引读者购买。

在零售与消费阶段，读者通过在线平台、书店等购买书籍或其他出版物，进行阅读、学习；或图书馆、中小学、大学等机构购买书籍供读者借阅、学习使用。

随着数字化和智能化技术的发展，这些环节可能会发生变化，例如电子书、音频书、视频书、元宇宙图书的出现改变了印刷和分销环节，同时数字化技术也为市场推广和销售提供了新场景、新模式、新途径。

同时，在纸质出版物上印制智能二维码，通过扫描二维码给读者提供

场景化、立体化以及精准化的线上内容和服务，例如音频、视频等配套资源，读书笔记、打卡、社群等用户服务，出现了"现代纸书"的概念。

数字化和智能化技术对未来出版产业链产生了深远的影响，这将进一步加速出版领域数字化、智能化的发展，提供新的内容生成方式、新的内容制作技术、新的阅读载体、新的阅读体验场景、新的营销方式及新的商业模式，加速出版产业链供应链的重构，直接或间接影响出版产业模式、产品形态、营销服务以及出版流程，并形成新的出版生态。

关于内容生产方式，我们已有的内容生产方式有它的局限性。在已有的内容生产方式中，由专业化团队主导的专业生产内容（Professional Generated Content，PGC）与由用户生产内容的用户生成内容（User Generated Content，UGC），分别被产能和质量所限制，难以满足迅速增长的内容需求，也无法满足读者与市场高质量、多样性的内容需求，亟待新的生产方式带来内容变革。

在这个过程中，我们要研究新的内容提供方式，中译出版社在 2021 年出版了《元宇宙》一书之后，就开始研究内容生产方式，并注意到了 AIGC/GenAI（生成式人工智能）。所以，2022 年就策划了《AIGC：智能创作时代》一书，这是世界上第一本有关 AIGC 的图书，影响力很大。

火爆的 AIGC，突破了人工限制，通过人工智能（AI）大模型技术能自动或辅助快速生成丰富多样的内容。国外最著名的就是 ChatGPT，国内就是百度"文心一言"。

传统的智能生成，我们现在主要是四个领域：文字、音频、视频、图像。全球咨询公司加特纳发布报告称，预计在 2026 年，超过 80% 的企业将使用 GenAI 应用程序编程接口（API）或模型，或者在相关生产环境中部署支持 GenAI 的应用程序。未来，在出版数字化过程中，智能创作、智能语音、沉浸体验等方面将开始广泛应用于内容生产和内容推送，逐步实现智能呈现与精准智能推送。

在 OpenAI 首届开发者大会上，山姆·奥特曼公布了 ChatGPT 的重大更新，包括自定义 GPT 和即将上线的"GPT 商店"，还发布了新版本 GPT-4 Turbo，推出全新的 Assistant API 等产品。ChatGPT 网页版可以同步更新，最新知识截止现场更新到 2023 年 4 月，每个人都能定制 GPT。这一次的最重磅更新，当数 GPTs。平台还继续更新了新的多模态功能，包括视觉、图像和文本转语音。它让过去一段时间里大家想象的 GPT 帮你做一切成为现实。无须编程，每个人通过对话聊天的方式，即可构建一个拥有专属技能的 GPT。

新的内容产生之后，有新的内容加工制作技术。数字化和智能化技术使得设计、印刷与生产过程更加智能、灵活、高效，优化了流程，减少了生产环节，减少了设计成本、印刷成本和资源浪费，提高了生产效能。AI 绘图可以协助设计封面、插画、详情页等图片需求，甚至可以协助创作绘本，高效、便捷，减少了制图、设计所需的成本。3D 打印技术甚至可以用于印刷物理书籍，以满足小众市场的需求。

新的内容产品，在数字原生场景，通过 AIGC 生产内容，通过元宇宙技术赋能，出版内容可以横跨纸质图书、演示文稿（PPT）形式、分拆软文。基于此，我们提出图书内容要主动碎片化，一本整书的内容可以分解成十篇、二十篇非常优质的短文进行推送。未来的产品一部分以文字的形式来呈现，一部分以三维甚至多维的形式，以"信息 + 声音 + 色彩 + 动漫 +"等形式，以影视化、游戏化、元宇宙化的可体验的全新形式来呈现内容并进行传播。

新的阅读载体与阅读体验场景。电子书阅读器、平板电脑和智能手机使得读者可以随时随地阅读、聆听数字内容。增强现实（AR）技术和虚拟现实（VR）技术可能改变书籍的呈现方式，创造更丰富的阅读体验。元宇宙图书，将来为我们呈现更加丰富多彩且立体的空间，但是它的制作成本投入大、回报慢，落地场景比较局限，以中国图书进出口（集团）有限公司为例，只销售给有限的图书馆和一些公共场所。在这个基础上我提出一个概念，可以做轻型元宇宙图书，每一本元宇宙图书其实就是进行了新的编剧、策划、导演、制作、传播，它的成本可以采用轻型式、灵活式，这些都是探索性的，当然会有新的场景和空间。公司即将上市的智能眼镜，也就是 MR 眼镜，以其超强的软硬件结合的研发能力和超强的技术整合及产品完善提升的能力，给市场带来无限的想象力。《新硬件主义》这本书是我们在做元宇宙系列图书的时候，提出的新的策划，新型软件和设备都将成为我们未来阅读新的入口和平台。

新的图书交易平台与新的营销方式。目前，抖音电商与快手电商已经成为出版界不得不面对的新的交易平台，元宇宙电商也正在逐步崛起。同时，电子书、音频书和数字杂志的兴起改变了分销模式，使得读者可以轻松地从互联网上购买和下载数字出版物。智能算法和数据分析可以帮助出版商更好地了解读者，精准地推送定制化内容，提高销量和用户留存。

在这些新的图书交易平台，栩栩如生的虚拟数字人将分别代表作者、编辑、导购，向读者多维讲解、展示并体验图书内容，形成新的销售平台。种类繁多的图书正全方位地出现在各大视频网站与直播带货平台，实现了全天候的营销。虚拟数字人与短视频的融合发展将开创新的图书营销模式。

新的数据驱动决策模式。出版商可以利用大数据和人工智能来分析读者的行为和喜好，从而更好地调整出版和市场推广策略。例如将作者信息、图书销量、图书评价、热点事件等大量数据结合起来进行分析，以发现市场的空白点与读者的关注点。

新的出版平台与生态。随着数字技术的广泛运用以及内容的海量化、多维化与可体验，以及"Z世代"年轻人成为内容消费的主体，未来，互联网、人工智能、区块链、大数据、元宇宙等多种技术、多种理念、多种行业将融合形成新的数字平台，成为信息、技术、人才、资本的融合平台，成为传统出版与数字技术融合的平台，成为移动化、视频化、知识化、有声化深度融合的平台。将塑造新的出版人形象，将重构出版流程与产业链、供应链，将打造包括元宇宙智能阅读、知识分享、交流体验、实时培训的数字原生全新商业生态。

数字化和智能化技术为出版产业带来了更多机会和挑战。在数字原生出版环境中，由于内容生成方式的智能化、内容形态与阅读载体的多样化、阅读体验的场景化、分销渠道的分散化、出版产业链的数字化，改变了作者、编辑与读者的内涵与外延、工作模式、工作角色与社会分工，改变了传统图书的定义，改变了渠道的定义，提高了生产效率，增强了阅读体验，增加了经济价值，扩大了社会价值。

三、出版产业数字化重构的经济价值与社会价值

数字经济是以数字化的知识和信息作为关键生产要素，以数字技术为核心驱动力量，以现代信息网络为重要载体，通过数字技术与实体经济深度融合，并最终完全实现由数字转型时代向数字原生时代的升华，进而不

断提高经济社会的数字化、网络化、智能化水平，努力促进数字产业化、产业数字化、数据价值化以及数字化治理，促进以"数字技术+治理"为典型特征的技管融合，加速重构经济发展与治理模式的新型经济形态。

数字出版原生经济。数字出版原生经济作为数字原生经济的有机组成部分，依托出版界的大数据，在先进算法和强大算力的支撑下，将完成出版领域的数字原生经济体系的转型与升级，将以电子、音频、短视频、元宇宙等形式构建原生、多元、立体意义上的数字出版原生经济生态。

数字出版产业展现出较强的发展势头。在数字转型期，大数据、云计算、区块链、AR/VR、第五代移动通信技术（5G）、人工智能、元宇宙等新一代信息技术的迭代创新，不断为数字出版赋能，推动数字出版数字化快速转型发展，新兴业态不断呈现，带来新的发展机遇。

从第十三届中国数字出版博览会上获悉：2022 年，我国数字出版产业展现出较强的发展势头。总收入达到 13586.99 亿元，比上年增加 6.46%。据估计，2026 年全球数字出版市场将达到 688.1 亿美元，复合年增长率为 13.4%。

传统书报刊数字化收入呈现上升态势。2022 年，互联网期刊、电子图书、数字报纸的总收入为 104.91 亿元，相较于 2021 年的 101.17 亿元，增幅为 3.7%。

新兴板块发展向好。2022 年，在线教育收入为 2620 亿元、网络动漫收入为 330.94 亿元。2022 年，网络文学持续高质量发展，"走出去"迈出稳健步伐，海外传播力影响力持续增强。截至 2022 年底，中国网络文学共向海外输出作品 1.6 万余部，其中实体书授权超过 6400 部，上线翻译作品 9600 余部，网络文学海外市场规模突破 30 亿元。

未来，随着数字原生经济新业态的完善、普及与发展，数字出版的经济效益将进一步显现。在数字原生体系下，数字出版的内涵与外延将进一步拓展，传统纸质书将以电子、音频、短视频、元宇宙等数字形式，进一步扩大数字出版的经济版图与规模，进一步优化数字出版的产业链与供应链，进一步完善数字出版的生态。

华为监事长郭平认为，预计到 2028 年全球人工智能投资将超 2500 亿美元，数字化、智能化、低碳化，打破封锁的国产化，巨大的机会在召唤我们。其中，虚拟数字人将成为数字出版原生经济的一个重要入口，将加速催生数实融合新场景。按照商业和功能因素，虚拟数字人可划分为内容 /IP 数字人、功能服务数字人和虚拟分体数字人。

2023 年 6 月 14 日，欧盟推出全球首部《人工智能法案》（AI Act），对生成式人工智能企业提出更高的透明度要求。7 月，国家网信办联合七部门联合颁布《生成式人工智能服务管理暂行办法》，旨在促进生成式人工智能健康发展，防范生成式人工智能服务风险。10 月，第三届"一带一路"国际合作高峰论坛开幕式上，习近平主席宣布我国提出《全球人工智能治理倡议》，围绕人工智能的发展、安全和治理阐述立场主张，提出以人为本、智能向善等原则。

随着数字化和智能化的高速发展，数据隐私与数据安全等数据伦理规范问题日益凸显，具体涉及数字化和智能化领域中开发、部署和使用技术时遵循的一套道德原则和准则。这些规范旨在保护个人权利、社会利益和环境，同时促进科技的可持续和负责任发展，加强数字治理。

这些规范有助于确保数字化和智能化技术带来的社会影响是积极的，有助于提高人们的幸福感，并避免不良后果。这些规范也应该根据不同的领域、不同的时代进行适度调整，以满足特定需求和应对挑战。在制定和遵守这些规范的同时，社会各界应积极参与伦理讨论，以不断改进数字化和智能化技术的伦理标准，加强数字治理。

四、出版产业链数字化对全民阅读的影响

出版产业的数字化将重构出版的产业链、供应链以及价值链，并对全民阅读产生积极影响：

1. 数字化内容的丰富性和便捷性

数字化出版使得图书、杂志、报纸等出版物能够以电子、音频、视频、元宇宙等形式呈现，用户可以通过互联网、移动互联网、音频平台、视频平台、元宇宙空间随时随地获取到丰富多样的阅读材料。

这种便捷性激发了更多人的阅读兴趣，降低了阅读门槛，实现了更加广泛的阅读普及。

2. 阅读体验的个性化

数字化和智能化出版更加便于出版商与经销商根据读者的喜好和兴趣，实时、智能、准确地推荐读者喜欢的书籍。这种个性化推荐使得读者更容易找到符合自身需求的内容，选择自己喜欢的阅读载体，提高阅读的满意度和深度。

3. 阅读的社交化和互动性

数字化图书馆、在线阅读社区、元宇宙空间等平台使得作者和读者可以通过社交媒体、网络直播、元宇宙空间等途径加强互动，读者可以方便地分享阅读心得、参与讨论，形成了社交化的阅读体验。

这种互动性不仅丰富了阅读的层次，也加强了作者与读者之间、读者

与读者之间的联系，有利于创作与传播的高质量发展。

4. 知识的传承性和文化的传播力

数字化和智能化出版借助科技力量大大促进了知识和文化的传承与传播，促进了各种文化形式的普及与推广，推动了多元文化的交流。特别是古籍、稀有书籍等通过数字化和智能化技术得以保存并增加传播机会，使更多人可以接触到这些宝贵的文化遗产。

出版产业的数字化将重构出版的产业链、供应链以及价值链，同时也会对全民阅读产生一些消极影响：

1. 信息过载化

数字化和智能化阅读平台提供了海量的信息，但这也可能导致信息过载。读者可能感到困惑，难以筛选出有用的信息，从而影响他们的阅读体验和能力。

2. 缺乏深度阅读

海量的信息以及阅读的便利性使得读者容易陷入信息焦虑中，不仅在社交媒体上浪费时间，而且习惯于碎片化阅读与浅阅读，缺乏阅读的专注力和深度阅读。

3. 版权和盗版问题严重

数字化内容更容易被非法复制和传播，这导致了版权侵权和盗版问题。出版商可能会受到盗版的损失，从而降低了他们对数字化阅读的积极性，也可能导致一些作者和创作者的收入下降。

4. 数字鸿沟扩大化

数字化出版使得阅读依赖于数字设备和互联网连接，这可能排斥那些无法获得这些资源的人，尤其是贫困地区或发展中国家的居民。这会加大

"数字鸿沟"，使一部分人无法获得书籍和知识。

5. 隐私问题

在数字化和智能化阅读平台上，个人的阅读习惯和兴趣常常被跟踪和分析，以提供个性化推荐。这引发了隐私担忧，因为一些人可能不愿意将他们的阅读数据分享给第三方。

6. 依赖性问题

数字化和智能化阅读可能导致一些人越来越依赖于电子设备与网络虚拟世界，减少了他们与现实世界、实体书籍的接触。这不仅会对儿童和年轻人的眼睛健康和生活平衡产生负面影响，也会对人们的整个生活方式与社会方式产生连锁影响。

综上所述，数字化和智能化出版给全民阅读带来了巨大的便利和机遇，使得阅读不再受限于时间和地点，也丰富了阅读的体验和深度。同时，数字化和智能化有助于缩小"数字鸿沟"，有助于阅读普及覆盖到各个社会群体，有助于更多人分享到数字化和智能化阅读带来的快捷与便利，更大力度助力促进全民阅读的普及推广。但也伴随着一些潜在的消极影响。解决这些问题需要综合考虑数字化出版的各个方面，以确保全民阅读仍然受益并且消极影响最小化。

乔卫兵，中译出版社社长

高质量发展视域下的出版深度融合发展路径

马永强

2019 年 8 月 21 日，习近平总书记视察读者出版集团时指出，要提倡多读书，建设书香社会，不断提升人民思想境界、增强人民精神力量，中华民族的精神世界就能更加厚重深邃。为人民提供更多优秀精神文化产品，善莫大焉。要牢牢把握正确导向，在坚守主业基础上推动经营多元化，努力实现社会效益和经济效益双丰收。习近平总书记的重要讲话和指示精神，为中国出版业高质量发展指明了方向，提供了遵循。因此，出版人要不断厘清思路、凝聚共识，坚持多维出版，在多维度多领域进行价值生产和创造，以数智技术重构出版生态，以新质生产力带动出版产业实现跨界"破圈"深度融合发展。

接下来，我简要梳理一下自己多年来对出版行业的思考和感悟，分享给大家。

一、未来已来，融合新生

人类历史上，有三次重大革命深刻影响了历史进程，尤瓦尔·赫拉利在《人类简史》中将其总结为认知革命、农业革命和科学革命。当下，我们有幸亲历以智能化为特征的第四次社会变革。互联网给人类社会带来升维式的革命，万物互联、万物智能、万物皆数的趋势不断加快。大数据、区块链、人工智能、云计算、量子信息等新兴科技把我们带进数智时代。

正如习近平总书记在致 2021 年世界互联网大会乌镇峰会的贺信中指出，数字技术正以新理念、新业态、新模式全面融入人类经济、政治、文化、社会、生态文明建设各领域和全过程。国家"十四五"规划提出"产业数字化，数字产业化"和"建设新型文化企业"的要求，标志着出版产业形态的重构已经开始。国家新闻出版署印发的《出版业"十四五"时期发展规划》，提出大力发展数字出版新业态，推动数字技术赋能、构建一系列"出版 +"业态等，为出版融合指明了方向。

纵观出版融合发展历程，一共经历了三个阶段：20 世纪末到 2012 年的"数字出版"阶段；2013 年到 2020 年的"融合出版"阶段；2021 年至今的"出版深度融合"阶段。智能革命带来的是对传统生产关系的颠覆性变革，出版深度融合发展，是出版业从"一维出版"向"多维出版"转型的内容生产业态、传播形态、受众消费模态的创新之路。其大致思路通过两大维度展开：

一是科技 + 出版的"融合出版"，出版从内容聚集到生产、传播、营销发生巨变，数字化为出版产业发展带来了新机遇。二是"出版 +"跨行业多维度破圈的"出版融合"，科技赋能使得出版的边界被彻底打开，出版与其他业态融合并拓展出新的业态，新型企业诞生。

二、高质量发展视域下的出版深度融合创新发展的主要路径

出版深度融合创新发展的路径，简单来说就是：推进"三个重构"，做好"四个加强"，探索"十个延伸"。

（一）三个重构：以内容为核心的价值创造

推动出版主业的升维发展，首先要实现三个重构：一是重构杂志出版的多维出版生态。二是重构图书出版的多维出版格局。三是重构全版权运营的版权产业体系。

1. 重构杂志出版的多维出版生态

要深入推动杂志的品质提升和文化服务转型，努力在全媒体传播和社群运营上实现质的突破。围绕杂志内容延展杂志的平台价值，重构杂志生存的生态圈；根据不同的杂志平台，延展不同的社群运营模式。数字文明时代，纸质杂志的存在逻辑之一，就在于将其平台化、社群化。

下面，我以《读者》为例做简要说明。

作为产品的《读者》，在提升杂志内容品质的同时，要探索数字时代内容生成的新模式。

作为媒介的《读者》，要通过杂志的内容营销和阅读服务、多元场景营造等，重新激活杂志作为媒介的活力。

作为平台的《读者》，要推动实施"杂志＋阅读服务＋全媒体传播（读者 APP、读者微信等新媒体矩阵）＋社群运营（如读者直播、读者电商、读者读书会等）＋多元文化场景〔读者插图艺术馆、读者插图艺术展（线上、线下等）〕+读者插图 AI 生成及输出＋阅读周边延伸"等的杂志平台化战略。通过人工智能技术，努力把"读者"打造成为精品文化的"搜索引擎"。

2. 重构图书出版的多维出版格局

多维出版时代，出版社不仅仅是生产图书的，而且是生产内容的，生产的内容是可以多介质传播并且能够实现应用和互动体验的。优质内容永远是创意源头，创意是核心，版权资源的集聚和多维运营是产业的关键。要跳出图书做内容，把版权和内容的送达当作发力点，这样就会超越介质的局限。

一是把出版社建成优质内容资源聚合的创新平台。以"内容 + 技术"统领产业链，形成多向度资源链接端口向大学、研究院、学术社团等知识生产机构延伸，建构以内容资源多向度集聚为核心、以客户需求为导向的出版产业链。

二是把出版社打造成为文化创意孵化器和优质 IP 产生的平台。出版社作为创意中心和产业链集成者，要大力培育优质 IP 资源，不断提升文化创意产品、场景的变现能力，坚持一切从内容出发，坚持多维传播，在多维度、多领域生产和创造价值。

三是把出版社打造成为综合文化服务平台。出版就是阅读服务、文化服务、文化问题解决方案的提供。

3. 重构全版权运营的版权产业体系

出版深度融合使得版权的多元化运营成为价值生产的常态。因此，要建构全版权运营体系，进一步激活版权价值，激发出版企业的创新力和发展活力。

（二）四个加强：推进出版深度融合创新发展的重要举措

推动出版高质量发展，必须坚持"量的合理增长"和"质的有效提升"，营造一个孕育着未来健康发展的出版产业格局。

1. 加强数据资产的基础建设

简单来讲，就是推动数据业务化、业务数据化。

2. 加强线上线下渠道融通建设

出版深度融合的关键是解决"通"和"融"的问题。要打破不同媒体平台之间的端口区隔，实现渠道融通、精准引流，把平台粉丝真正转化为潜在用户，并通过社群营销实现流量变现。

3. 加强品牌战略顶层设计

要建构系统性、全方位、具有前瞻性的品牌价值创新体系，这是实施品牌战略的关键。

4. 加强自主创新

要大力推动产品创新、运营模式创新、协同共享创新。

（三）十个延伸：一切从内容出发的出版深度融合创新发展之路——多维度、多领域"出版+"跨界"破圈"的多维出版

多维出版时代，出版不仅仅是文化传播、知识服务，还是生活方式的引领，更重要的是价值的生产和传播。必须坚持一切从内容出发，坚持多维传播，在多维度、多领域生产和创造价值。

1. 围绕数字产业化延伸产业链："出版+科技"

科技是出版融合发展的驱动力，支撑多维出版发展的各方面。新技术如 AIGC、元宇宙、大数据等应用，为阅读体验、流程数智化、智慧物流等提供了多维度解决方案。

以智慧物流为例。运用信息化、物联网、人工智能等技术，推进新华书店物流配送和仓储体系的数智化改造，充分激活新华物流的渠道价值，打造智慧物流产业。推动传统新华书店从行业物流向社会物流、企业物流

向物流企业转型。这将是出版发行集团新的产业增长点和新的发展机遇。

2. 围绕公共服务延伸产业链："出版 + 公共服务"

出版社积累了大量学术资源，要通过构建各类知识资源库、数据库等知识服务平台，为政府决策、社会服务、学术研究等提供公共服务。

3. 围绕阅读服务延伸产业链："出版 + 阅读服务"

出版说到底就是提供阅读服务、文化服务和文化问题的解决方案。一本书的出版不再是出版的完结，而是阅读服务的开始。推动全民阅读，建构阅读社群和阅读服务网络，组建领读者团队，向全社会播撒阅读种子，就是建构阅读服务业态，重构出版生态。通过优质内容资源连接人、聚合人，让阅读成为国人的生活方式，是阅读服务企业的价值追求。

4. 围绕知识服务延伸产业链："出版 + 教育"

数字文明时代的教育服务，仅有优质的内容资源是远远不够的，只有"内容 + 技术 + 服务"才能推动"出版 + 教育"的融合发展，实现"智慧教育"。随着教育空间及师生关系的重构，以多重媒介为载体的知识服务平台成为教育出版新的选择。国内许多出版集团已经布局"出版 + 教育"产业链。

5. 围绕终身学习延伸产业链："出版 + 终身学习"

1999 年，我国官方文件首次使用"终身学习体系"概念。我们推动"出版 + 终身学习"，申报并获批 2022 年度甘肃省级科技重大专项计划"面向终身学习的人工智能体技术研究及应用"项目。运用人工智能、数字人、知识图谱等技术，构建智慧学习模型，开发数字智能学习平台和个性化"数字教师"，为公众提供个性化终身学习服务。

6. 围绕"生活方式的引领"延伸产业链："出版 + 公共文化空间"

营造街区文化新场景：我们创新推出的街区公共文化空间、体验式文化沙龙读者小站，已在北京、上海、苏州、长春、兰州等地建设 20 余家。读者小站是新型人际交往空间、文化创意空间和文化再生产的场景，可以链接多种经营业态、内容产品和文化创意服务，创设各种文化体验场景。目前，我们正在甘肃高速公路服务区打造十个以"读者小站·行者空间"为核心的读者文化主题服务区。

重塑文化新地标：重新激活新华书店门店作为链接用户端口和平台的价值，改变传统书店以书为中心的卖场思维，转向以人为中心的文化场景和生活美学空间运营。推动书店实现"文化再生产"和"再出版"，以彻底解决"书店 + 咖啡 + 文创 + 活动"之后仍然面临的生存困境。

创设未来新空间：人类社会已经从"二元空间"迈入"三元空间"（社会、物理、信息空间）。我们将通过数字手段在新的空间领域创设公共文化新空间——"读者小站·未来空间"，让人们实现"云交友"，参加"云活动"等。

7. 围绕文化创意延伸产业链："出版 + 文化创意"

文化创意是从优质内容出发，通过技术赋能、IP 延伸，打造高附加值的产品及产业链，多维度、多领域为人民美好生活提供解决方案。

"出版 + 文化创意"的发展路径主要包括四个维度：一是生产与日常生活相关的文创产品；二是打造沉浸式、体验式的文化场景；三是引领美好生活方式；四是建设以 IP 驱动的文创平台。如迪士尼从内容和故事出发，不断拓展文化创意维度，形成了"内容—电影—IP 品牌—版权多元化输出平台"的全版权运营产业链。

8. 围绕城市创新延伸产业链："出版 + 城市创新"

新时代，人文与经济交融共生。文化学者魏鹏举指出，"高质量发展"这一"新时代人文经济学，超越了西方经济学的狭隘视野，以人的全面发展为最终目标"，强调文化丰盈程度成为衡量百姓幸福指数的重要尺度——经济发展以社会发展为目的，社会发展以人的发展为归宿，人的发展以精神文化为内核。因此，出版作为文化服务提供者，赋能城市创新和人文经济，大有可为。

一是以内容和版权运营驱动城市创新，带动人文经济。创意出版赋能城市创新，通过内容 IP 的创意开发，打造创意市集、时尚街区、艺文空间、文创工场、风格博物馆等创意化场景。如西安以《长安十二时辰》内容 IP 打造同名主题场景，成为中国首个沉浸式唐风市井文化生活街区。

二是以文化空间激活城市创新，提升人文经济的品质。以"15 分钟生活圈"为城市规划理念，通过建设各类公共文化空间以赋能城市创新，提升人文经济品质。

三是以品牌赋能城市创新，构筑人文经济"原动力"。通过出版赋能兰州城市创新，打造"读者之城·书香兰州"。建设"读者"品牌符号化地标，以品牌赋能、内容驱动、场景激活等方式，营构与引领全民阅读风尚和文化时尚。凸显兰州城市人文经济属性，激活兰州城市的创新活力，传播兰州作为"读者之城"的意义和价值，最大程度满足《读者》的读者在兰州实现心灵还乡的愿望。

9. 围绕文旅研学延伸产业链："出版 + 旅游 / 文旅研学"

"出版 + 旅游"是以文化赋能旅游产业，实现"以文塑旅、以旅彰文"。"读万卷书，行万里路"，"研学旅行"从 2013 年兴起，成为旅游与教育融合的新路径。出版 + 文旅研学，就是从内容、故事出发，做研学教材、研学产品的开发和研学标准制定的引领者，打造特色研学基地、营地，努力成为研学旅行的头部企业。

10. 围绕心理疗愈延伸心灵抚慰（大健康）产业链："出版 + 心理疗愈"

迪士尼提供了快乐，而陪伴人们成长的是《读者》。《读者》用心灵抚慰和人文关怀，给予广大读者精神的抚慰、思想的充盈。我们要充分利用"读者"品牌的优质内容资源和《读者》的心理疗愈价值，打造以心理疗愈、人文关怀为主的心灵抚慰大健康产业体系。

阅读疗愈。阅读疗愈之法，古已有之。我们可以用阅读疗愈服务，帮助个人解决和应对心理、情感、身体或社会问题等。通过文学师的故事讲述，结合心理疗慰师的健康指引、沉浸式文化场景体验等，实现心理疗愈。

艺术疗愈。在文学师的引导下，利用绘画、雕塑、摄影、诗歌等表达性艺术活动，帮助人们纾解内心的压抑情感，缓释心理压力。

场景疗愈。读者小站等新型公共文化空间的场景塑造，能触动人们心灵深处最纯真的柔情，具有美育与疗愈的效果。这一精神疗愈作用，会产生托举人生的力量。

产品疗愈。我们可以依托数字技术，利用优质的内容资源，创新开发数智化疗愈产品——读者 AI，打造具有心灵抚慰、心理疏导功能的交互性陪伴型产品。

我考察过由深圳市委组织部、深圳出版集团合力打造的深圳市"百姓书房"，这是一个集阅读服务、文化活动、艺术展览、心理治愈为一体的多元公共文化空间。它与我提出的"出版 + 心理疗愈"这一想法不谋而合，已经在深圳悄然落地。

正如作家克里斯托弗·莫利所说："当你把书卖给读者的时候，你卖给他的不只是 12 盎司的纸、印刷的油墨与装订的胶水，还卖给他一个崭新的生活。爱、友谊、幽默，以及夜晚在海中航行的船只，一本书包含了天与地。"克里斯托弗·莫利的话，极为透彻地说明了出版的内涵：出版最重要的就是价值的生产和传播。

马永强，读者出版集团党委副书记、总经理

探索全新阅读服务业态 推进深入跨界融合实践

李文凯

中图公司成立于 1949 年，与中华人民共和国同龄，是中国出版集团成员单位，也是中国出版业规模最大的进出口企业，拥有海内外的分支机构 28 家，业务覆盖 100 多个国家和地区，目前已形成出版物进口、出版物出口、数字资源服务、国际会展服务、按需印刷、国际出版、文化贸易、金融地产等多元化产业发展的格局。

作为深耕于出版物进出口的"国家队"，中图公司的客户遍及 170 多个国家和地区，服务海内外机构一万余家，目前经营的纸质出版物品种有 70 万种左右，还有超过 100 万种中外文电子书和 1 亿条学术数据，这些都为机构用户和个人用户提供了阅读服务。

随着时代和技术的不断发展变革，中图公司始终坚持深化数字化转型，已完成从图书贸易商向内容服务商的第一次数字化转型。在"十四五"期间，中图公司正在向数据运营商做第二次数字化转型，最终实现智慧中图。下面分享一下关于创新服务业态的实践。

一、阅读服务业态发展的变化

一是传播形式的改变。技术发展推动着每一次出版和阅读的进步，出版物的传播形式不断地改变。阅读介质从传统的纸质书、电子书、有声书、短视频，向当下的 VR（虚拟现实）、AR（增强现实）图书的逐渐演变。虚拟现实技术的兴起，构建出超现实虚拟阅读空间，元宇宙的阅读也正在兴起。

二是传播效果发生变化。过去的读者只是知识和信息的接受者，现在通过社交媒体、融合态阅读，读者可以实时进行反馈，形成双向传播，从而读者演变成了内容生产过程中的参与者。出版行业的阅读服务，从过去的出版一本书就结束，到现在出版图书只是阅读服务的开始，面临多渠道竞争和多向传播的新形势、新压力，阅读服务也变得更加复杂和艰难。

尽管信息传播介质在不断延展，但知识和信息作为出版和阅读的内核，始终是不变的。阅读推动人类的社会进步，出版承载着人类精神文明传承与发展的重要使命，所以出版形式的多样化是丰富阅读服务形式的一个重要途径。

二、中图公司对阅读传播方式的探索

什么是新阅读？为了响应国家文化数字化建设的号召，更好地服务行业上下游以及新时代的读者，中图公司在"十四五"期间的数字化转型战略中，在行业内率先提出了"用科技赋能文化传播"的新阅读概念。新阅读的核心就是从优质的传统出版物出发，结合虚拟现实、AI 视觉、智能交互等最新的技术，为读者打造全景沉浸式阅读体验。

在移动阅读时代，中图公司推出了主题书柜、中国快讯等 APP 类的阅读产品。从 5G 元年伊始，通过 VR、超高清视频技术打造了百余部 VR 全景内容，并可兼容至各类终端，"5G 新阅读"的系列产品，这是在沉浸式阅读时代的阅读服务。元宇宙时代到来之际，中图公司也正式推出了出版行业的首个阅读元宇宙"图壤"，打造数据底座，构建虚实交互阅读的全新服务平台。在时代跃迁的过程中，中图公司始终跟随着技术的发展，推出不同的新阅读解决方案。通过内容 + 科技来活化传统出版物。中图公司的新阅读运用了全景 VR 的技术，将纸质图书由静态图文变为动态全域的影像，实现"人在书中走、画中游"。例如全景 VR 版的《皆山园图卷》，读者仿佛进入了三维动态的画中世界，从静态到动态，获得更加切身的情感体验。这种全新的展现方式，将 2D 的纸本转化为 3D 的全景视频，技术赋能让"沉默"的典籍动起来，让睡着的文化醒过来，沉浸式的阅读带领读者贯通历史、现实和未来。

新阅读能为出版行业解决什么问题呢？简单来说，就是通过内容结合虚拟现实技术，解决了出版行业"破圈""出圈"的问题。对行业上游来说，当前越来越多的读者不仅仅是通过传统渠道来选书，也不再满足于纸质或电子读物的单向传播方式。中图公司与国内外 50 余家出版文化单位建立了深入合作，构建了新阅读的产业联盟。通过出版物 +XR（扩展现实）的新形式，为行业用户打造新内容、构建新场景，帮助上游文化出版企业出圈。例如，中图公司与国家图书馆共同开发了 5G 全景文化典籍《永乐大典》，荣获了中国出版政府奖提名奖，这也是该奖项首次颁给了 VR 的内容作品。

下面有几个案例便于大家理解新阅读到底在做什么。

一是在公共文化智慧化提升方面。新阅读充分挖掘出版文化 IP，形成智慧化服务新体验。目前，中图公司已与全国 31 家图书馆、出版发行以及文化企业客户达成了长期客户关系。中图公司在国家图书馆落地了首个 5G 全景阅读展厅，吸引了 200 多万读者到现场体验阅读；浙江图书馆之江新馆的建设，也融入了中图公司的阅读体验空间；在中国人民革命军事博物馆，还有蒲松龄纪念馆，中图公司都打造了主题沉浸文旅空间，累计向 350 万人次提供了新阅读的服务。

二是在构建沉浸式文化场景方面。基于以上的成果和经验，中图公司服务于 2022 年北京冬奥会，向 90 余个国家和地区的来宾展现了科技赋能文化的成果，得到了北京冬奥组委的肯定。

三是在打造新型文化消费空间方面的实践。我们将新阅读的内容产品＋沉浸式阅读空间相结合的形式，进一步下沉到各地的新华书店。福州安泰新华书城经过改造升级，成为国内首个元宇宙书店，开创了引流＋创收的新模式，并快速地复制和推广。2023 年 4 月，贵州首家元宇宙书店也落地。目前，中图公司已经与福建新华、浙江新华、贵州新华等 15 家书店建立了业务合作。同时，还面向读者打造刘慈欣科幻漫画沉浸展，落地北京、湖南等地，打造身临其境、近在眼前的科幻阅读空间，收获了十余万亲子家庭打卡。

新阅读并不是会取代书籍的阅读，而是在技术和内容之间搭建起桥梁，建立一个包容出版、内容创作、公共文化等多个领域的新生态。

三、在阅读供给方式也就是新零售方面的探索

简单地讲，中图公司的新零售就是基于按需印刷的技术，将经过授权的海量图书元数据和印刷文件存储到云端，构建海量图书、先卖后印、按需印刷、工厂直发的图书供应新模式。

对于新零售来讲，中图公司能够解决什么问题呢？首先，是时效的问题，最主要体现在原版书的供应上。对原版书的供应，原来一般在下单60天左右到货。目前，中图公司可以做到7—10天交付。原来中文图书起印一般都在3000册以上，20天的生产交付周期，通过现在的方式，可以实现1本起印，3天内交付。在品种上，原来的品种比较少，只有几万种，现在基于新零售的方式，理论上可以无限多。目前，我们已经聚合了超过200万种的外文原版图书数据，可以随时为我们的读者提供使用。我们也在逐渐增加中文书的品种，在这里面各种版本的图书都可以通过新零售的方式来提供。对中文书来讲，短版书、断版书也可以通过这种方式来盘活。

新零售的核心是我们打造的中图印云平台。这个平台是中图公司自主开发的一个供应链服务平台，通过人工智能技术，整合出版、印刷、发行的产业链，打造全新的生态，连接海内外的出版机构，打通国内外的主流销售渠道，通过自建数码印厂，联合意向印厂，建立按需印刷联盟，将产业上下游各环节全部串联起来，这个平台为我们新零售模式提供了技术保障。按需印刷联盟自有印厂以及按需印刷联盟的建设可以实现异地分印、就近配送。

我们新零售的模式范围相当广泛，目前已有超过200万种图书可以供应，我们合作的出版社正在迅速增加。

我们致力于打造和建设销售渠道，挖掘平台的合作价值，加强分销商模式拓展。目前，已经初步形成了覆盖国内外市场 170 余个国家、地区，线上线下超过 4 万多个渠道的销售矩阵，来实现销售渠道的全覆盖。

举几个案例，T&F 出版社出版的《蛤蟆先生去看心理医生》，中文版大家可能都比较熟悉，卖得非常火，原版卖得不好。因为它要基于库存的方式才能提供，年销售一般在 400 册左右，通过我们按需印刷的新零售方式实现零库存销售。作为营销渠道来讲，可专注于营销，目前已经销售了超过 800 册，预计 2023 年年底销量可达到 3000 册。

第二个案例是打造沉浸式的购书场景。2023 年我们获得了布鲁姆斯伯里出版社《哈利·波特》系列图书的独家授权，打造线下哈利·波特书展快闪店。在 2023 年 6 月的北京国际图书博览会，还有 2023 年 10 月的天府书展上，两次以"哈利·波特"为主题，打造了沉浸式的购书场景。这种沉浸式快闪店的模式，为读者提供超过 100 种哈利·波特图书相关的文创产品，受到了广大哈迷的追捧。

第三个案例是中文书走出去的案例。《尖锐对话》这本书我们也在探索以按需印刷的方式，在 17 个国家和地区实现异地印刷，就近配送。读者可在英国、美国、澳大利亚、加拿大、法国、德国、意大利、巴西、日本、印度等国家与地区线上下单购买。读者在当地的亚马逊下单以后，一般 2—10 天就可以收到货。目前，已经实现了一定销量，也产生了成果，更有利于我们向世界讲述中国故事。

四、未来展望

技术的发展要持续迭代。做好新时代的出版工作，需要我们把握好当下面临的新形势，顺应未来发展的新趋势。在虚实融合、空间计算、AIGC（生成式人工智能技术）不断推陈出新的今天，文化和科技应用深入跨界融合，打破传统阅读时间、地域的限制，以内容为核心，为读者提供多元化的阅读体验。传统出版行业充分应用科技手段，打通产业上下游渠道，降本增效，才能更好地为行业用户及个人读者打造更好、更快、更个性化的阅读服务。

未来大家对注意力的争夺也会更加激烈。中国已经成为全球互联网用户最多的国家，短视频、在线音乐、5G等各种形式的内容正在不断争夺用户的注意力。作为出版行业的从业者，更应牢牢把握文化内容与新技术、新形势，打造具有竞争力的新内容和新服务。

有挑战就意味着有机遇，阅读方式仍会随着外部环境不断变化，出版行业也会不断创新，无论行业上下游还是中盘商，更应该融合、联通，抓住时代发展机遇，抓住阅读服务核心，持续打造高质量、有竞争力的阅读服务。

李文凯，中国图书进出口（集团）有限公司副总经理

人工智能和数字文化产业的融合创新报告

杜嘉

2023 年，ChatGPT（人工智能聊天机器人程序）热潮从天而降。在这波 AI（人工智能）技术的爆发中，ChatGPT 应运而生。AI 大模型能力，成了全球云厂商追捧的焦点，也成了未来云业务最核心的竞争优势之一。

4 月 11 日的 2023 阿里云峰会上，阿里巴巴集团董事会主席兼 CEO、阿里云智能集团 CEO 张勇宣布，阿里巴巴所有产品未来都将接入大模型，全面升级。

然而，ChatGPT 发布短短几个月，各行各业都感觉到呼啸而来的 AIGC 正在引领着新一轮的科技革命。因为 AIGC 是通过巨量的数据训练学习，进而产生用户所需的内容，因此它不可避免地引发人们对于其中诸多问题的关注与探讨。

同时，随着科技的不断进步和人们对个性化、智能化产品的需求增加，人工智能技术正日益渗透到文化领域，为其带来了新的机遇和挑战。

一、AI 逐步向 AGI（通用人工智能）发展，高质量数据告急

近年来人工智能技术快速发展，随着 ChatGPT 通过图灵测试，以及

GPT-4 的问世，人工智能逐步呈现向 AGI 发展的趋势。GPT-4 已达到理解图像、人类专业和学术基准水平，据 OpenAI（美国开放人工智能研究中心）称，在公司内部的对抗性、真实性评估中，GPT-4 的得分比 GPT-3.5 高 40%。

此外，OpenAI 公布了 GPT-4 多项专业考试的模拟考试结果：

（1）GPT-4 在统一律师考试中取得了前 10% 的成绩，而 ChatGPT 获得了倒数 10%；

（2）LSAT（美国法学院入学考试）满分 180 分，GPT-4 考 163 分，超过 88% 的考生，GPT-3.5 阶段超过 40%；

（3）SAT（美国学术能力评估考试）循证阅读与写作满分 800 分，GPT-4 考 710 分，超过 93% 的考生，GPT-3.5 阶段能超过 87%。

"OpenAI 一直以来努力的方向都是寻求更多的优质数据，深度解析已有的数据，从而使自己的能力越来越强大。"7 月 12 日，复旦大学教授、上海市数据科学重点实验室主任肖仰华对澎湃科技表示，"获取大规模、高质量、多样性的数据，并深入解析这些数据，可能是推动大模型发展的重要思路之一"。

然而，高质量数据正在告急。

人工智能研究人员小组 Epoch 在 2022 年 11 月进行的一项研究显示，机器学习数据集可能会在 2026 年前耗尽所有"高质量语言数据"。而这项研究发布时，全球范围内的大模型潮还没有出现。根据该研究，"高质量"集中的语言数据来自"书籍、新闻文章、科学论文、维基百科和过滤的网络内容"。

与此同时，OpenAI 等生成式 AI 开发机构为训练大型语言模型而进行的数据收集行为也越来越受争议。6 月底，OpenAI 遭集体诉讼，被指窃取

"大量个人数据"来训练 ChatGPT。包括 Reddit（红迪网）和 Twitter（推特）在内的社交媒体对其平台数据被随意使用表示不满，7 月 1 日，马斯克以此理由对推特的阅读条数实行了临时限制。

7 月 12 日，罗素在接受科技财经媒体 Insider 的采访时表示，许多报道虽然未经证实，但都详细说明了 OpenAI 从私人来源购买了文本数据集。虽然这种购买有各种可能的解释，但"自然的推论是没有足够的高质量公共数据。"

二、AI 驱动数字文化产业新变革

AGI 行业与数字内容产业的不断融合，为传统内容的制作、分发和用户体验带来了许多创新，AIGC 的爆发式使用也给以内容生产为核心的文化产业带来巨大的发展空间。

（一）解放内容生产力

1.AIGC 的普及使数字内容生产效率提高，生产成本下降

专业创作者在 AI 的辅助下，能够提高创作产能，高效地自动化、批量生产数字内容。从而满足迅速增长的、高质量的、多样的内容需求。

以日本首部 AI 生成漫画出版物《赛博朋克：桃太郎 John》为例，创作者 Rootport 构思故事框架和人物对话，画面部分则交由 AI 在线图像生成器 Midjourney 生成。这位 37 岁的创作者自称"从未手绘过漫画"。这本 147 页的全彩漫画出版物，对于漫画创作熟手来说至少要花一年时间完成创作，但他只用了六周。而通过使用者输入自然语言，将数据转化为富

有洞察力、听起来像人类叙述的 Wordsmith（自动化写稿程序）平台，则帮助美联社将每季度发布的收益故事从 300 个提升至 4400 个，比手动工作效率提升近 15 倍。

2. 数字内容生产方式发生变化，打造统一工作平台

AI 大模型在文字、图像、视频等创作领域持续落地，个体创作者通过辅助工具，改变内容创作和生产方式，甚至可以变身"独立制作人"，一个人完成内容生产的全流程。

如 Adobe（奥多比系统公司）发布的创意生成式人工智能模型集 Firefly，可以帮助创作者轻松完成一键生图、一键剪辑、一键配乐等需求。

3.AI 技术在内容多领域逐步落地

AI 可应用于文字、图像、音频、视频、3D 建模、游戏等领域，创生出更多的新型产品。由于文本和代码领域发展较快，如今已具备长文本写作和基础软件开发能力；在艺术创作领域，创新尝试则刚刚开始，产业发展还有巨大空间。

表 5-1 AI 技术发展进程及预测

	2020 年以前	2020	2022	2023E	2025E	2030E
文本	垃圾邮件检测翻译基本问答	文本初稿写作	较长文本二稿写作	垂直领域文本写作微调能力（科技论文等）	终稿写作能力超过人类平均水平	终稿写作能力超过专业作家水平
代码	单行代码自动补全	多行代码生成	更长、更准确的代码生产	支持更多开发语言和垂直领域	根据文字生产初版产品	根据文本生产最终产品，超过专业开发者

续表

	2020年以前	2020	2022	2023E	2025E	2030E
图像			艺术、图标、摄像作品	样例（产品设计、建筑等）	终稿(产品设计、建筑等）	终稿超过专业艺术家、设计师、摄影师
视频/3D/游戏			尝试创作3D/视频模型	创作3D/视频模型初稿	二稿	AI版Roblox视频游戏、电影定制化
				开始尝试	接近成熟	全面发展

（资料来源：红杉资本）

（二）激发数据强需求

1. 高质量数据的重要性

AI 产业三大要素为算力、算法和数据。其中，数据是 AI 算法的"饲料"，包括文本、语音、影像等，而高质量数据是训练算法的基础，具备准确性、完整性、一致性、真实性。

"我认为目前必须将重点从大数据转移到高质量数据。"斯坦福大学计算机科学系和电子工程系副教授吴恩达如是说。

2. 高质量数据来源

中文在线深耕数字内容多年，其所拥有的创作类高质量语料资源具有原创性和独特性，为其未来在 AIGC 领域的进一步升级奠定了坚实基础。中文在线拥有海量的正版图书听书资源，其中图书资源 50 万余种、听书资源 10 万余集、电子期刊 1000 余种。可以提供多种学科资源。拥有网络原创驻站作者 450 万名，与 2000 余位知名作家、畅销书作者签约，同时与 600 余家版权机构建立了长期的合作关系。目前，中文在线已拥有数字内容数据超过 60TB，为 AIGC 相关技术的研发提供充足的基础内容资源。

3. 为什么图书期刊等出版物是最好的高质量数据

出版物具有严格的编辑出版流程。经过严格的三审三校，具有出版资格的出版社审核才能正式出版发行，由此确保内容的规范、严谨和准确。

出版物具有系统化的知识体系。出版物作为知识传播的重要载体，其内容需要经过严格的组织和加工处理，形成一个完整、科学、准确的知识体系，以满足读者的需求和提高阅读体验。

出版物的教育功能。出版物还需要具备文化传承和教育功能，帮助读者掌握相关知识和技能，促进知识的传播和普及。

（三）打造新内容产品

依托 AI 技术，能够创造全新的文字、图片、音频、视频、3D、元宇宙等新型内容产品。

如 2022 年 11 月推出的人工智能生成式内容平台 ChatGPT，通过理解和学习人类语言，用接近人类的思考方式，可以根据上下文和语境提供恰当的回答，并模拟多种人类情绪、语气。此外还能完成撰写邮件、视频脚本、文案、翻译、代码、论文等任务。上线两个月后，全球月均用户数达1 亿，是历史上增长最快的消费应用，目前每月产生 18 亿访问量。

而人工智能聊天机器人平台 character.ai，则可以由用户自由创建 AI 角色并定义角色属性，包括名字、头像、问候方式、性格、可见性等。用户可与 AI 角色对话或群聊，AI 角色可以帮助用户生成各种类型文本内容。Character.ai APP 上线不到一周，安装量超 170 万，12 天下载量达 880 万次，网站平台每月的访问量超过 2 亿。

三、人工智能与数字文化产业未来发展趋势

随着 AI 技术的不断发展，其在数字内容产业中的应用将更加广泛和深入，例如，DL（深度学习）在图像识别、语音识别等方面将更好地应用并发展至更加成熟的状态。AI 与数字内容产业的融合，将促进不同行业之间的跨界合作，例如，AI 公司与传统媒体、娱乐公司之间的合作，将创造出更多的创新产品和服务，伴随 AI 与数字内容产业融合的深入，版权、隐私和伦理问题也将日益突出。

AIGC 是一把"双刃剑"，在深刻改变人类的生存方式和社会交往方式的同时，也带来了一些伦理和法律方面的风险及挑战。

（一）AIGC 为版权产业发展带来新机遇

AIGC 的版权商业价值已经逐步显现，应该提早布局版权市场，因为今后对 AIGC 版权定义更加清晰化之后，可以形成巨大的版权经济效益。

日本、美国等国已有专门针对元宇宙版权和数字人版权的架构，这就是在布局未来的版权市场。希望不久的未来，作者用其创作的内容可以训练出属于他的智能机器人（数字人），而专属智能数字人进入市场后，不仅可以生产出更多的内容产品，还可以带来可观的版权收益。如果是这样，无疑会更加激发出创作者的创作动力。

在著作权立法方面，应该更多地考虑如何激发创作者的创作积极性，激发更多用户把个人的优质内容调教成最高质量的 AIGC。

（二）积极行动化解 AIGC 带来的版权保护挑战

2023 年 8 月 15 日，《生成式人工智能服务管理暂行办法》（简称《办

法》）正式施行。《办法》明确生成式人工智能服务提供者应当依法开展预训练、优化训练等训练数据处理活动，使用具有合法来源的数据和基础模型；涉及知识产权的，不得侵害他人依法享有的知识产权；涉及个人信息的，应当取得个人同意或者符合法律、行政法规规定的其他情形；采取有效措施提高训练数据质量，增强训练数据的真实性、准确性、客观性、多样性。此外，明确了数据标注的相关要求。

在全球 AIGC 数据侵权纠纷频发、国内《生成式人工智能服务管理办法（征求意见稿）》发布的大背景下，合理使用正版数据是大势所趋。探索数字时代的版权保护之道，很多企业已经积累了丰富的经验，中文在线就是其中一家。面对 AI 时代的版权挑战，既然是以技术为因，就应该以技术去应对。因此，中文在线以自主研发的底层技术，支撑版权流转所有阶段，同时以人工智能为基础，打造了一站式版权监测和维权平台，并以大数据为基础，构建了版权价值评估体系，建设了版权价值数据库。此外，还通过开放合作，积极推进版权保护生态的建立。

（三）高质量数据与版权保障兼具的选择

中文在线集团 2000 年成立于清华大学，以"更好内容，更好数字生活"为企业使命，深耕数字阅读行业，全面实施"夯实内容、服务产业、决胜 IP"的发展战略，海内海外双轮驱动。2015 年 1 月 21 日，中文在线在深交所创业板上市，被媒体誉为中国"数字出版第一股"。

中文在线早已预测到 AI 将为整个内容产业创造全新机遇，并就此做了积极尝试和探索。目前中文在线在努力构建数字内容版权保护体系进程中做了三方面推进工作：一是提供高质量数据，二是强化版权服务，三是构建版权联盟。

经过 23 年的积累，中文在线拥有海量的正版图书听书资源，其中图书资源 50 万余种、听书资源 10 万余集、电子期刊 1000 余种，可以提供多种学科资源。此外，通过技术创新赋能数字版权保护工作，中文在线还自主开发了以人工智能为基础而打造的一站式版权检测和维权平台，进一步实现了自动取证、AI 调节等。

人工智能行业与数字内容产业的融合正在不断加速，为传统的内容制作、分发和用户体验带来许多创新。未来这两个行业的融合将继续深化，推动数字内容产业的持续发展。通过跨行业合作、技术进步及法规完善，我们可以期待人工智能与数字内容产业在未来将实现更好的融合与发展。

杜嘉，北京中文在线阅读教育科技有限公司执行董事兼总经理

以技术创新赋能融合出版，搭建传媒产业"新基座"

深版

近年来，出版业融合发展成为国家文化数字化战略的重要支撑和发展方向。2021年12月，国家新闻出版署印发《出版业"十四五"时期发展规划》；2022年4月，中共中央宣传部印发《关于推动出版深度融合发展的实施意见》；同年5月，中共中央办公厅、国务院办公厅印发《关于推进实施国家文化数字化战略的意见》，明确提出到"十四五"时期末基本建成文化数字化基础设施和服务平台。

在一系列政策落地实施和市场需求不断变化升级的大环境下，出版机构纷纷顺应潮流，从传统的以"内容生产"为核心的产品提供商向以"知识运营"为核心的服务提供商转型。

作为一家地方综合性出版机构，深圳出版集团旗下深圳出版社通过这几年在融合出版方面的探索经验，将通过以下策略在出版深度融合的背景下为大众提供知识服务。

一、要打造面向大众的知识服务平台

知识服务主要是根据用户的需求，利用自身资源，整合各类信息知识资源，并合理利用各类平台和渠道解决用户问题、满足用户需求的一项知识服务。对于传统出版机构来说，知识服务是一种服务理念和方式，它是针对用户需求而制定出的解决方案。这就需要具备定制化和垂直化的融合出版服务能力。

提供知识服务离不开知识服务平台。深圳出版社根据用户对深圳权威信息资源的需求，打造了一个深圳本土知识服务平台——深圳百科全媒体数字资源库。目前，已初步整合了深圳出版社相关的出版内容资源和全市公共资源文化，汇集了深圳自然景观、人文地理、民风民俗、地标建筑、饮食、历史沿革、名人大家、名企名校、文献典籍、非遗文化、红色文化、科技与学术成就等，以文字、图片、微动画、音频、微视频等形式，将各类资源进行立体化呈现，实现可读、可听、可看，初步形成了深入了解深圳的综合性数字内容体系。

未来，深圳百科全媒体数字资源库将实现一站式聚合全市文化数据：运用大数据、人工智能等技术，打造深圳文化图谱；挖掘发现文化资源间深层次关联关系，并以神经网络图形予以呈现；描绘深圳文化全图景，将深圳的历史文化与现实地理位置进行精准匹配，进而激活本地文化数据。通过上述手段达到整合文化资源和挖掘利用数据的目的，为深圳文化传播、文化决策、文化 IP 打造等方面提供数据支撑。同时，深圳出版社将联合深圳本地高校、博物馆、艺术馆等资源力量，引入 PUGC（"专业用户生产内容"或"专家生产内容"）模式，邀请各领域的权威专家，以知识问答社区和知识专栏的方式，为政务、文旅、文博、交通等领域提供知识服务。

深圳出版社将把"深圳百科"打造成为深圳城市文化的传播交流平台和城市文化名片，服务于建设"文明典范城市"，向世界展示深圳魅力、深圳形象的重要窗口。

二、要以重点项目为抓手，开创融合出版，为知识服务提供优质内容

融合出版是一种将出版业务与新兴技术、管理创新融为一体的新型出版形态。随着现代科学技术的不断发展与读者阅读需求的不断提高，用数字赋能出版，推动融合发展，成为当今出版的趋势。

对于传统出版机构来说，融合出版属于高投入、高技术、高风险的领域，深圳出版社采取了循序渐进的策略，坚持内容为王，以重点项目为抓手，和行业内资源比较丰富的公司合作，打造富有文化内涵、产生广泛影响的出版融合发展项目。

深圳出版社已于 2023 年 5 月顺利出版了"十三五"国家重点出版物出版规划、2022 年国家出版基金项目《中国传统村落文化抢救与研究·非物质文化系列（融合出版含视频）》（8 册），这是深圳出版社历史上获国家出版基金资助金额最大的项目；另外一个大型融合出版项目——《中国传统村落文化抢救与研究·聚集研究系列（融合出版含视频）》（15 册）也在紧锣密鼓的策划中。

融合出版在传承和传播中华传统优秀文化方面具有先天性优势。未来，深圳出版社将继续盘活深圳特色资源，深挖深圳坪山文化、观澜文化、客家文化、侨乡文化等特色文化资源，着眼于非物质文化遗产的保护与传承，组织策划一批展示"深圳特色、深圳创意、深圳出品、深圳形象"的出版选题，以图书出版为核心，进行融媒体电子书、有声读物、文创产品、影视、文创等多元产品形态开发，打造深圳特色文化 IP。将优质的融合出版资源通过知识采集形成全面系统的知识资源，再通过深圳百科全媒体数字资源库向用户提供个性化知识服务。

创新是深圳的灵魂。2023 年深圳出版社出版了《大国创新：从专精特新到隐形冠军的深圳经验》等融合出版物。为了突出自身的"科"字特色，深圳出版社将在科创图书出版领域聚焦于专精特新和隐形冠军，全力推动知识服务转型，争取把这个细分领域的出版影响力做到全国前列，以打造自己的核心竞争力。深圳市的"专精特新"单项冠军企业数量在全国各大城市中排名第二。深圳市重提"工业立市、制造强市"，并布局"20+8"战略新兴产业集群和未来产业，深圳出版社将为这座创新型城市贡献自己的文化力量。

三、要开拓新媒体营销渠道，挖掘用户实际需求

只有了解大众的真实需求才能提供有效的知识服务。随着互联网和智能手机的普及，人们对于知识的获取也变得更加高效快捷，知识服务方面的需求也逐渐趋向个性化、专业化以及定制化。基于此，需要改变传统的营销模式，通过借助大数据技术对用户的数据信息进行分析，挖掘用户的真实需求。

2021—2023 年，深圳出版社积极探索营销新模式，在做好当当、京东及天猫商城等传统电商渠道销售的基础上，着力开拓新媒体营销渠道，与抖音、快手、微信公众号、小红书等新媒体平台的大 V 及达人进行合作，推销深圳出版社图书，樊登、刘媛媛、王芳、金龟子、俞敏洪等大 V 均推销过，吸引了近 1000 万读者在线观看直播，不仅提升了深圳出版社的品牌影响力，同时带动了其它渠道的销售，带来了可观的销量。

目前，深圳出版社已结合自身内容资源和作者资源等方面的优势，加

强自媒体矩阵建设，建立了由微信公众号、抖音号、视频号构成的矩阵，并探索开展直播带货，取得不错的效果。其中，微信公众号入选第六届"大众喜爱的阅读新媒体号"。

未来，深圳出版社将依据读者阅读习惯、消费习惯的转变以及新技术的发展，及时适应调整营销策略。与包括大众媒体、有影响力的社交媒体、电商平台等各大平台渠道建立密切联系，建立联动机制，一方面实现营销效应最大化；另一方面，通过借助大平台强大的大数据技术对用户的数据信息进行分析，进一步挖掘用户需求，为用户提供高质量的知识服务。

深圳出版社将以习近平文化思想为指导，回应新时代读者的新需求、新期待；加快出版数字化转型，呈现科技赋能阅读的发展新局面。通过提供新型知识服务，推出高质量数字出版精品，为读者提供更具前沿、更高品位的文化服务体验；为深圳建设高质量文化强市，打造城市文明典范积极贡献书香力量。

SHENZHEN
QUANMINYUEDU FAZHANBAOGAO 2024

阅读建言

弘扬中华优秀阅读传统 推进全民阅读深入开展

邬书林

全民阅读已经成为党和国家的重要战略，写进了党的二十大报告、政府工作报告，全国每年有四五万场的全民阅读活动在深入开展。中国有一句话叫"吃水不忘挖井人"，作为全民阅读的推动者，我认为要将深圳在这方面的重大贡献、深圳做的重要工作，定期、及时回顾一下，使我们接下来把全民阅读推广工作做得更好。

全民阅读是怎么来的？为什么是国家新闻出版署在推动呢？ 1995 年，联合国教科文组织设立了世界图书与版权日，中国是联合国安全理事会常任理事国，有责任开展全民阅读活动。所以从 1996 年开始，我们开展世界图书与版权日活动，当时全民阅读还没有纳入我们的视野。

2005 年，我到深圳来调研，时任深圳市委宣传部部长的王京生告诉我，从 1996 年开始，深圳就响应联合国的号召，开展全民阅读活动，已进行了 10 年，但困难重重。经过一番调研，我回去之后向中央领导报告了深圳开展全民阅读的情况，领导觉得全民阅读活动很好，让我们做做看，把深圳的经验总结好，做好了以后，中央来支持全国推广。此后，我们总结深圳经验，精心谋划，最终由中央文明办、中央宣传部、国家新闻出版署等 13 个部委联合下发文件，正式举起了全民阅读的大旗。

2023 年，习近平文化思想在全国宣传思想文化工作会议上提出之后，对整个宣传文化领域各方面的工作产生重要影响，也为其提供了重要原则。我认为像全民阅读这样涉及老百姓掌握知识的事情，必须以习近平文化思想为指导，务实地做，结合阅读推广，好好研究如何在当下的环境中，把全民阅读真正引向深入。

习近平文化思想有一个重要的目标，是要通过宣传文化工作建设中华民族现代文明，并且习近平总书记讲了一个重要方法，这个方法也是一以贯之的，就是"坚定文化自信、秉持开放包容、坚持守正创新"。我们把全民阅读真正做好，要围绕着中华民族现代文明的建设，同时要有坚定的文化自信，要有开放包容的心态，更要去守正创新，把各项工作落到实处。我认为要在阅读的基础之上，在掌握人类有史以来文明基础之上，用好包括 ChatGPT 在内的人工智能等先进方法，来使我们的阅读落到实处。

一、要坚定文化自信

阅读最本质的就是把前人的书好好读清楚，在这个基础之上去创新。不阅读前人的东西，以为自己创新了，其实是得不偿失。中华民族有 5000 多年的历史，中华文明是这个世界上保存最完整、最完善的古老文明之一。我们有一个从未间断过的文脉，形成了非常好的文化传统。许多重大问题、许多技术问题先人都做过记录。在阅读问题上，文化自信要有毫不动摇的意志，实实在在以文献为基础阐述，还要讲生动的故事。

一是我们的先人对阅读的本质做过深入思考。从哲学层面上，先人有过精准的阐述，在我们的经典著作中，论述也非常丰富，值得我们好好去阅读。宋代朱熹的《朱子读书法》，是世界上最早系统论述为什么要读书、怎样读书、读书的最好方法是什么的著作。朱熹认为，人生的知识来源于实践，但是人生苦短，你不可能事事都实践，先人是实践过的，把自己成功的经验写在册子上让你看，读书的本质就是把前人积累的重要经验、形成的知识变成自己的，这就是为什么要读书。如果再往前推的话，从《论语》到许多重要著作，都对读书做过重要论述。《论语》开篇讲"学而时习之，不亦乐乎"，是说把经典记载的那些知识去实践，成功了你才快乐。程颐曾说，今人不会读书，读《论语》时是这样的，读完《论语》还是这样的，便不成功。大家读书是为了从中吸取知识变成自己的，改善自己的知识结构，进而改善自己的价值观，方方面面都得到改善，从而更好地为社会服务。

二是中国人对读书从来都有高远的立意。欧阳修认为"立身以立学为先，立学以读书为本"；朱熹讲读书要明理明智；《大学》虽然只有 2000 字左右，但是对读书的目标定得很高，要"修身、齐家、治国、平天下"。自古以来，我们中国人对读书都有着很高的追求。

三是古人对阅读方法有科学的归纳，有许多是很精到的。比如说孔夫子讲"学而不思则罔，思而不学则殆"，现在全世界公认的很好的读书方法是朱熹的"循序渐进、熟读精思、虚心涵泳、切己体察、着紧用力、居敬持志"，这也成为全世界读书非常生动的方法。大数学家华罗庚曾说，他之所以自学能成才，很重要的一点就是按照由薄到厚、由厚到薄的读书方法，循序渐进。所以从阅读方法而言，古人也给我们做出了很多科学归纳。

四是对早期阅读的高度重视。过去都讲中国人不大重视早期教育，其实了解中国典籍的人都知道，《颜氏家训》中就有关于胎教的内容。例如，母亲怀孕三月就应当独居，所思所看所听都要比较符合理智；要目不斜视，耳不妄听，在肚子中的孩子才能成长为正经的人等。在漫长的古代社会，《三字经》等大量的启蒙读本里，至少 35% 都是讲孩子的早期教育。

五是古人不拘一格的阅读风格也是值得我们学习的。从帝王将相、才子佳人到老百姓，古人留下了大量关于阅读的趣闻故事。欧阳修说他读书主要靠马上、车上、枕上。陶渊明说他的读书方法是"好读书，不求甚解"，后面的话最精彩——"每有会意，便欣然忘食"，意思是真正读到好书的时候，便会废寝忘食。现在大部分人没有会意到重点，不讲"欣然忘食"，专讲"好读书，不求甚解"，好像读书不要深入理解一样，我们要认真地理解古人的本意。

六是中国人在营造良好的阅读环境上有非常好的传统。为了精准地让经典能够世代流传，相传东汉时期就曾把儒家经籍刻在石头上，以便大家阅读。中国有 960 万平方公里土地、有 14 亿多人口，历史悠久、地大物博。但是中国所有的土地资源以及淡水、石油、木材、煤炭等，只要除以 14 亿多人口，95% 都低于世界平均水平。所以中国人怎么屹立于世界民族之林？唯有读书。用知识把自己武装起来，这样中华民族才能真正走向强大。

二、要秉持开放包容

中国的现代文明虽然在改革开放之后有了巨大的进步，但仍然有增长空间，需要我们谦虚地通过认真研究、借鉴世界各国的思想成果，尤其是全人类的优秀思想成果，这样我们才会有更多的国际朋友。我们还是一个发展中国家，现在世界上有很多科技经典、学术经典还不是中文写的，如果我们不开放包容、不认真研学行吗？秉持开放包容，构建人类命运共同体，用全人类的优秀文化知识，来推进中华民族伟大复兴，在我们工作当中无疑是非常重要的。从马克思到列宁，这些思想奠基者，都为我们树立了榜样，值得我们学习。不读书、不知道世界综合国力竞争的方法，肯定是不行的，所以开放包容、多读书，真正把世界上人类已有的知识掌握好了，在这个基础上去创造自己的文明，来为人类命运共同体做贡献，同时化解各种各样的矛盾，是我们读书非常重要的目的。

三、要坚持守正创新

人工智能、ChatGPT 出现后，现在的许多书卖不动了。ChatGPT 几个月达到的水准，现在许多书都达不到，人家为什么买你的书？真正看书的人都是有知识、会读书的人，是有见地的，所以不守正创新是不行的。什么叫守正？是你的才可以。所以既然要守正创新，在读书问题上一定要有老实人的态度，就是知之为知之，不知为不知。

ChatGPT 出现后，有位朋友跟我讲 ChatGPT 本身并不可怕，可怕的是 ChatGPT 能够把人类已有的知识通过人工智能技术构建起来，先把已有的知识梳理出来，然后在此基础上进行创新。问题的要害是如果你本身没有经历，也就没有创新，会出现这种情况：你把垃圾输入进去，ChatGPT 就把垃圾整理一下还给你；你用形式主义的方法来论述问题，它就用形式主义的方法给你回过来；你用假大空的东西来训练它，它就告诉你怎么说假大空的话。所以我们要非常务实，孔夫子讲"知之为知之，不知为不知"，守正创新，先要守正，做一个好好的人才谈得上创新。

深圳过去为全民阅读做过重大贡献，建设创新型国家、建设中华民族现代文明，也给深圳提出了新的要求。期待深圳的读书活动，能够带动整体深圳市民的素质提高、社会风气的进一步提升，把深圳用知识武装起来，永远立于不败之地。

邬书林，中国国家创新与发展战略研究会学术委员会副主席、

中国出版协会理事长

阅读力决定学习力

聂震宁

党的十八大报告中明确提出"开展全民阅读活动"。在国家的大力倡导下，我国的国民阅读率上升很快。事实上，全民阅读不是那么简单就能够达到很高的高度。我认为，全民阅读最重要的是提高国民的阅读力。因此，我提出了"阅读力"这个概念，或者说我就"阅读力"的问题做了一番论述。生活·读书·新知三联书店出版了我所写的《阅读力》之后，国家新闻出版广电总局把这本书评为 2017 年度最受大众欢迎的 50 本好书之一。

这本书出来以后，对阅读力的问题，我又进行了很多方面的思考。阅读力决定一个国家的学习力、创新力、思想力、发展力，青少年读书行动重在提高阅读能力。我们现在正在建设中国式现代化强国，全民阅读也是党的二十大精神的重要内容。

从历史上看，先秦是有阅读力的，因此我们的祖先创造了那么多的中华民族文化原典。《尚书》中有一句名言："惟殷先人，有册有典。"那时候就特别重视有册有典。孔子说"述而不作，信而好古，窃比于我老彭"，比之于老彭，他说就知道他跟彭祖有多么大的差距。"述而不作，信而好古"就是阅读。孔子说"我非生而知之者，好古，敏以求之者也"，这也是阅读。

先秦产生了我们中华民族文化的重要原典，这是一个有阅读力的时代。当然可以说是春秋战国时期，由于整个国家社会处于自由发展时期，因此有了文化的自由发展。特别是战国时期和古希腊、古印度叫作轴心时代的时期，为人类的文化奠定了非常重要的基础。

秦朝是没有阅读力的，所以它只存在了 14 年就结束了。为什么没有阅读力？因为它采取禁锢主义的文化态度，所以很快就遭到灭国之灾。

汉代是有阅读力的，尽管我们都知道董仲舒"罢黜百家，独尊儒术"，但是就国家治理而言，各级官员必须读书，整个国家的指导思想是明确的——以孝治天下，以儒学治天下。在社会上，当时的《庄子》《淮南子》这些书都是畅销书，并没有禁锢，更不要说"外儒内法"。百代都行秦政法，用的都是秦朝的政治制度、法家制度，但外儒内法，是用一种文化的办法，使得社会有一种融合的发展，所以才有大汉 400 年。大汉 400 年，在汉武帝时代创办了太学，太学一开始只有 50 多人，到了东汉光武帝刘秀的时期，有 3 万多太学生。太学生做什么呢？当时没有科举制度，各地官员要选拔推荐青年才俊来太学学习，学习以后可以去做官员。学什么？儒经，主要是两本书——《论语》《孝经》，当时做官员必须能背几千字的儒学经典，《论语》《孝经》都要能背。这就解决了国家治理需要统一的思想问题。同时老百姓也可以学习《淮南子》《庄子》，还有各家的学问都可以正常研究，它不是文化禁锢主义，而是文化集中管理的办法。

隋朝的阅读力是有问题的，但隋朝创立了科举制度，这很了不起。隋朝为什么那么短命？因为它修大运河，修得国力空虚；因为它三征高句丽失败，使得军力衰落。当然，还有由于搞了科举制度，受到了官垄集团坚决的反对，官垄集团本来就是世袭的。

1978 年美国出版过一本书，书中认为为人类文明作出巨大贡献的 100 位名人里面，排在第 87 位的是中国的隋文帝，他创立了科举制度，使得中国在 1000 多年时间里有一个相对公平的考试办法。当然，我们都知道科举制度后来僵化了、衰败了，到清朝之后，整个科举制度已经跟不上人类社会的发展了，所以科举制度消失了。在 16 世纪的时候，很多传教士到中国来，回到欧洲写文章都说没见过一个考试制度那么厉害，能够通过大范围的公平的考试来选拔青年才俊，所以隋文帝是对中华文化、对人类文明作出了重大贡献的，但享受这种红利的是唐代。

唐代将科举制度坚持下去，武则天进行改革，增加了考试点，使得很多人能够更好地读书、学习、考试，进入社会管理阶层。唐代持续近 300 年，整个社会有非常强的阅读力，更是创造了中华文明的瑰宝——唐诗。

宋代在武力上是不行的，因为一开始赵匡胤就对武力集团高度警惕，裁撤了很多武力机构，大力发展的是文官制度。文官制度为中华文化作出了重大贡献，因此宋代的阅读力很强。南宋在整个历史中存在不到 200 年的时间，但在文化上对整个南方产生了巨大的影响。

明代也是有阅读力的，明代的阅读力是世俗的阅读力，这推动了明代的文化，尤其是散文写作、小说写作的一系列发展。

清代一开始没有阅读力，后来阅读力逐步增强，因为它吸纳融合了汉文化的精华，而且作为少数民族文化向汉文化更多地靠拢。但是清代阅读力也有问题，虽然有了《海国图志》，但在清朝无人问津，甚至遭到官员们的排斥，认为它就是在宣扬夷族，灭我中华文化的威风。《海国图志》促进了日本的明治维新，对日本的推动作用大于《海国图志》的出版国中国。这是魏源的一个重大贡献，却在日本开花结果。

清代的阅读力最后全靠积贫积弱之后的西风东渐，睁开眼睛看西方，引进了先进的科学技术和文化，特别是引进了马克思主义。中国共产党的成立就是来自阅读，来自《共产党宣言》的阅读、马克思主义的阅读等。成立中国共产党，开展无产阶级革命，这是一系列的阅读对社会的影响。所以社会的阅读力决定我们的学习力，决定我们的创新力，决定我们的思想力，决定我们的发展力。

究竟是什么样的阅读，才能使得我们的社会有更好的学习力、创新力、思想力、发展力？我在《阅读力》这本书里做了如下阐述：阅读的目的——读以致知、读以致用、读以修为、读以致乐。

读以致知。人类是地球上求知欲最强的动物，亚里士多德说"求知是人类的第一天性"。1986 年上海译文出版社曾经出版过德国人卡西尔写的《人论》，书中的观点就是：人是符号的动物。因为全地球上所有的动物只有人类有符号，或者说有周密的符号、有严谨的符号，用符号来传递知识、传递文化、传递思想，所以人是符号的动物。这个符号就是我们连接成人类最重要的一种手段，这就是阅读。

读以致用。书到用时方恨少，他们说全民阅读不讲功利性阅读，更多的是老百姓自然而然地读起来。我也曾经秉承这样的观点，后来我看读以致用非常重要，因为人类的发展、中华民族的发展离不开读以致用。正因为读以致用，我们的人类、文化、科技各方面才有更大的发展，不能全都是逍遥阅读，读以致用，不是那么简单的一件事情。所以，我们要有专家的阅读、有专业的阅读、有青少年的阅读、有各行各业的阅读，这样我们国家、社会才可能有更大的进步。

读以修为。整个人类文化，或者一个民族、一个国家的修为，往往来自阅读。

读以致乐。我认为在全民阅读当中，必须把读以致乐看成是最高境界。有人说读以致知、读以思考、读以致用、读以发展，才是最高境界。某位教授在会场上跟我讨论，他说他认为读以修为才是最高境界，有了修为就有可能更好地求知、更好地学习、更好地发展。我说我赞成，我完全同意，一个人的修为跟他的阅读、他的学习、他的发展有关系，但是作为全民阅读，最重要的是读以致乐，让更多的人感到读书的快乐。我一定要纠正一下，不是读快乐的书，而是读了感到快乐，成为自己终身学习的追求、终身读书的追求。这样我们的民族文化才有更好的发展，我们才可能有更好的思想力、创新力、发展力，乃至于更好地自立于世界民族之林。

我接下来讲青少年的阅读重在提高阅读力。2017 年，出版了《阅读力》这本书之后，生活·读书·新知三联书店组织我到很多地方的图书馆、书店与读者见面。在江苏省盐城市图书馆做交流的时候，有一位中年男子站起来，他说："我的儿子每天做作业做到晚上快 11 点，我不骂他他就不睡，不睡第二天就起不来，你们现在又要增加阅读，怎么办？"我说我也不知道怎么办，但是我可以告诉你，你孩子是不是做作业比较慢？他说是比较慢，他都骂他。我说你让他把书读起来，他就会把作业做得快起来。他说这是谁说的？我说外国有一个大教育家叫瓦·阿·苏霍姆林斯基，他说要使孩子变聪明起来的方法，不是增加作业量，不是补课，而是阅读、阅读、阅读。徐州市有一位著名特级教师叫于永正，他说学生的学习成绩好，学习能力不一定强，而阅读能力强，他的学习能力就一定是强的。

大家现在都用的《现代汉语词典》，主编是吕叔湘先生。他说，语文成绩好的同学，问他们的经验，他们会异口同声地告诉你，得益于课外阅读。你的孩子如果课外阅读读好了，作文肯定写得快，数学看得就快一点，下笔也快一点。2023 年 3 月 27 日，教育部等八部门专门下发了《全国青少年学生读书行动实施方案》，里面对学生的阅读提出了全面的要求。我相信青少年学生的阅读力会得到很好的提高，这必定就会提高他们的学习力。

什么是阅读力？我简单讲讲我对这个概念下的定义。

一、阅读兴趣

无论是社会，还是个人，阅读兴趣强，这个社会的阅读力是强的；兴趣不强，这个社会的阅读力谈不上强。对个人更不用说，有兴趣就会随时想到几天没读书了，赶紧找本书来读，最近听说一本很好的书，千方百计地把它买下来，或者到书店去找出来，这就是有兴趣，所以兴趣是第一位。

二、阅读习惯

2022年"4·23"首届全民阅读大会，习近平总书记发来贺信，贺信里面谈了三点希望：一是希望广大党员、干部带头读书学习，修身养志，增长才干；二是希望孩子们养成阅读习惯，快乐阅读，健康成长；三是希望全社会都参与到阅读中来。第二点对学生们的希望就是养成阅读习惯，然后快乐阅读，健康成长。养成阅读习惯，无论是对一个国家，还是对一个社会，还是对个人，都是至关重要的。

三、阅读能力

阅读能力最重要的有三点：一是读懂一篇文章、一本书的能力，这个我想是一个基础，读完了都不知所云的肯定不成功；二是判断一本书内容价值的能力；三是联系实际、联想创新、举一反三的能力。孔子在《论语》里面说"举一隅不以三隅反，则不复也"。他最喜欢的学生叫颜回，他说颜回闻一知十，说一件事他能想到十件事，而他只闻一知二、知三。阅读能力里面举一反三的能力，就是联系实际、联想创新的能力，是最重要的能力。

因此，提高阅读力要从三个方面入手：兴趣、习惯、阅读能力。

具体的办法，可参见朱熹的读书六法：循序渐进、熟读精思、虚心涵泳、切己体察、着紧用力、居敬持志。切己体察就是举一反三、联系实际、联想创新的能力，否则读别人的书还是别人的书，而不是读别人的书想自己的文章、想自己的思想、想自己的见解。

当然我觉得当前全民阅读的阅读力最重要的是阅读兴趣。没有阅读兴趣，深圳读书月就没有办法坚持那么长时间；没有阅读兴趣，就很难有今天这么多的人讨论阅读；没有阅读兴趣，深圳的读书之城也难以支撑。所以，深圳的人是有阅读兴趣的，是有学习力的，一定会有更好的成长力。我觉得全民阅读的重点，还是要抓阅读兴趣。我觉得阅读想得到更好的发展，要深化全民阅读活动，要从兴趣着手，要方便读者更好地阅读。

让我们的社会更多地激发大众的阅读兴趣，让更多的人参与到全民阅读中来，读以致知、读以致用、读以修为、读以致乐，建设中国特色社会主义现代化强国。

聂震宁，韬奋基金会理事长

阅见世界

深圳法语文学出版及中法文化交流情况

胡小跃

深圳出版社是我国最早进入法国出版界洽谈版权贸易的出版社。自1998年开始出版法国当代文学作品以来，引进出版了法国优秀图书近两百种，数量为全国之最，创立了"西方畅销书译丛""海天译丛""大家译丛"等知名品牌，所编图书多次获中国图书奖、全国城市出版社优秀图书奖、全国外国文学优秀图书奖等国家、省、市及各类专业图书奖、好书奖，并被推荐为党政领导干部参考用书；"中国结译丛"获法国出版奖金，并被列入中法文化年"百本法国图书在中国"计划。

深圳出版社出版的法国图书在业界和法国文化界都具有一定的影响力。法国《论坛报》2001年曾整版介绍深圳出版社翻译与出版法国图书的情况，法国《图书周刊》称深圳出版社为"法国当代文学在中国的重要促进者"，法国对外出版署的《通讯》三次介绍深圳出版社的出版交流活动，法国《今日诗歌报》发文称"海天出版社（现深圳出版社）成了中国南方的法国文化出版重镇"，《中国新闻出版报》以"红杏绽蕾含奇香"为题，详细介绍了深圳出版社在中外文化交流方面所做的工作，《中华读书报》《中国新闻出版报》也多次专题报道过深圳出版社出版法国图书的情况。

除了引进和出版优秀的法国图书之外，深圳出版社还多次发起和组织中法文化交流活动：2000 年在深圳读书月设立"法国图书日"，连续多年举办交流活动；2002 年邀请法国著名作家格兰维尔在深圳举办龚古尔奖百年纪念活动；2003 年参与法国文化部及法国驻华大使馆的"中法文化年"活动，在北京国际图书博览会举办多场活动；2004 年在深圳文博会期间举办海天版法国优秀图书展；2006 年组织萨特好友马德莱娜夫人中国巡讲；2013 年邀请法国《图书周刊》记者采访深圳书城、深圳图书馆，并报道深圳读书月；2014 年参与"中法文化之春"活动，邀请法国作家菲利普·福雷斯特来深圳举办《薛定谔之猫》文学研讨会，该书当年被评为深圳读书月十大好书；2017 年设立"中法讲书团"，轮流在中国和法国的书店、书展、图书馆、文化沙龙介绍海天版法国图书和深圳读书月，宣讲深圳的文化建设与成就，扩大深圳在国际上的影响，该活动至今已举办了五届。

为了更多更好地引进和出版法国优秀图书，深圳出版社于 2016 年成立了"胡小跃出版工作室"。本人一直担任深圳出版社法语译审，现为深圳出版社首席编辑。在职业生涯中，曾翻译法国图书六十多种，在《译林》《出版广角》《中华读书报》《书城》《世界文学》等报刊发表文章数百篇。2000 年被《中国图书商报》评为最佳编辑（外国文学组），2002 年被法国文化部授予"文艺骑士"勋章，2010 年获傅雷翻译出版奖，2019 年被中国出版协会评为"文学好编辑"。2002 年代表中国出版界在法国国会向世界各国同行介绍中国出版业和深圳的文化举措；2013 年在法国《图书周刊》大篇幅介绍深圳读书月和深圳全民阅读的经验。2001 年《中国新闻出版报》以"红杏绽蕾含奇香"为题，详细介绍了本人在中外文化交流方面所做的工作，2002 年、2004 年、2013 年法国《图书周刊》《论坛报》多次刊文介绍。

成立"胡小跃出版工作室"是深圳出版集团暨深圳出版社在探索出版改革、活跃内部机制方面迈出的新一步，在国内引起了较大反响，《光明日报》《中华新闻出版报》《中华读书报》等许多国内一流媒体和专业报刊均进行了报道。该工作室集中精兵强将引进法语图书，同时促成中国图书"走出去"，繁荣中法文化交流。工作室成立以来，已引进出版100余种国外优秀作品，其中《加缪书店》荣获傅雷翻译出版奖，《语言的第七功能》入围傅雷翻译出版奖文学类，《蜜蜂与哲人》入围傅雷翻译出版奖社科类，《与皮沃父女左岸读书》获评《中华读书报》2019年度月度好书、百道网好书榜和深圳读书月"藏书与阅读推荐书目"，《几乎消失的偷闲艺术》入选百道网好书榜年榜文学类、《新京报书评周刊》"年中好书"、腾讯年度好书入围书，《2084》获《新京报书评周刊》"年中好书"、百道好书榜年榜·文学类TOP100，《清算已毕》获《中华读书报》2021年4月探照灯好书，《亦近，亦远：列维－斯特劳斯谈话录》获百道网月度好书榜等等。

胡小跃，深圳出版社首席编辑，法语译审，

胡小跃出版工作室主理人

国内外儿童数字阅读研究的热点与趋势

张晗 杨茜茹

一、引言

　　阅读是人类认识世界、获取知识、传递信息、沟通互动的主要方式，是文化传承和社会进步的重要途径。儿童期是培养个人阅读兴趣、阅读能力等素养的关键时期，对个人的成长发挥着重要作用。如今随着科学技术的迅速发展，媒介形态发生了巨大变化，人们的阅读方式也逐渐从传统的纸质阅读转向数字阅读，作为"数字原住民"的儿童在此背景下进行着多样化形式的数字阅读。

　　从现有研究来看，数字阅读的发展吸引了语言学、教育学、图书情报学等多类型学科研究者的积极参与，不同学科从不同研究视角展开了对儿童数字阅读内容、行为、效果等不同层面问题的探讨，形成各具特色的研究成果。为全面了解儿童数字阅读的研究现状，本文通过梳理近十年国内外对于儿童数字阅读研究的主要文献，试图归纳此领域的热点研究主题，为进一步开展儿童数字阅读实践提供思路。

二、数据来源和研究概况

数字阅读主要包含三层含义：一是阅读对象的数字化，即阅读的内容以数字化方式呈现，如网络小说、数码照片、网页等。二是阅读方式的数字化，即阅读的载体、终端是带屏幕显示的电子设备，如电脑、手机、电子书阅读器等。三是社会化阅读，即基于微信、微博等社交媒体发展起来的阅读，是一种侧重于读者与读者、读者与内容之间互动、交流、共享的新型数字阅读模式。基于以上对于数字阅读概念的界定，为全面搜集和整理国内外数字阅读的相关研究，本研究确定了数字阅读、在线阅读、网络阅读、电子阅读、虚拟阅读、移动阅读、电子书阅读、数字设备阅读、新媒体阅读或屏幕阅读为检索关键词，在 Web of Science（全球学术信息数据库）并翻译成相应的英文词组进行检索，分别为 digital reading, online reading, web reading, electronic reading, e-reading, virtual reading, mobile reading, E-book reading, mobile phone reading, digital device reading, new media reading, screen reading。

此外，根据联合国《儿童权利公约》，将"儿童"定义为 18 岁以下的任何人，包括儿童、少年和青少年。基于此，笔者将以下词汇作为本研究主题中"儿童"的检索词，分别为 child, children, adolescent, youngster, teenager, juvenile, kid, K-12。

在"Web of Science Core Collection"数据库检索中，为保证检索结果精确性，笔者在数字阅读相关检索词处均加双引号，以下列检索式进行组配检索：TS =〔（"digital reading" OR "online reading" OR "web reading" OR "electronic reading" OR "e-reading" OR " virtual reading" OR "mobile reading" OR "E-book reading" OR "mobile phone reading" OR "digital device reading"

OR "new media reading" OR "screen reading"）AND（child OR children OR adolescent OR youngster OR teenager OR juvenile OR kid OR K–12）〕。 在 CNKI（中国知网）中，笔者采用专业检索的方法，选定 CSSCI 数据库，组配检索式为：SU=（'数字阅读'+'在线阅读'+'电子阅读'+'虚拟阅读'+'移动阅读'+'电子书阅读'+'数字设备阅读'+'新媒体阅读'+'屏幕阅读'）×（'青少年'+'孩子'+'未成年'+'中小学'+'儿童'），将检索时间限定在 2013—2023 年。"Web of Science Core Collection"数据库检索数量为 174 篇，笔者对文献内容进行浏览，排除与儿童数字阅读无关的文献，最终选出相关的研究文献共 106 篇作为本文分析的数据样本。CSSCI 数据库中共检索 70 篇文献，剔除无关文献后共有 62 篇作为分析样本。

三、文献数据分析

（一）文章发表时间分布

由图 7–1 所示，我国近十年有关儿童数字阅读的研究文献发布数量总体低于国外，2019 年发布文章数量最多。近十年国外儿童数字阅读的研究文献数量分布情况如图 7–2，2013—2019 年国外儿童数字阅读文献数量较为稳定，2019 年后研究文献显著增长，2021 年达到峰值。研究文献数量的不断增长反映出学术界对于儿童的数字阅读关注度逐年增加，对于儿童阅读的研究情境逐步由纸质阅读环境转移到数字阅读环境中。

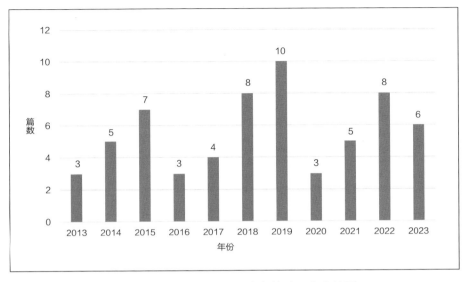

图 7-1 国内儿童数字阅读文献时间分布情况

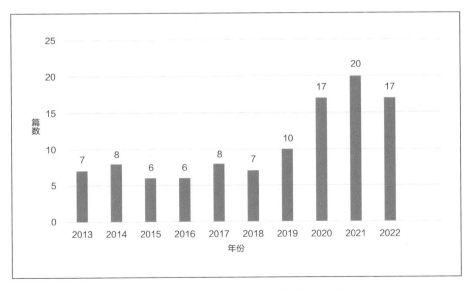

图 7-2 国外儿童数字阅读文献时间分布情况

（二）文章发表期刊分布

　　总结论文的期刊分布情况有助于从宏观上把握不同学科在此领域的研究情况，了解探究领域的核心期刊群体。根据本次检索数据，国内发表儿童数字阅读相关文献的期刊种类有 26 种，载文量在 2 篇及以上的期刊有 14 种。发文量排在前三位（含并列）的期刊分别是《中国出版》（6 篇）；《图书馆建设》（6 篇）；《图书馆工作与研究》（5 篇）；《图书馆理论与实践》（5 篇）；《中国青年研究》（5 篇）；《图书馆学研究》（4 篇）；《出版科学》（4 篇）。以上期刊所属学科领域为图书情报与数字图书馆和出版学科（见图 7-3）。

　　国外发表儿童数字阅读相关文献的期刊种类有 55 种，种类相对较多。其中载文量在 2 篇及以上的期刊有 17 种。其中，排名前 3 位的期刊分别为：*COMPUTERS & EDUCATION*、*READING AND WRITING* 和 *READING RESEARCH QUARTERLY*，与国内研究不同的是，以上期刊均属于教育科学领域，可见国外在儿童数字阅读的相关研究多集中在教育学科上。此外，还有 *FRONTIERS IN PSYCHOLOGY*、*JOURNAL OF COMPUTER ASSISTED LEARNING*、*EDUCATIONAL TECHNOLOGY & SOCIETY*、*LIBRI-INTERNATIONAL JOURNAL OF LIBRARIES AND INFORMATION STUDIES*、*ELECTRONIC LIBRARY*、*COMPUTERS IN HUMAN BEHAVIOR* 等期刊，分布于心理学、图书馆情报学、计算机科学、社会学等学科领域（见图 7-4）。

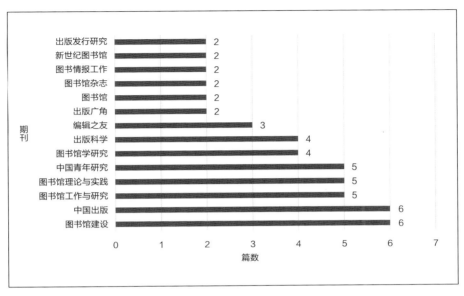

图 7-3　国内发文量排名前列的期刊

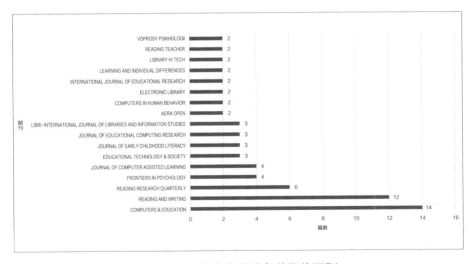

图 7-4　国外发文量排名前列的期刊

四、研究主题分析

（一）数字阅读策略

"阅读策略"主要包含以下两种含义：一种泛指读者在阅读过程中为达到成功阅读所运用的一系列技能和方法。另一种是特指，源于心理学科，包含学习策略、阅读理解策略以及自我监控和调节。

在儿童的数字阅读过程中，相比独立阅读，有父母或其他人一同陪伴的儿童数字阅读活动会更加有利于儿童阅读能力和语言能力的发展，有助于其儿童语音意识和单词阅读方面的进步，并且有助于理解阅读内容。在亲子共享阅读的互动过程中，Davidson 等学者发现在开展数字阅读活动时家长向孩子提出问题并让其大声朗读，有助于儿童获取重要阅读信息。对于双语学习的儿童，多媒体互动电子书中的双语提示和反馈策略以及父母的对话引导可以让儿童理解更多信息并主动输出第二语言。另外，在电子书阅读过程中与同伴的互动也有利于提高儿童的阅读理解能力。

此外，研究者还发现其他诸多策略对儿童数字阅读的影响。国外一项最新的研究评估了名为 Paws and Learn（PAL）的在线多成分犬阅读的阅读干预策略。研究发现虽然 Reading to Dogs 的阅读策略在统计学上对提升儿童幸福感和阅读效果方面与传统阅读没有明显差异，但是定性访谈表明了此策略的积极效果。另外，家长通过 5E 教学模式〔Engagement（参与），Exploration（探索），Explanation（解释），Elaboration（阐述），Evaluation（评估）〕可以有效激发儿童阅读和学习兴趣。3R〔Read（阅读）、Recite（背诵），Review（复习）〕策略的使用也可以有效指导儿童阅读电子书；关键词提示与检索的结合也可以帮助孩子更好地记忆故事，从而提高语音意识和阅读理解。带有阅读注释和交互式讨论（CRAS-

RAIDS）的在线协作阅读注释系统可以有效提高学生在数字阅读环境中的阅读表现。

通过对当前文献关于儿童数字阅读策略的总结和分析，笔者发现国外学者对此讨论较多，在此方面的研究主要集中在语言学、教育学领域，研究对象主要以低年级的幼年儿童为主，此方面的研究成果较为丰富多样。

（二）数字阅读素养

国际阅读素养进步研究项目组织曾把阅读素养界定为：理解和运用社会需要的或个人认为有价值的书面语言形式的能力。年轻的阅读者能够从各种文章中建构意义，他们通过阅读来进行学习、参与学校中和日常生活中的阅读群体并进行娱乐。在数字阅读时代的数字阅读素养则指在数字阅读中通过合法方式快速高效地获取、辨别、分析、利用和开发信息的素养，主要包括数字阅读意识、数字阅读能力和数字阅读道德三个方面，是取得高质量阅读效果的基础和关键。

在对儿童数字阅读素养的研究上，多数国外学者采用经济合作与发展组织的国际学生评估计划（PISA）数据对儿童的阅读素养进行探讨。研究发现儿童的数字阅读素养受到社会背景、家庭数字环境、性别、ICT（信息和通信技术）、传统阅读素养等多种因素的影响。

数字阅读契合了未成年人阅读、认知和学习的心理规律，构建了交互式学习新模式。我国青少年数字阅读呈上升趋势，阅读目的以学习为主，但存在阅读技能单一、阅读自控力不足等问题。并且由于我国城乡发展差距较大，认知能力不足的农村儿童在新阅读模式的冲击下更容易陷入浅层化、娱乐化的误区。另外姜洪伟等学者在对河南省小学生的实证研究中发现该地区儿童数字阅读能力与自身纸质阅读和国际水准相比，均较为薄弱，高层次阅读能力尤为匮乏。

另外，研究发现家庭社会经济文化地位对青少年数字阅读素养具有显著的正向预测作用，阅读兴趣在其中发挥了部分中介作用；父母情感支持负向调节了阅读兴趣与数字阅读素养的关系，较高的父母情感支持对低阅读兴趣青少年的数字阅读素养起到了保护作用。

不同性别的儿童数字阅读素养呈现差异。Ronconi 调查了纸质文本阅读和屏幕文本阅读对儿童阅读时间、文本理解和性能校准的影响，结果显示虽然男孩在屏幕上阅读比在纸质阅读快，但是纸质媒介的阅读理解效果更好，屏幕上阅读会产生更大的校准偏差。当使用较长的导航序列和较短的过渡页面阅读时间时，女孩比男孩更有可能获得更高的分数。社交媒体对男孩的数字阅读素养负面影响较大。但是 Hsiao & Chen 的研究却表明电子阅读可以提高三年级孩子的阅读能力，且没有发现性别差异。

在 ICT（信息和通信技术）对儿童数字阅读素养的影响上，当前研究尚无定论。学者发现儿童电子书的阅读频率与其识字技能之间没有关联，且纸质书与交互式电子书对儿童阅读能力的影响没有明显区别，但使用交互式电子书的儿童阅读成绩更好。Dean 等人探究了基于 ICT 的阅读干预是否可能帮助在资源有限的环境中有阅读困难的儿童，结果也显示 ICT 对儿童的阅读准确性、词汇量或阅读理解方面没有显著影响。但是，Halamish & Elbaz 却发现与纸质阅读相比，在屏幕上阅读会削弱儿童的阅读理解能力。Liu & Ko 发现 ICT 相关技能可以预测近 50% 的在线阅读表现，但重要性低于纸质阅读技能。

此外，有学者发现数字阅读经验对儿童阅读能力没有显著影响。但儿童自身的纸质阅读技能更会影响其数字阅读表现。Krcmar & Cingel 发现数字环境下的亲子阅读互动可能会增加孩子的认知负荷，从而导致儿童理解能力的下降。但是 Korat & Segal-Drori 的研究却表明儿童在成人陪伴下阅读电子书有助于其语音意识和单词阅读方面的进步，恰当选择和使用电子书也会使儿童的识字能力得到很好发展，促进学生检索能力的提高。

（三）数字阅读行为

在儿童数字阅读行为方面，当前学界主要围绕儿童数字阅读行为的具体表现与影响因素进行研究，以及对儿童数字阅读态度、动机的探讨。

首先，在儿童数字阅读的行为表现上，近几年由于新冠肺炎疫情的影响，儿童的数字阅读行为显著增加。Loh & Sun 发现青少年更喜欢使用智能手机进行阅读，并且更喜欢在线阅读社交媒体；然而，由于青少年缺乏在线寻找阅读资源的知识或经验，公共图书馆免费的电子书资源并没有得到充分利用。Reimer 从"数字鸿沟"的角度探讨了新冠肺炎疫情对儿童阅读形式的改变是否会加剧丹麦儿童数字阅读的不平等现象，研究发现儿童实际阅读活动的不平等现象只会短期增加。

此外，在儿童数字阅读的其他行为表现上，Ghalebandi & Noorhidawati 发现马来西亚双语儿童在学习英语时更多通过大声朗读或静默阅读以及屏幕操作来进行电子阅读。Larson 则探究了电子书和有声读物结合的儿童阅读行为，研究发现儿童会使用电子书的工具和功能来定制阅读体验，还会通过听专业讲述进入沉浸式阅读。电子阅读中阅读和听力结合的体验有利于儿童阅读耐力和词汇量的发展。

其次，对于儿童数字阅读的影响因素分析，学者们多集中于探讨家庭的阅读环境、儿童的自身特征因素。

家长对数字阅读的态度和家庭数字阅读氛围很大程度上影响了儿童的数字阅读行为。虽然当前数字媒介已相当普及，但是 Sung 和 Chiu 在 2022

年的研究中发现香港大多数家长和学校仍然喜欢为儿童选择纸质书籍。Notten 和 Becker 在分析早期家庭识字环境对青少年的在线信息阅读行为有影响时，发现幼儿期的识字活动与其 15 岁时的在线信息阅读之间存在正相关关系，且这种发现在各个国家（地区）都较为一致。

儿童自身的特征如性别、年龄、传统阅读素养的差异也会导致其阅读行为的不同。Jang 等学者发现女生比男生更喜欢社交方面的数字阅读；且高年级学生更有可能发展出更强的数字读者形象；具有更多的字母和语言知识的 2—4 岁儿童在家中会更频繁使用平板电脑进行阅读书写活动。

在对儿童数字阅读态度和动机的讨论上，不同的学者研究呈现差异。我国学者发现数字阅读动机对纸质阅读动机和智能手机阅读行为存在正向影响，对阅读水平却存在直接负向影响，但此负向影响被纸质阅读动机的正向影响所抵偿。国外学者 Golan 发现孩子们更喜欢从屏幕上阅读，但是 Merga 的研究结果却显示青少年并不一定觉得电子书阅读比纸质书阅读更有吸引力。相互矛盾的结果显示出电子阅读在未成年人群体中呈现的多种可能性，但是同时也提示学界应当进行更加客观、科学、广泛的调研。

儿童会出于社会互动、自我发展、同伴认可、信息获取、个人兴趣和消磨时间等多种因素进行数字阅读。研究发现数字阅读媒介的形式也会对儿童的阅读动机产生影响。个性化电子书和游戏化电子书会促进学生阅读动机的提高。孩子们对使用带有 AR 的平板电脑阅读故事持肯定态度，并喜欢阅读由 AR 技术触发的故事内容。对儿童数字阅读行为和动机的探讨，可以为数字阅读界面、阅读资源等设计与建设提供些许参考与建议。

（四）数字阅读效果

儿童数字阅读的效果主要体现在其对阅读内容的理解上。阅读理解即读者从阅读书面语言文字中获取意义的思维过程。

在对儿童数字阅读效果的研究上，学者通常采用纸质阅读与数字阅读对比的方法进行探究。Savva 等人发现电子书在对儿童阅读理解效果上与纸质书籍没有明显差异。姜洪伟等人在对四年级儿童数字阅读和纸质阅读记忆效果的比较研究中也发现儿童在对阅读材料的记忆上没有显著区别。Mironova 对 11—12 岁的俄罗斯青少年在纸质阅读和屏幕阅读过程中的文本理解水平进行了比较研究，结果显示儿童对文本的理解与媒介关系不大，主要取决于其自身的阅读能力。但是，电子媒介能促进儿童对文本的事实信息的理解。Florit 等学者对学前班和一年级儿童的纵向研究同样表明阅读媒介对儿童文本理解的影响并不显著。但是在学前班数字阅读技能越高的孩子在一年级对数字文本的理解就越高。

以上研究均反映出媒介对儿童数字阅读理解水平的影响不大，个人因素主要影响了儿童的数字阅读理解成绩。Lim & Jung 对 PISA 2009 年数据分析的结果便证明了个人的导航、元认知总结策略、对 ICT 的态度和社会在线阅读活动对儿童阅读理解水平的重要性。但是，ChanlLin 却发现学生在老师指导下进行反思性 AR 阅读取得了更好的阅读成绩。

阅读文本的时间也影响儿童对数字文本的理解。O. Umarji 等学者对三至五年级儿童的电子书阅读日志进行分析，发现儿童花在阅读文本页的时间越多，对书中问题思考的时间越久，他们就越有可能正确回答问题。Strouse 也发现儿童每周接触数字媒体时间的增加可以促进儿童对数字故事的理解。

此外，我国学者在广告对儿童数字阅读行为影响的眼动实验研究中发现，儿童读者在不同数字情境下的浏览行为和测试成绩存在差异。相比带有广告的阅读材料，在无广告情况下儿童阅读测试成绩较好，阅读速度也较快；在与阅读材料相关 / 不相关广告的测试中，广告区的浏览行为和文字区的阅读行为均不存在显著性差异。

（五）实践与应用

基于对儿童数字阅读表现的一系列研究，国外学者探讨了诸多促进儿童数字阅读的实践应用举措，主要围绕在数字课堂指导和电子书设计上；而我国主要集中在图书馆对数字阅读的推广上。

在电子书设计上，当设计得当时，学龄前儿童的学习效果与读印刷书籍一样好，有时甚至更好，具有字典支持、动态文本和语音输出功能的电子书有利于发育障碍幼儿单字阅读技能的提升。但是，也有学者的研究表明，带有声音、动画和游戏的增强型电子书会分散孩子的注意力并降低学习效果。

Huang 等人提出了一种基于传感技术和电子书的电子书阅读行为监测系统，此系统主要分为真实课堂情景分析、系统设计与实现、功能性和可用性评估三个阶段，实验表明该系统具有良好的可用性和功能性。Affable Reading Tutor（ART）是专为幼儿设计的在线阅读课程，课程中的数字人（虚拟同伴）充当同伴模型，采用提问的策略帮助儿童提高对说明性文本的理解。结果显示，有虚拟同伴的实验组在即时测试和延迟后测试的文本理解水平均优于没有虚拟同伴的对照组。Weiss 等学者为 5 岁儿童开发的在线早期识字培训阅读营，包含了学习阅读所必需的基本技能的关键组成部分，并在交互式、多感官和同伴学习环境中在线教授，结果表明有利地促进了 5 岁儿童学习阅读。

在数字阅读推广上，互联网的迅速发展给儿童阅读的推广工作带来了新的挑战。学习和娱乐相融合的立体互动数字读物将成主流；人工智能 +

数字出版将成为发展新态势。我国学者建议可以尝试研发适用于家校阅读场景的分级阅读体系，做好以学校为主，家庭、社区为辅的公益儿童数字阅读服务，同时完善未成年人数字阅读法律法规建设，建立"数字馆员"人才队伍。此外，电子图书馆的建设也是学者关注的重点，在电子阅读资源上，可以根据儿童年龄分级管理，设计符合不同年龄段儿童的特色阅读产品；在阅读推广服务中，做到模式创新，推广方式"互联网+"化和移动化，阅读推广课程化和互动化。

此外，对于城乡儿童阅读素养差距较大的问题，学者建议可以从正式社会支持和非正式社会支持两个层面提升其数字阅读素养，建构以家庭为核心、政府为主导、社区社会为纽带的社会支持系统。

通过对近十年国内外儿童数字阅读的研究梳理与分析，可以看到此领域横跨多个学科，且不同学科从不同视角展开了多维丰富的研究，国内外的研究方向稍显不同，但都为我国对于儿童数字阅读的发展提供了借鉴与思考。

具体来说，国外学者多实证研究，在研究方法上，既有专门组织或研究机构进行的全国或全州范围、纵向历时性的大规模调查，也有研究者专门对某一特定群体进行的小范围研究，明显可以看到大多数学者采用实验法、问卷调查法等定量研究方法，主要分析儿童数字阅读的一系列表现及影响因素。当然也不乏部分学者通过访谈、观察的定性研究方法对儿童数字阅读表现展开分析。而我国学者在此领域的研究还是多以思辨展开，少量学者以实证展开。

在研究主题上，国外学者主要从阅读策略、阅读素养、阅读行为、阅读效果展开探究，在其中，主要从教育学和心理学角度偏重考察数字阅读对儿童识字、语言能力的影响。而我国的研究重点在于推广儿童数字阅读的策略和方法。

因此，我国相关领域的研究专家在对儿童数字阅读进行分析时，可以借鉴国外学者的研究方法，加强实证研究的科学性和严密性，以更好引导儿童开展阅读活动，促进我国儿童数字阅读的发展。

张晗，深圳大学传播学院副教授

杨茜茹，深圳大学传播学院 2022 级硕士研究生

附录

深圳全民阅读
发展报告
2024

2023 年深圳全民阅读大事记

1 月

1 月，深圳图书馆微博在由微博出品、人民网舆情数据中心提供学术支持的微博评选活动中，荣获 2022 年度"全国十大文旅微博"、2022 年度"全国十大图书馆微博"、2022 年度"广东十大政务微博"、2022 年度"广东十大文旅系统微博"称号。

1 月，由深圳市妇女联合会、香港岛妇女联会、澳门妇女联合总会主办的"童阅未来"深港澳家庭亲子共读计划在深圳市妇儿大厦、深港家庭综合服务中心启动。项目以传承红色经典，弘扬爱国精神为主线，通过开展阅读结对服务、亲子共读服务、亲子研学共创服务，引导深港澳家庭营造良好家庭阅读氛围，传承红色经典，倡导中华优秀文化对儿童的滋养和影响。

2 月

2 月 1 日，由深圳市文化广电旅游体育局指导，福田区文化广电旅游体育局、福田区图书馆、南园街道办事处结合辖区非遗特色，合作共建的全国首家"非遗主题社区图书馆"——深圳市最全非遗类文献图书馆——南园街道非遗主题图书馆正式开馆。该馆填补了深圳特色图书馆建设在"非遗"文化上的空白。

2 月 10 日，由坪山区委宣传部、深圳市文化广电旅游体育局主办，深圳市坪山区图书馆承办的"大家书房"会客厅系列活动在坪山启动。全年邀请"大家书房"入驻名家及其朋友或各领域名家、学者，以会客厅的形式，打造阅读交流与分享平台。

2 月 18 日—19 日，由光明区委宣传部主办、深圳书城罗湖城承办的光明区"田园阅读文化节"在光明小镇欢乐田园开展。成功打造了一场具有光明特色的"阅读＋活动＋展览＋市集"的综合性文化活动，现场覆盖人数约 5000 人。

2 月 26 日，由龙岗区委宣传部、鹤湖智库主办，深圳市亚洲铜广告传播有限公司、深圳书城龙岗城实业有限公司承办的"鹤湖讲坛·大家的声音"名家分享会在深圳书城龙岗城举行。该活动邀请国务院参事室《国是咨询》总编辑樊希安，围绕"阅读与人生"进行座谈分享。

2 月 27 日，中国出版协会公示第八届中华优秀出版物奖获奖名单，深圳出版社的《为什么是深圳》入选第八届中华优秀出版物（图书）奖。

2 月，由宝安区委宣传部主办、深圳书城宝安城实业有限公司承办的宝安区全民阅读名家校园行活动在宝安中学（集团）外国语学校、西乡中学（高中部）、清平实验学校、宝安中学、艺展小学、和一学校启动。

2 月，由香港联合出版集团主办的全民阅读推广活动"深港澳共读2023"在深业上城联合书店·本来艺文馆启动。全年陆续策划了 11 场系列活动，结合港版新书好书，以深港两地青年读者最关注的职场和生活方式作为切入口，以"领导力""形象力""战略思维"作为策划点，邀请长江商学院、北大汇丰商学院以及香港管理学院讲师分享经验。

3 月

3 月 3 日，由中国图书馆学会阅读推广委员会、深圳市文化广电旅游体育局主办，深圳图书馆与深圳图书情报学会承办的"南书房家庭经典阅读书目"十周年研讨会在深圳图书馆举行。来自全国各地的高校学者和图书馆馆长齐聚深圳，共同探讨新时代新阶段下图书馆家庭经典阅读推广的高质量发展。研讨会全程直播，线上线下参与或关注读者 3.5 万人次。

3 月 3 日，由深圳市委宣传部、深圳读书月组委会主办，深圳出版集团承办，深圳书城中心城具体执行的"深圳晚 8 点：好书店和好书的关系"活动在深圳书城中心城 24 小时书吧开展。活动特别邀请书评人、作家、北京金牌阅读推广人绿茶与资深媒体人、深圳特区报文教部副主任、《新阅读》周刊主编刘忆斯，为现场市民读者分享人与书店、与书的故事和联结。

3 月 11 日，由深圳市福田区文化广电旅游体育局、深圳市福田区妇联主办，深圳市福田区图书馆承办的"童阅福田"阅读点灯人培育项目在福田区图书馆启动。

3 月 14 日，由福田区文化广电旅游体育局、福田区新时代文明实践中心主办，福田区图书馆、福田区图书馆新时代文明特色实践站承办的"图书馆＋学校"阅读阶梯计划"图书馆第一课"在福田区图书馆开讲。全年共开展各类活动 104 场，超 2.1 万师生参与，为师生办理校园读者证近 10000 张，送出新生阅读书包约 2500 个。

3 月 19 日，由深圳市委宣传部主办，深圳出版集团、深圳书城新华书业连锁总部有限公司协办的读书月"以书之名，阅见深圳"城市书店名家主理人活动在益文书局开展。本次名家书店主理人活动特邀著名作家笛安，在深圳首家综合性外文书店益文书局担任一天的书店主理人，体验了解书店定位、书店运营、读者荐书等书店日常工作。

3 月 21 日，由光明区文化广电旅游体育局主办、光明区公共文化艺术和体育中心承办的丰富广大盲人朋友文化生活活动在光明区图书馆视障阅览室开展。光明区图书馆与中国盲文图书馆合作，在视障阅览室设立中国盲文图书馆光明区图书馆支馆。

3 月 24 日，由深圳市爱阅公益基金会主办、大鹏办事处鹏城社区居委会承办的大鹏办事处鹏城社区阅芽图书馆在鹏城社区妇女儿童之家开馆。2023 年，绘本借阅 3635 本，阅芽书袋借出 831 次，共计 2493 本图书，为社区儿童的早期阅读提供优质的图书资源。

3 月，由光明区文化广电旅游体育局主办、光明区公共文化艺术和体育中心承办的光明大讲堂文化讲座开办十周年活动在光明区图书馆启动。讲座系列主题重点围绕科学、科幻、人文、阅读等，以及中华优秀传统文化、历史文化、风俗礼仪、艺术等，不同主题优化组合，邀请文化学者、科幻作家、历史学家做客光明大讲堂，为读者带来文化盛宴。全年共开展讲座 24 场，线上、线下服务群众共计 3.5995 万人次。

4 月

4 月 1 日，在由广东省妇女联合会、广州市妇女联合会主办的"书香飘万家 阅启新征程"2023 年广东省家庭亲子阅读体验基地申报活动中，盐田区妇女联合会、盐田区妇女儿童之家童心绘本馆荣获"广东省家庭亲子阅读体验基地"称号。

4 月 14 日，深圳图书馆创新推出"深图首发"品牌活动，与名家大师合作，采用线下新书分享会、讲座，线上音视频全媒体发布等多种形式，推介新书、好书。全年举办《人地之间》《家山》《网络文明蓝皮书：

深圳市民网络文明素养报告（2023）》等6期新书发布活动，深圳图书馆微博相关阅读量累计逾82万人次。

4月14日，由深圳少年儿童图书馆主办的"图书馆之夜"十周年活动在深圳少年儿童图书馆开展。

4月15日，由深圳市委宣传部指导，深圳报业集团晶报社、觅书店及城市主流媒体联合主办的2023粤港澳大湾区城际文化交流活动"深圳之夜"演讲分享会陆续开展。"深圳之夜"联动粤港澳大湾区城市，在大湾区举办6场城市演讲分享会。活动现场吸引了千余位观众参与，全程通过晶报APP、晶报视频号、央视频、新浪新闻客户端等多平台直播，线上线下联合共享这场视听盛宴。

4月16日，由科技部和深圳市人民政府主办、中国国际人才交流中心协办的中国国际人才交流大会在会展中心开展。益文书局作为宣传中华文化推广服务商参加中国国际人才交流大会，展示了外语党建类图书及全语种《习近平谈治国理政》。

4月19日，福田区图书馆在由广东省妇女联合会、广州市妇女联合会主办的广东省家庭亲子阅读体验基地申报活动中，被评选为"广东省家庭亲子阅读体验基地"。

4月20日，由深圳市文化广电旅游体育局、深圳设计周暨环球设计大奖组委会办公室指导，深圳图书馆与深圳职业技术大学联合主办的"深圳早期动画文献展开幕暨文献捐赠仪式"在深圳图书馆二楼银树大厅举行。展览通过图文展板+实物文献+互动打卡的形式，科普式呈现深圳动画加工行业发展史、动画生产中的技术与艺术，展现深圳动画人的职业活动与工匠精神，以及深圳动画产业对中国动画发展的促进作用。

4月20日，由深圳设计周暨环球设计大奖组委会办公室指导、深圳图书馆主办的"书妆打扮，留住阅读——书籍装帧设计主题图书展"在艺术设计区举办。展览采用图文展板＋实体文献的形式，介绍我国书籍装帧历史和文化内涵，展陈《永乐大典》《皇明祖训》等 10 余册中华再造善本和 120 余册书籍装帧设计主题的中外文图书。

4 月 22 日，由深圳市委宣传部、深圳读书月组委会主办，深圳出版集团承办，深圳书城中心城具体执行的深圳晚 8 点"深港文化对视"系列活动——"深港当代文学的源与流"文学对话在深圳书城中心城北区大台阶举行。活动特别邀请诗人、翻译家、评论家黄灿然和教授、一级作家南翔，与市民读者共同探讨深港两地文学的异和同，分享深港双城的城市精神与文化记忆。

4 月 22 日，由深圳出版集团承办、深圳书城中心城具体执行、德国博兰斯勒钢琴基金会合作的"书中的钢琴"音乐会在深圳书城中心城北区综合书店举办。

4 月 23 日，由深圳市委宣传部、深圳市文化广电旅游体育局主办，深圳图书馆、深圳图书情报学会承办，以"湾区共读 悦享春天"为主题的"第 28 个世界读书日暨深圳市第 8 个未成年人读书日"主会场活动在深圳图书馆水幕广场举行。深圳市委常委、宣传部部长张玲出席启动仪式。读书日期间，深圳"图书馆之城"推出 1164 场阅读活动，包括线下活动 756 场，线上活动 359 场，"线上＋线下"同时进行的活动 49 场，其中重点活动 136 场。

4 月 23 日，2023 年粤港澳"4·23 共读半小时"活动举行。本届活动由深圳市文化广电旅游体育局、香港特别行政区政府文化体育及旅游局、澳门特别行政区政府文化局、澳门特别行政区政府教育及青年发展局、东莞市文化广电旅游体育局主办，深圳图书馆、广东图书馆学会、深圳图书情报学会总承办，广东地区公共图书馆、香港公共图书馆、澳门大学图书馆、广东省各市级图书馆学会、澳门图书馆暨资讯管理协会等共同承办。活动以"品味书香·享阅读之乐"为主题，采用"5+N"会场共读形式，深圳、广州、东莞、香港、澳门5个主会场，超过20个城市，26个市级图书馆，1983个共读点，累计近51万人线下共同参与。同步在多家平台视频直播，在线参与读者超32万人次，图片直播观看超1万人次，学习强国、人民网、央视新闻等各级各类媒体报道317篇次。

4月23日，深圳图书馆与深圳图书情报学会联合发布《2023年深圳"图书馆之城"阅读报告》。通过全市图书馆统一服务数据分析，立体呈现2022年度深圳市民阅读习惯和行为特征。

4月23日，深圳图书馆与中国图书馆学会阅读推广委员会联合发布2023"南书房家庭经典阅读书目"，包含30种古今中外经典图书。至此"南书房家庭经典阅读书目"推荐推广十年计划圆满收官，共推荐300种适合当今中国家庭阅读与收藏的经典著作。

4月23日，深圳图书馆在水幕广场举行《深圳文献·深圳人著作目录（经济卷）》新书首发仪式。该书是深圳图书馆"深圳文献"系列丛书之一，本卷收录作者825人、经济类著作2314种，是一部聚焦深圳人经济学著作的专业性目录文献，集中展示深圳经济学人的概貌与风采，将为深圳经济理论与实践的发展提供较为全面、系统的参考。

4月23日，在"第28个世界读书日暨深圳市第8个未成年人读书日"启动仪式上，《深圳全民阅读发展报告2023》正式发布。该项目由深圳市委、市政府指导，深圳市宣传文化事业发展专项基金资助，深圳出版集团主办，深圳出版社出版，深圳市全民阅读研究与推广中心牵头，深圳市社会科学院、深圳图书馆、深圳大学等单位共同参与编写，以"读时代新篇创文明典范"为年度主题，紧扣 2022 年深圳全民阅读领域的最新成果和发展趋势，选录首届全民阅读推广（深圳）峰会专家研究成果，创新策划"高质量发展"专题版块。

4 月 23 日，深圳出版集团在"第 28 个世界读书日暨深圳市第 8 个未成年人读书日"之际设置"1+1+8+N"活动框架，举办 1 个阅读市集、1 场主题论坛、8 项重点活动以及 N 项特色品牌活动，依托深圳出版集团旗下六大书城、益文书局、简阅书吧、城市公园、文化特色小镇等公共阅读空间开展近百场阅读文化活动。

4 月 23 日，由深圳市儿童医院、深圳少年儿童图书馆、奥一网主办的"阳光陪伴——重症儿童陪伴阅读计划"在深圳少年儿童图书馆启动。从精神需求层面，为重症儿童提供持续的心理援助、心灵抚慰、陪伴等一系列服务。组织了 45 场"一对一"病房服务活动，服务 45 个重症儿童家庭，参与人次达 200。

4 月 23 日，由福田区文化广电旅游体育局、福田区新时代文明实践中心主办，福田区图书馆、福田区图书馆新时代文明特色实践站承办的"深港澳阅读推荐官"在福田区图书馆开讲。该系列讲座邀请深圳、香港、澳门等地作家、学者、文化人士作为深港澳阅读推荐官，展示自己的阅读宣传，推荐自己的阅读书单。2023 年，已邀请许允恒、冯果川、刘卓辉、张家振、司徒卫镛等嘉宾开展文学沙龙，为读者打开湾区文学的新视野，并以粤港澳为桥梁，了解世界文学新潮流。

4 月 23 日，帆书 APP（原樊登读书）"知识进化论"主题演讲在龙华文体中心体育馆开展。演讲在线同步直播，以"答案，在书里"为主题，樊登、知名文化学者郦波、央视前主持人徐俐、著名演员张静初纷纷登台，分享他们的阅读经历与人生智慧。该活动全网触达超 5 亿人次。

4月23日，由深圳市盐田区文化广电旅游体育局主办、深圳市盐田区图书馆承办的"4·23"世界读书日暨第二届"盐田海洋图书奖"活动在深圳市盐田区图书馆启动。活动宣布了盐田区图书馆联合深圳地铁运营集团共建"深铁书坊"的启用，并在活动当天共同举办共读活动，引导广大市民利用公共交通碎片化时间阅读。

4月23日，由深圳市文化广电旅游体育局、香港特别行政区政府文化体育及旅游局、澳门特别行政区政府文化局、澳门特别行政区政府教育及青年发展局、东莞市文化广电旅游体育局主办，罗湖区图书馆等公共图书馆承办的2023年粤港澳"4·23共读半小时"罗湖区阅读活动在29个罗湖共读点开展。

4月23日，由龙岗区委宣传部主办，深圳报业集团深圳晚报社、深圳喜马拉雅、龙岗区图书馆、深圳书城龙岗城承办的"美好生活 书声相伴"——2023世界读书日暨龙岗全民听书周在深圳书城龙岗城开展。

4月23日，由光明区文化广电旅游体育局主办、光明区公共文化艺术和体育中心承办的"阅照征途·书写华章"——"4·23"世界读书日阅读盛会在光明区图书馆举办。活动旨在激励大家更积极读书，享受读书的乐趣，通过具有仪式感的共读活动，诠释"让阅读成为生活习惯"的理念。

4月，由深圳新闻网主办的"世界少年说·2023深圳少儿英语配音活动"在深圳商报社国际会议厅、深圳各学校及幼儿园启动。4月—7月，200多所学校6000多人参与，通过趣味英语配音的方式举行，线下＋线下结合，充分激发孩子们的英语学习兴趣。

4月，由大鹏新区文化广电旅游体育局主办的2023"越山海阅大鹏"全民阅读系列活动在大鹏新区启动。活动以市民需求为导向，培养广大市民的阅读兴趣，营造"书香大鹏"氛围，全年举办8场阅读活动，每场参与人数近百人。

4 月，深圳图书馆"聚焦岭南文化 共建人文湾区——'从文献看湾区'系列特色主题展"案例在广东省文化和旅游厅主办的 2022 年度广东省公共文化服务优秀案例评选中，荣获 2022 年度广东省公共文化服务优秀案例。

4 月，深圳图书馆"'布克家族（BOOK FAMILY）'闪亮登场"短视频在广东省文化和旅游厅主办的 2022 年度广东省公共文化服务优秀短视频评选中，荣获 2022 年度广东省公共文化服务优秀短视频。

4 月，在由广州少年儿童图书馆、广州市图书馆学会未成年人服务专业委员会主办的 2023 年"4·2 国际儿童图书日"暨"广州读书月"未成年人阅读嘉年华活动中，深圳市爱阅公益基金会荣获"最佳未成年人阅读推广伙伴"称号。

4 月，在由中国书刊发行业协会主办，中国出版协会、中国印刷技术协会支持，浙江省新华书店集团有限公司协办的第二届全民阅读大会·年度最美书店活动中，觅书店东莞国贸店荣获"年度最美书店"称号。

4 月，由龙岗区委宣传部出版电影科、深圳市龙岗区融媒文化传播发展集团有限公司主承办的"护苗绿书签 阅读伴成长"龙岗区少儿阅读推广系列活动启动。活动与龙岗辖区中小学校合作，吸引了龙岗区青少年儿童广泛参与，活动惠及人数超 6 万人次，获得了广泛好评。

5 月

5 月 7 日，由南山区委宣传部主办、深圳市南山区出版发行行业协会承办的第二届"品读南山·我是南山领读人"系列阅读活动线下颁奖活动在深圳书城南山城开展。活动通过主题海报、阅读分享短视频等形式，影响带动超过 100 名阅读爱好者发布视频作品参与活动，总点赞量近 2 万，总播放量 30 万，全网曝光量超 100 万。

5 月 7 日，由深圳市诗词学会主办的"第 28 个世界读书日暨深圳市第 8 个未成年人读书日"主题活动在深圳书城龙华城开展。活动共吸引 240 位青少年选手参加，累计吸引现场观众达 400 人次，充分展示了当代青少年儿童的自信风采，助力全区文化软实力建设。

5 月 11 日，由光明区委宣传部主办、深圳书城罗湖城承办的第七届"绿色阅读 - 绿书签"设计大赛颁奖仪式在光明区中山大学深圳附属学校举行。本届大赛围绕"美丽湾区，光明未来"主题，开展书签绘画设计大赛并配套开展颁奖仪式、优秀作品展、校园阅读讲座，引导全社会尊重创意、支持正版、拒绝盗版，共同为孩子们构筑绿色、健康、安全的成长环境。

5 月 14 日，由永安社区党委主办、深圳市盐田区永安社区基金会承办的亲子阅读活动在永安社区党群服务中心启动。开展 12 场图书馆亲子绘本阅读活动，通过"手工 + 绘本""绘本 + 分享"等形式，激发居民对阅读的兴趣，让阅读走进家庭，走进社区。

5 月 18 日，由深圳市委宣传部主办的 2023 年"全民阅读典范城市推广计划"申报工作正式启动。"全民阅读典范城市推广计划"自 2014 年启动以来，成为我市开展全民阅读工作的重要抓手，培育了一批立足市民、广受好评的全民阅读品牌活动。经过项目申报、专家评审、社会公示，最终有 48 家单位的 49 个项目获得资助。

5 月 18 日，深圳图书馆在二楼银树大厅举办"学思践悟担使命 凝心铸魂向复兴——深入开展学习贯彻习近平新时代中国特色社会主义思想主题教育图书推荐展"，集中展出学习习近平新时代中国特色社会主义思想专题图书近 400 种，基本涵盖当前市面上已出版在售的全部专题文献，并配套推出"新时代 新经典——学习习近平新时代中国特色社会主义思想重点数字图书专栏"。

5 月 20 日，由深圳市罗湖区科技创新局主办、深圳书城罗湖城承办的 2023 全国科技活动周系列活动在深圳书城罗湖城启动。活动以"热爱科学 崇尚科学"为主题，推出全国科技活动周系列活动，通过"阅科普 悦生活"主题图书展、"人工智能如何'炼成'"科普长廊、"走进机器人"科普讲座、少儿科普手工分享活动等形式，面向全市读者，共开展了七场专题活动。覆盖人数超 1000 人。

5 月 30 日，由香港三联书店主办，深圳又日新文化有限公司承办，北京出版集团、中信出版集团、香港联合出版集团和深圳市委宣传部支持的中国前驻英国大使刘晓明《尖锐对话：让世界听见中国声音》及《大使讲中国故事：让世界认识真实的中国》新书发布会在深业上城联合书店·本来艺文馆举行。图书具有珍贵的史料价值，具有重大的历史意义。紫荆文化集团副总经理孙光奇先生，深圳市委常委、宣传部部长张玲女士，以及香港联合出版集团董事长傅伟中先生、北京出版集团旗下北京人民出版社副总编辑王曷灵女士、中信出版集团股份有限公司副总经理王丹军先生等嘉宾出席发布会。

5 月 31 日，由深圳市委组织部指导，共青团深圳市委员会主办，深圳市人才研修院、深圳市朗诵艺术家协会协办的"深圳青年读书月"暨第五届"青年好读书"阅读演说会在深圳市人才研修院开展。活动配套延伸了"步步书香"城市书店寻访、"以书会友 童阅未来"青少年阅读市集、"童声诵读"经典诗文诵读会等丰富活动，引导青少年以读相约、以书会友。各团区（工）委组织开展活动超 50 余场，为全市青年送上阅读文化盛宴，营造了浓厚的青年阅读氛围。

5 月，在由《公益时报》主办的第十九届（2022）中国慈善榜中，深圳市爱阅公益基金会·早期阅读公益项目"阅芽计划"荣获"2022 年度慈善榜样"称号。

6 月

6 月 1 日，深圳图书馆发布"2023 家庭与图书馆（室）少儿推荐书目"，包含中外优秀作品 300 种。该书目面向 0—18 岁少年儿童，统筹考虑各年龄段少儿读者阅读需求和特点，为家庭亲子共读、书香校园建设、图书馆少儿文献资源建设提供专业支持和借鉴。

6 月 11 日，深圳出版社揭牌仪式暨《产业政策变革：中国与世界》新书首发活动举行，深圳市委常委、宣传部部长张玲出席活动。张玲同志表示，深圳出版社原名海天出版社，成立近 40 年来为深圳的文化繁荣发展作出了积极贡献。要以揭牌为契机，助力出版强国建设，讲好深圳故事、广东故事、大湾区故事、中国故事，为深圳加快建设文化强市、建设中华民族现代文明作出贡献。

6 月 16 日，《2023 中国图书海外馆藏影响力报告》正式发布，深圳出版社入选"中国图书海外馆藏影响力出版 100 强"，在"中国大陆出版机构入藏品种排行榜"排名为 49 名（53 种图书），在"中国大陆出版机构数字出版物入藏品种排行榜"排名为 13 名（9 种图书）。

6 月 19 日，由深圳市委宣传部、深圳市委网信办、深圳市文明办、深圳大学、社会科学文献出版社主办，深圳图书馆和深圳晚报社承办的《网络文明蓝皮书：深圳市民网络文明素养报告（2023）》新书发布暨专家研讨会在深圳图书馆南书房举行。深圳市委常委、宣传部部长张玲出席并讲话。

6 月，由深圳书城龙岗城实业有限公司主办的第六届"阿布讲故事"在深圳书城龙岗城四楼大台阶活动区启动。面向市区 5—12 岁儿童，融合儿童艺术表演，突出语言特色。参与家庭超 200 组；获得媒体宣传报道超 30 篇，内容触达 10000+ 市民群众。

6 月，由深圳市委宣传部、深圳读书月组委会主办，深圳出版集团承办，深圳书城中心城具体执行的"2023 中心书城暑期文化科普夏令营"活动在深圳书城中心城开展。通过开展各类主题文化科普活动，涵盖航天航空、生物多样性、少儿百科等多元化主题内容，满足不同年龄阶段的青少年读者对科普文化知识的需求。

7 月

7 月 1 日，正值中国共产党成立 102 周年之际，位于深南中路 1033 号的深圳市党群服务中心二期百姓书房正式启用，以"24 小时为你亮着的一盏灯"为服务宗旨向市民免费开放，为市民提供精准化、精细化惠民服务。百姓书房由深圳市委组织部建造，由深圳出版集团旗下深圳市深版文化商业管理集团有限公司提供整体运营服务，建筑面积共 4 层 2400 平方米。开业以来日均客流量 1500 人次，最高日客流量 3000 人次，接待来访省市部级领导近 20 次，受人民网、中央电视台等多家媒体报道超 30 篇。百姓书房已开展包括"凝望空间"文化展陈、"思想深南"、"百姓时光"等主题活动超 30 场，以高站位展现高质量文化活动服务。作为深圳市第一个党群共建标杆，2023 年，百姓书房荣获深圳市福田区"星罗棋布"计划——嵌入式新型公共文化空间称号及深圳市第七批全民阅读示范项目称号。"百姓书房"不仅是党群服务中心服务功能的一次提升，也将起到示范引领作用，未来，将逐步全面实现党群服务中心 24 小时对外开放服务，且服务种类将越来越丰富、全面，更贴近市民群众的需求。

7月2日，央视CCTV13《朝闻天下》以新闻特写方式对福田区特色图书馆建设成果进行了报道，南园街道玉田社区和福保街道益田社区24小时图书馆为深圳的24小时公益图书馆代言。福田区采用以区图书馆为中心的"总分馆制"管理与服务新模式，建立了包括1个区级馆、10个街道分馆、96个社区分馆、主题分馆的"总分馆"网络体系，把优质公共文化服务延伸到街道、社区，增加公共文化产品和服务供给。

7月29日，由罗湖区图书馆主办的"阅动罗图"暑期夏令营在罗湖区图书馆启动。活动融合航天科普、人文历史、经典阅读等多方面内容，以剧本杀、寻宝之旅、户外阅读等新颖形式，连续10天开展一系列集知识性、趣味性、娱乐性为一体的少儿活动。多彩主题课程让小朋友们在可观、可感、可互动的沉浸式阅读活动中，一同瓜分快乐，玩转图书馆。

7月，由龙岗区委宣传部、共青团深圳市龙岗区委员会、深圳市龙岗区关心下一代工作委员会、寻乌县委宣传部、寻乌县教科体局主办的龙岗少年诗词大会（第二季）深寻活动在深圳龙岗区、江西省寻乌县启动。以书为媒架起"深寻"两地交流的桥梁，提升两地青少年的诗词底蕴与文化自信。

7月，由南山区文明办、南山区新时代文明实践中心主办，深圳书城南山城实业有限公司承办的"文明阅读 少年行"市民文明素养提升品牌活动于深圳书城南山城、深圳南山南头古城顺利启动。以青少年志愿服务为基础，"文明阅读 少年行"为主题，围绕青少年"文明阅读＋文化传承"两方面开展市民文明素养提升活动，通过阅读、参观、交流和体验以及专业导师全程指导，真正将"阅读"与"传承"结合。本次活动直接受益人数达800人次，间接受益人数达10000人次，《晶报》《深圳特区报》

等媒体报道数条。

7月，由南山区委宣传部主办、深圳书城南山城实业有限公司承办的"经典传承，阅见未来"——南山诵读季系列活动于深圳书城南山城顺利启动。活动以时下备受关注的红色家书主题作为首发题材，弘扬和传承中华文化，诵读经典，用经典启发孩子内在智慧。采用传统经典结合的活动方式，极具亲和力，为广大少年朗诵爱好者提供展示的平台。活动直接受益人数达 300 人次，间接受益人数达 1000 人次，今日头条、《晶报》、《深圳特区报》、深圳新闻网、深圳 Plus 等 9 家媒体报道 14 条。

7月，深圳市爱阅公益基金会·书目研制项目、早期阅读公益项目"阅芽计划"在深圳市慈善事业联合会的《深圳市民政局关于印发深圳市推动慈善事业高质量发展行动方案（2020—2025 年）》中获 2023 年首批鹏城慈善项目库入库项目。

7月，深圳图书馆在广东省立中山图书馆（广东省古籍保护中心）、广东图书馆学会举办的 2023"行走粤读"粤读挑战赛中荣获 2023"行走粤读"粤读挑战赛"优秀组织奖"。

8月

8月1日，深圳市龙岗区百外春蕾小学在广东省教育学会中小学生阅读研究专业委员会主办的广东省少年讲书人展评活动中获"2022—2023学年度广东省少年讲书人展评活动优秀组织奖"。

8月12日，由盐田区委宣传部、深圳市盐田区文化广电旅游体育局主办，深圳市盐田区图书馆承办的盐田国际青少年图书馆开放暨青春阅读嘉年华在盐田国际青少年图书馆开展。该活动宣布盐田国际青少年图书馆的开放启用并举办一系列青春阅读活动。该活动不仅是一场眼界开阔的文化盛宴，更是一个展示盐田区文化魅力、推动青少年阅读的重要平台。

8月16日，由深圳市文化广电旅游体育局党组成员、二级巡视员张杰带队，公共文化处处长聂昌友，深圳图书馆馆长张岩、副馆长肖容梅、阅读推广部主任王艳一行前往荷兰和比利时，参加国际图联第88届世界图书馆与信息大会、卫星会议及海报展。来自全球100多个国家的3000多名代表参加。深圳图书馆申报的"'共读半小时'：从图书馆到整个社会"主题海报入选大会海报展，深圳代表团现场布展并讲解。

8月18日，由广东省委宣传部、深圳市委宣传部（深圳市新闻出版局）主办，深圳出版集团承办，深圳书城新华书业连锁总部有限公司、深圳书城中心城实业有限公司具体执行的"2023南国书香节"活动于深圳书城中心城启动。活动通过线上线下结合的形式，为市民读者打造一场场充满"粤"味、书香漫卷的知识盛会，点亮深圳爱阅之城的读书热情。特邀世界冠军、奥运冠军邓亚萍，青年作家卢思浩，军旅作家温亚军等文化学者带来文学分享会、新书发布会，为市民读者带来优质好书。

8月，由宝安区委宣传部、宝安区新时代文明实践中心主办，深圳书城宝安城实业有限公司承办的"传千年精粹 通古今未来"中华传统文化经典推介活动于深圳书城宝安城启动。邀请相关作家、学者专家进行对谈，开展讲座活动，结合经典名著翻拍的影视片段，与市民群众一起学习、交流，享受阅读经典名著的乐趣，深入了解传统经典文化。

8月，由龙岗区委宣传部、深圳出版集团主办，深圳书城龙岗城实业有限公司承办的"诗书传家 阅见龙岗"——2023年龙岗区"十大书香门第"在深圳书城龙岗城举办。该活动征集报名家庭超50户，经层层推荐筛选，实地考察，专家评审，评选"十大书香门第"10户，"书香门第"荣誉家庭1户，"书香门第"入围家庭9户；并邀请十大书香门第参与深圳读书月——深寻家庭共建活动，获得媒体宣传报道超 40 篇，进一步深化龙岗区全民阅读成果。

8 月，深圳少年儿童图书馆"三一讲读"计划被市关爱办评为二十届深圳关爱行动"百佳市民满意项目"。

8 月，深圳市爱子乐阅读馆在南国书香节组委举办的第二届优秀阅读推广人与组织的评选中获 2023 年南国书香节"第二届优秀阅读推广组织"。

9 月

9 月 1 日，深圳报业集团出版社的《顺流而上：深圳个人经济拼图》在由中国金融文联、中国金融作协主办的"第三届中国金融文学新作奖"评选中获得第三届金融文学新作奖（报告文学集第一名）。

9 月 1 日，由深圳市总工会主办、深圳出版集团承办的深圳市总工会"阅读相伴·强国有我——我是领读人"第二届深圳职工阅读大赛决赛在深圳书城中心城举行。领读作品在网络上进行展播，深受广大职工群众喜爱，两届领读人大赛共收获了 100 部精品荐书视频，75 万张网络投票，视频作品累计点击量超 200 万人次。

9 月 4 日，在福田区公共文化体育发展中心、福田区工业和信息化局、福田区文化广电旅游体育局、福田区城市管理和综合执法局、福田区政府物业管理中心、福田区各街道办事处主协办，中传华夏国际文旅发展集团有限公司承办的"福田区'星罗棋布'计划——嵌入式新型文化空间"中，深圳市深版文化商业管理集团有限公司运营的百姓书房获"深圳市福田区'嵌入式'新型公共文化空间"，深圳书城中心城大台阶与深圳书城中心城非遗街区获"福田区'星罗棋布'计划——嵌入式新型公共文化空间"。

9月14日，和书屋——罗湖区图书馆滨河小学分馆揭幕仪式在罗湖区图书馆滨河小学分馆举行。和书屋正式揭幕，馆校合作开启新篇章，不仅满足广大师生在教学和学习上的多元文化需求，同时也向社区民众免费开放。和书屋的开办，是罗湖区提升学校公共文化服务品质，扩大社会服务效益的有益尝试，同时也是书香校园建设的样板模式。

9月16日，由深圳书城罗湖城主承办的2023年全国科普日暨深圳（罗湖）科普月启动仪式于深圳书城罗湖城举行。该活动紧密结合全国科普日"提升全民科学素质，助力科技自立自强"总主题，推出十一大项共15场活动、5份荐读书单；线下打造了"阅科普 见未来"科普荐读展、"人类真的了不起——人类如何潜入深海"科普知识展、"趣味科普"少儿知识展、科普阅读专区；线上开展了科普征文比赛，此外推出多场线下科普活动，包括科普主题分享会、科普童书会、科普研学活动、科普体验市集、校园科普巡展等。活动参与人数约1200人，覆盖社区居民、青少年、成年人群体，为深圳市民带来了一系列书城里的科普知识盛宴。

9月19日，第二十四届深圳读书月组委会举行全体委员会议，听取筹备情况，审议本届读书月总体方案，对办好本届读书月进行动员部署。深圳市委常委、宣传部部长、深圳读书月组委会主任张玲，副市长、组委会副主任张华等出席会议。会议强调，要把办好读书月作为深入贯彻落实党的二十大精神、认真学习贯彻习近平总书记在文化传承发展座谈会上的重要讲话精神的实际行动，肩负起新的文化使命，在努力创造新时代新文化中勇当文化传承创新的先锋。以阅读创新活化传统文化、链接中外文化交流交融、赓续弘扬特区精神，以先行示范之姿推进全民阅读，在推动文化繁荣、建设文化强国、建设中华民族现代文明中展现深圳担当作为。

9月28日，深圳图书馆北馆试运行，面向市民开放1F层约3500平方米空间，包含悦读大厅、总服务台、深圳捐赠换书中心北馆分中心、主题书墙等，为读者提供办证、图书借阅、数字资源、学习阅览等服务；同期举办"人文对话：阅读与文明""深圳作家获奖作品展""香江书韵——深圳公私旧藏港版文献联展""文学情重是吾乡——'湘西三部曲'新书发布三人谈""声·动北馆，乐·读新篇——深圳图书馆北馆试运行弦乐四重奏"等活动，与市民读者共享阅读之乐。

9月，由福田区文化广电旅游体育局、福田区新时代文明实践中心主办，福田区图书馆、福田区图书馆新时代文明特色实践站承办的云尚书房视频版"有书的生活"在福田区图书馆微信视频号上线。本次推出6期，嘉宾分别为深渡艺术创始人李凤、物质生活书吧主理人孙娇、编剧伍呆呆、艺术品收藏家大林、图书馆馆员叶彩燕等，讲述爱书人与书的故事，将书籍的魅力与生活的点滴巧妙结合，为观众呈现出一幅幅充满书香的美好生活图景。

9月，由深圳图书馆与前海国际人才服务中心联合打造的深圳图书馆前海湾分馆正式开放。该分馆坐落于前海国际人才港，总面积约1030平方米，包括设计阅览区、小型活动室、报告厅、听书角、朗读亭等主题空间，配置有贸易经济和现代服务业等主题图书5000余册，特设港澳和外文图书专区。试运营期间，经全市评选并报省文化和旅游厅核定，被评为深圳市2023年"粤书吧"建设项目。

9月，在深圳市教育局的2023年新时代深圳市社区教育服务民生创新工作案例评选中，罗湖区图书馆案例"创建'悠·图书馆'社区阅读品牌，打造社区公共文化服务示范标杆"荣获2023年新时代深圳市社区教育服务民生创新工作案例一等奖。

10月

10月12日，《为什么是深圳》入选"2023年丝路书香工程"。这是深圳出版社首次在该工程中获得立项。"丝路书香工程"由国家新闻出版署组织实施，是中国新闻出版业唯一进入"一带一路"倡议的重大项目，旨在推动体现国家意志、代表国家水准、传承中华文明、反映时代风貌、适于国际传播的中国主题出版物在"一带一路"国家的翻译出版，以充分发挥新闻出版在"一带一路"建设中的独特作用。

10月13日，由深圳市总工会主办、深圳市工人文化宫总承办、龙华区总工会承办的"读懂自己·工享世界"深圳市第三届职工文化节·2023年深圳职工"阅读马拉松"活动举办。线下阅读接力活动从龙华区发起，途经罗湖区、龙岗区、坪山区、宝安区、盐田区，全程持续33天，将线下阅读接力与线上打卡相结合，为广大职工量身定制了为期21天的阅读养成计划。本次活动线下累计吸引了1400余名职工参与，线上累计3000多名职工参与打卡，受到各大媒体及网络平台的关注，全网浏览量累计近10万人次。

10月14日，由福田区文化广电旅游体育局、福田区新时代文明实践中心主办，福田区图书馆、福田区图书馆新时代文明特色实践站承办的"文学在福田"系列讲座启程在福田区图书馆举行。系列讲座以文学为主线，邀请祝勇、杨扬、魏微、于是、文珍、吴钧等国内著名文学作家、翻译家带来不同主题分享，向广大读者展示文学的多重魅力，同时与新媒体平台合作，在新媒体平台读书栏目和"福田区图书馆"视频号上推出，真实呈现福田区浓厚的文学阅读氛围。

10月14日，由坪山区委宣传部、深圳市文化广电旅游体育局主办，深圳市坪山区图书馆、深圳晶报传媒有限公司承办的"书话坪山"之"和坪山一起文学"主题沙龙——让文学改变自己于坪山图书馆二楼公共阅读文化体验馆举办。活动陆续邀请国内 10 位名家大咖做系列主题分享。线上线下共有 146 万余人参与其中。

10 月 21 日，深圳图书馆与龙岗区新时代文明实践中心结对共建启动仪式在龙岗区万达广场举行。深圳图书馆为市民带来经典文学《平凡的世界》读剧演出及创客体验活动。自 9 月起，深圳图书馆和龙岗区文明实践中心制定结对共建实施方案，将从"图文"传习、"图文"共育、"图文"共舞、"图文"并举、"图文"共联等方面开展共建工作，丰富市民文化生活。

10 月 21 日，深圳市宝安区西乡第一工联会在广东省总工会主办的广东省职工书屋评选活动中获"广东省职工书屋"奖项。

10 月 27 日，第二十四届深圳读书月新闻发布会在市民中心举行。深圳读书月组委会秘书长、深圳市委宣传部副部长、市新闻出版局局长吴筠，深圳读书月组委会办公室主任、深圳出版集团党委书记、董事长唐汉隆，深圳市盐田区委常委、宣传部部长张玉领发布本届读书月有关情况并回答记者提问。深圳市委宣传部二级巡视员韩望喜主持发布会。本届读书月以"阅历史文脉 读现代文明"为主题，继续秉持"品质、品位、品格"原则，设置"1+4+N"活动框架，即举办一个年度巨献，按照"文明的阶梯""文化的闹钟""城市的雅集""阅读的节日"四大定位，开展 339 项、2400 余场主题活动，突出"全域、全景、全民、全媒"实施特色，在全市 11 个区设置分会场，实现处处可读、时时可读、人人可读，把全民阅读做成深圳极重要的城市品牌。

10 月 28 日，由香港商报、深圳海外联谊会、香港深圳社团总会、深圳市福田区图书馆联合举办的"港深地名故事"系列讲座——"藏在地名里的香港"在福田区卓悦中心广场"城市悦读 书香福田"阳光书房顺利开展。深圳市政协党组成员、文史学者陈林先生主讲以"藏在地名里的香港"为主题的历史文化分享会，以港深地名故事联动双城文脉，推动双城文化交流合作，持续扩大影响力，努力打造港深文化交流融合的知名品牌。

10月，由深圳市教育科学研究院主办、深圳新华书店集团有限公司承办的"百部名著"进校园活动举办。该活动以"诗词中的文化精神"为主题，策划举办6场"百部名著进校园"系列活动，邀请名家学者走进校园、领读诗词，以经典诗词为视角一览中华文明之瑰宝，在诗词中"阅历史文脉 读现代文明"，进一步坚定文化传承和文化自信的信念。

10月，由深圳市委宣传部、深圳读书月组委会、深圳市教育局主办，深圳市福田区委、深圳市福田区人民政府支持，深圳出版集团承办，深圳书城中心城实业有限公司具体执行，深圳晚报社、北京开卷信息技术有限公司合作的第二十四届深圳读书月"年度十大童书"——"我眼中的小小世界"主题展览于深圳书城中心城北区美学生活馆光之塔举办。活动邀请广大青少年读者，围绕"我眼中的小小世界"为主题进行创作，截至活动结束共征集到百余幅创意绘画作品，并最终筛选出10幅获奖作品与30幅入围作品。

10月，龙岗区图书馆无障碍阅读分馆、龙岗区图书馆悦澜山实验小学分馆开馆。

10月，深圳市爱阅公益基金会在韬奋基金会全民阅读促进会与国家新闻出版署出版融合发展（四川新华）举办的第四届全民阅读研究年会中获"全民阅读创新服务典范案例征集——优秀基层建设单位"。

11月

11月1日，国家重大出版工程和国家出版基金项目《大中华文库》"一带一路"国家语言对照版出版项目落地签约深圳出版社。2014年9月16日，习近平主席向斯里兰卡政府赠送《文库》100种188册。此前，党和国家领导人胡锦涛、温家宝、李长春等多次将《文库》作为国礼赠送外国领导人和外国学术机构。

11月3日，由中英街管理局主办的"书香浸润深港心，阅读点亮新征程"在中英街历史博物馆平台举行。组织深港青少年沉浸式阅读《中英街绘本故事》《中英街老照片》《中英街故事》等书，深入了解学习中英街历史，传承红色基因，增强爱国主义教育。

11月4日，由深圳市委宣传部主办、深圳出版集团承办的"第二十四届深圳读书月启动仪式"在深圳书城中心城举行。中宣部出版局原局长冯士新，广东省委宣传部副部长倪谦，深圳市委常委、宣传部部长张玲，深圳读书月组委会总顾问厉有为、王京生、李小甘等出席启动仪式。香港特别行政区政府文化体育及旅游局局长杨润雄、中联办宣传文体部副部长张国义、香港立法会议员霍启刚等率领香港代表团专程来深参加活动。本届深圳读书月以习近平新时代中国特色社会主义思想为指导，围绕"阅历史文脉 读现代文明"主题，共推出2400余场阅读文化活动。南京大学人文社科资深教授莫砺锋作了题为《让经典走进千家万户》的演讲。张玲为莫砺锋颁发深圳市第二批出版和全民阅读专业委员会委员证书。开幕式上还发布了深港"共读双城"共识，与会领导共同点亮深港阅读地图，两地将共建书香湾区、人文湾区。

11月4日，由深圳市委宣传部和深圳读书月组委会主办，深圳报业集团深圳晚报社和深圳市喜马拉雅深晚发展有限公司承办的未来阅读漫游展在深圳书城中心城正式开幕。以互动型 AI 文化产品搭配科幻场景搭建，在现场打造不同产品体验区，营造出沉浸式、充满未来感的创新阅读体验空间，为深圳市民带来全面智能化的文化体验。

11 月 4 日，由深圳读书月组委会主办、深圳书城罗湖城承办的文化传承发展主题书展于深圳书城罗湖城、中心城、南山城、宝安城、龙岗城、龙华城开展，结合"一带一路"倡议十周年节点，精选"一带一路"、中华优秀传统文化、中国世界文化遗产、新国潮等相关主题图书，并融入敦煌题材优秀图书，共计展出图书 100 种以上。活动围绕"书香丝路 美美与共 文化传承发展"主题、中华文明主题、"美好生活"主题等，共计展出 263 种图书，活动范围覆盖整个深圳市，惠及总人数超 30 万人次。

11 月 4 日，由罗湖区委宣传部、深圳读书月组委会主办，深圳书城罗湖城承办的深圳读书月罗湖区分会场启动仪式于深圳书城罗湖城举行。深圳读书月罗湖区分会场推出"阅惠全民、阅动全城、阅享湾区"系列活动。罗湖区委宣传部、深圳出版集团领导以及辖区街道、共读共建单位相关领导出席；活动被多家主流媒体报道；活动形式多样，覆盖全年龄段居民，活动参与人数多达 7000 人次。

11 月 4 日—19 日，由深圳市委宣传部、深圳读书月组委会主办，深圳出版集团承办，深圳书城新华书业连锁总部有限公司执行的"大家的声音"2023 深圳读书论坛共计开展四场论坛活动，四场论坛活动分别邀请到南京大学人文社科资深教授、南京大学中国诗学研究中心主任莫砺锋以"风雨人生话东坡"为题，引领读者回到宋代、重识东坡；邀请到联合国教科文组织"孔子奖章"获得者、国家文化艺术智库特聘专家、深圳读书月组委会总顾问王京生，著名作家、中国作家协会前副主席张抗抗，出版家、诗人、作家樊希安担任对话嘉宾，以"阅读与文明"为主题，从"什么是文明""文明与阅读的关系""中华民族的阅读传统"和"倡导阅读"四个方面，深入探讨全民阅读与民族复兴的关系，展望阅读推广的有效途径；邀请到上海交通大学讲席教授、科学史与科学文化研究院首任院长江晓原带来了"如何看待基础科学"主题讲座，他从"科学是基础、技术是手段"等常见误解出发，以独特的科学史视角，生动阐述了科学和技术之间错综复杂的关系；邀请到香港城市大学教授、中国民间文艺家协会香港分会主席郑培凯带来"传统文化与生活艺趣"主题讲座，为读者梳理了中国传统文化的脉络，讲述中国书法艺术、中国茶道文化、中国园林艺术等领域所蕴含的深厚审美意境和艺术思想，并建议读者，要植根于中国优秀的传统文化，坚定文化自信，培育审美眼光。

11 月 4 日，由坪山区委宣传部、深圳市文化广电旅游体育局主办，深圳市坪山区图书馆、深圳市越众文化传播有限公司承办的第二十四届深圳读书月坪山分会场启动仪式暨第四届"坪山自然博物图书奖"颁奖典礼与特别活动——"自然以自由——博物与哲学的对话"在坪山区图书馆举办。"坪山自然博物图书奖"是深圳市坪山区所举办的首个自然类图书奖项，也是国内出版领域具有独特定位的重要图书奖项。

11 月 5 日，由深圳市委宣传部、深圳读书月组委会主办，深圳出版集团承办，深圳书城中心城实业有限公司具体执行的第二十四届深圳读书月辩论赛在深圳书城中心城举办。辩论赛力求触及大众需求，寻求社会共鸣，从社会热点、思辨角度出发，探讨与市民读者生活紧密相关的话题，激发现场观众对"辩的向往"和"论的思考"。遴选并邀请 8 支优质的高校参赛队伍，展开语言与逻辑的激烈角逐。至 26 日，共计举办 7 场活动，直接欣赏、参与读者逾 3 万人次。通过大众媒体和人际传播影响、辐射达10 万人次。

11月6日，由深圳市委宣传部主办，深圳市阅读联合会、深圳新华书店集团有限公司承办的"书香少年欢悦读"——2023年深圳市未成年人阅读推广计划启动。11月成功举办80场阅读推广活动，活动覆盖深圳市九个区域的小学和初中两个学段，共有36所学校参与其中，涵盖了13000名学生。

11月7日，由深圳市委宣传部、深圳读书月组委会主办，深圳出版集团承办，深圳书城新华书业连锁总部有限公司执行的2023深圳读书月"书·城市·生活"书店人大会顺利举办。该活动特邀作家、书评人绿茶担任总策划，组织邀请来自全国29座城市共60家具有代表性的实体书店主理人及书店文化专家，开展"开幕论坛与沙龙对谈""深圳书店漫游""书店之夜：书店人圆桌会议"三大版块活动，共同探讨书店行业的发展和未来趋势。活动当天吸引中央省市各级各类媒体争相报道，并于全网各大社交媒体平台同步播发，活动触达覆盖超过5万人次。

11月7日，由深圳出版集团主办、深圳书城龙华城实业有限公司承办的第二十四届深圳读书月暨第五届深圳书展龙华区分会场系列活动在深圳书城龙华城举行。深圳书城龙华城精心策划十余项惠民文化活动，内容涵盖科创比赛、音乐沙龙、名家讲座、新书分享、亲子阅读等，意在为广大市民献上一场类型丰富、主体多元的文化盛宴。

11月7日，由深圳市深汕特别合作区党政办公室、公共事业局主办，深圳新华书店集团有限公司承办的第二十四届深圳读书月深汕特别合作区分会场启动仪式在深汕特别合作区桃花源艺术村举办。活动邀请嘉宾代表共同开启"深圳读书月深汕特别合作区分会场"活动序幕，发布深圳读书月深汕特别合作区系列精彩文化活动，并现场向深汕特别合作区有关学校捐赠优质图书。

11 月 10 日，由宝安区委宣传部主办、深圳书城宝安城实业有限公司承办的第二十四届深圳读书月宝安分会场启动仪式在深圳书城宝安城举办。本届深圳读书月宝安分会场将结合文化传承与创新发展、现代文明与全民参与等话题，以名家领读、名人评读、读者品读为主要形式，精心组织阅读文化活动。活动现场还邀请到茅盾文学奖获得者、中国作家协会副主席毕飞宇作为本届读书月宝安分会场的特邀嘉宾，开展"一部好小说等于一辈子"主题演讲。

11 月 10 日，由光明区委宣传部主办、深圳书城罗湖城承办的深圳书展光明区分会场启动仪式于光明大仟里举行。第五届深圳书展光明区分会场打造了三大重点展区，包括"出版物展区""文化创意展区""亲子共读乐园"；带来三场名家"悦读面对面"活动以及"绿色阅读 – 绿书签""我们有的是时间游到永远"两个主题展览；配套书展 LIVE SHOW、居民换书会、亲子故事会等全民阅读活动。

11 月 10 日，由深圳市深版文化商业管理集团有限公司主办的第二届全民阅读推广（深圳）峰会在深圳益田威斯汀酒店举行。活动以"出版创新发展与全民阅读"为主题，聚焦业界和学界关注热点，探讨出版与阅读领域的理论和实践问题。深圳读书月组委会秘书长、深圳市委宣传部副部长、市新闻出版局局长吴筠表示，深圳高度重视文化建设，通过全民阅读塑造城市精神，峰会是一次非常好的思想交流碰撞，为引领全民阅读的创新发展作出了重大贡献。

11 月 10 日，由中国书刊发行业协会、韬奋基金会、深圳书展组委会共同主办，北京开卷信息技术有限公司、深圳出版集团承办，北京蠹鱼文化科技有限公司协办的第五届"全民阅读·书店之选"十佳书店发布大会在深圳书城中心城举办。深圳书城罗湖城实业有限公司、深圳书城新华书业连锁总部有限公司、深圳书城中心城实业有限公司、深圳书城南山城实业有限公司被评为百佳阅读推广单位。本次"全民阅读·书店之选"活动与深圳书展首次合作,对于书店之选活动的发展具有重要意义。

11月10日—19日,由深圳市委宣传部(深圳市新闻出版局)、福田区委区政府主办,中国出版协会、中国书刊发行业协会指导,深圳出版集团承办,深圳书城新华书业连锁总部有限公司协办的第五届深圳书展顺利举办。活动以"山海有诗意 书香最深圳"为年度口号,与簕杜鹃花展联动,以"书山花海"之姿展示深圳"山海连城"之美,共规划十大主题展区,组织600余家全国优质出版机构参展,联动中山市设置"深中共读"专区,邀请贾平凹等40余位名家举办活动200余项,吸引209万人次参与,同比增长33%;实现总销售码洋3626万元,同比增长6%,均创历届之最。客流最高日达42万人次。

11月10日,由深圳市委宣传部、深圳读书月组委会办公室主办,深圳出版集团承办的第二十四届深圳读书月"发展大局观"名家领读系列活动在深圳书城中心城启动。至19日,本次活动邀请中国前驻英国大使、外交部外交政策咨询委员会委员刘晓明和中国科学院院士、清华大学钱学森力学班创办首席教授、深圳零一学院创始院长郑泉水,分别以"讲好中国故事 打造国际传播典范""聚焦·探索·突破——湾区创新人才培养思考"为主题进行分享。得到市民读者认可的同时,更是获得了来自《深圳晚报》《深圳商报》《晶报》等多家权威媒体的报道。

11月11日,由深圳市委宣传部(深圳市新闻出版局)、福田区委区政府主办,深圳出版集团承办的2023南国书香节暨第五届深圳书展开幕式在深圳书城中心城举行。本届书展以"山海有诗意 书香最深圳"为年度口号,采用"1+7"主分会场联动模式,主会场设于深圳书城中心城及西广场。600 余家出版机构参展，集中展销精品图书品种 22 万、数量 159 万册。本届书展主会场面积约 50000 平方米，规划十大主题展区。邀请贾平凹、周国平、阿来、毕飞宇、濮存昕、朱迅、白茶、祝勇、海潇、张小娴、李尚龙、刘畊宏等 40 余位重磅嘉宾汇聚深圳，开展新书发布、图书签售、对话沙龙等重磅活动 50 多场，策划"阅读·新风尚""传承·新发展""视野·新动向"三大系列主题，开展形式多样的阅读文化活动共计 200 多项。

11 月 11 日，第二十四届深圳读书月"年度十大童书"揭晓礼暨颁奖典礼在深圳书城中心城举行。深圳读书月组委会秘书长、深圳市委宣传部副部长、市新闻出版局局长吴筠，深圳读书月组委会办公室主任、深圳出版集团党委书记、董事长唐汉隆，哲学家、作家、坪山区图书馆馆长周国平等领导嘉宾出席活动。自 2014 年启动至今，深圳读书月"年度十大童书"评选活动今年已是第十届。10 年来，"年度十大童书"从深圳出发，走向全国各地，为数千万孩子评选出真正优质、权威、专业的书单，已经成为全国儿童阅读著名品牌。

11 月 11 日，由深圳市文学艺术界联合会，深圳市作家协会，深圳市龙岗区横岗街道党工委、办事处联合主办，深圳市龙岗区横岗街道党政综合办公室（宣传）、深圳市龙岗区横岗街道文明促进会承办的第四届"深读城市"文化论坛在横岗街道新时代文明实践所举办。本届论坛以"新时代 新城市 新诗意"为主题，邀请中国作家协会党组成员、副主席吴义勤，广东省作家协会创研部副主任林世斌，作家邓一光等领导与名家一起围绕城市文明发展，结合新时代诗意栖居的角度，深入探讨具有中国精神和历史意义的粤港澳大湾区文学的诗意书写。

11 月 11 日，由深圳市妇女联合会主办，深圳市妇儿大厦运营管理有限公司、深圳市妇儿大厦图画书博物馆承办的万花筒奇妙"阅"——深圳市第五届家庭亲子共读活动在深圳市妇儿大厦举办。通过开展晨诵经典、图书漂流集市、帐篷夜读会、作家见面会、阅读沙龙等丰富多彩的阅读推广活动，为深圳亲子家庭创造多场景、全方位的阅读体验。读书月期间开展阅读主题活动52场，服务5000人次。

11月11日，由南山区委宣传部、深圳市南山区教育局、深圳市南山区文化广电旅游体育局、共青团深圳市南山区委员会主办，深圳市南山区教育科学研究院协办，深圳市爱诗家文化传播有限公司承办的"诗说心语·深港青少年诗词TALK"在桃源之光书馆启动。近10天的活动，面向南山区和香港青少年，以诗词TALK的创新形式引导深港两地青少年活用古诗词，旨在推动深港两地青少年文化交流，共同为传承中华优秀传统文化助力。

11月12日，由深圳市作家协会，龙岗区文联，横岗街道党工委、办事处联合主办，横岗街道党政综合办（宣传）、横岗街道文明促进会、横岗街道商会承办的第六届红棉文学奖颁奖典礼暨第二十四届深圳读书月横岗街道系列活动启动仪式在深圳市携创高级技工学校举办。通过系列特色活动，带领观众感受经典魅力和文学之美。

11月13日，由罗湖区委宣传部主办、香港联合出版集团承办的"书香罗湖，阅无止境——全民阅读进机关"活动在罗湖区委大楼启动。本次活动持续到26日，助力书香机关建设，为机关干部提供阅读便利，采取展览和借阅相结合的模式，选取三大主题展览图书打造全民阅读进机关的浓厚氛围。为区委区政府工作人员、前来办事的市民等提供优质图书阅览，营造浓厚阅读氛围。

11月13日，由南山区委宣传部主办、深圳报业集团深圳商报社承办、深圳市深商传媒有限公司执行的 2023 "云读盛典·领读南山——悦听书车城市巡游计划" 启动，在帆书 APP、深圳湾科技生态园、侨城坊、高新园·TCL 大厦举行。活动将有声阅读、城市漫游、快闪打卡巧妙结合，为市民们打造了一场可沉浸式体验的听书之旅。近一个月时间，在全媒体平台共进行了 29 次宣传报道，累计获得 20 万 + 的阅读量。

11 月 15 日，由香港商报主办的深港共读之"港深文学谈"系列活动——"悦读悦写"名家名作点亮校园 / 香港内地文学名家"面对面"活动在深圳市第二实验学校集团（初中部）举行。内地文学名家、中国作家协会原副主席、中国电影文学学会副会长黄亚洲，香港文学名家、香港女作家协会主席、香港儿童文学艺术联会会长周蜜蜜，就"如何克服对写作的恐惧心理""如何提高自己阅读和写作能力"分享心得体会，并与师生交流互动。共有 1000 多名师生参与活动，气氛热烈。

11 月 15 日，由深圳读书月组委会办公室主办、深圳报业集团出版社承办的《国宝沉浮录》（手稿彩图典藏本）新书发布会暨展览活动在尚书吧启动，举行为期 10 天的"国宝沉浮——杨仁恺与深圳"展览。该书为杨仁恺《国宝沉浮录》手稿的首次原稿高清影印出版，手稿真迹在现场展出，展览讲述了杨仁恺与深圳的故事，忠实地反映了他对深圳文化与艺术领域的影响，惠及群众近千名。

11 月 15 日，由深圳市委宣传部、深圳读书月组委会主办，深圳出版集团、南山区委宣传部承办，深圳书城新华书业连锁总部有限公司执行的第二十四届深圳读书月"年度十大好书"揭晓礼在深圳湾公园白鹭坡书吧户外草地举办。"年度十大好书"评选邀请本地顾问及专家评委，开展初评、复评、终评，分阶段选出 100 本、30 本、年度十大好书及年度致敬单元，最终隆重揭晓发布。本届专家评委包括中国作协主席团委员梁鸿鹰，知名高校教授罗新、唐克扬、张莉、马凌，知名文化学者周立民、绿茶、姚文坛、杨早，知名媒体编辑舒晋瑜、郑诗亮、马培杰、张英，以及书籍设计领域专家周晨，书店人代表连真等。本届"年度十大好书"评选30本入围书目出炉后，开设读者互动参与的助力渠道，并联动深圳书城会员发起竞猜活动，收到近2.5万助力投票，吸引近1.5万人次参与好书竞猜。"年度十大好书"通过深圳书展主题专区、六大书城专架展销，迅速吸引市民读者关注，反响热烈。30本入围书目出炉后，"桑白的小书房""老菁er–""灵儿在读书"等14位小红书博主发布荐书图文。本次活动吸引超20家中央省市各级媒体宣传报道，同时多家出版机构发布喜报，累计阅读量破百万。

11月16日—17日，由深圳市爱阅公益基金会主办的第四届全国儿童早期阅读发展与教育峰会在益直播、第一视频开播。峰会汇集了中外一流的专家学者和实践推动者，围绕"数字化时代下的儿童早期阅读教育与发展""艺术教育与儿童早期阅读发展""读写障碍与特殊儿童阅读发展""世界各地儿童早期阅读教育推动情况"四大议题，以多学科的视角分享最前沿的研究成果，超178万人次线上观看。

11月16日，由宝安区总工会主办、宝安区工人（职工）服务中心承办的宝安工会"书影宝安·说出你的故事"活动于线上举办。至23日，本次活动共推选出20本优秀图书和10位"最佳荐阅人"，并在参与投票的职工中随机抽取150名赠送深圳读书月"年度十大好书"中的一本，营造了"人人爱阅读、处处飘书香"的浓郁文化氛围。

11月16日，由罗湖区委宣传部主办、香港联合出版集团承办的珠宝设计师荐书活动在罗湖区"悠·图书馆"、线上开展。共分为三场系列活动，分别是线上主题活动、主题图书分享、小型珠宝图书展。通过线下活动与线上传播覆盖深港两地读者群体，扩大深港融合阅读文化影响力，向香港地区传播出"书香罗湖"品牌。覆盖全年龄段深港居民，10 天参与人数多达 3000 人次。

11 月 17 日，深圳图书馆在二楼银树大厅举行第二十四届深圳读书月重点主题活动——"书香湾区 触手可得"数字阅读创新推广暨粤港澳大湾区公共图书馆联盟工作坊启动仪式。联盟由广东省立中山图书馆、广州图书馆、深圳图书馆等湾区 10 余家公共图书馆和文献机构组成。仪式上，《粤港澳大湾区公共图书馆联盟数字阅读创新推广宣言》正式发布。

11 月 17 日，"从文献看湾区"系列特色主题展之"家国情怀寄尺素——侨批（银信）文化展"在深圳图书馆二楼银树大厅开展。在"侨批档案"入选联合国教科文组织《世界记忆遗产名录》十周年之际，深圳图书馆联合江门市博物馆、龙华区委统战部、龙华区观澜街道办共同策划，聚焦江门五邑、深圳观澜侨批及侨文化，以图文展板＋实物文献的形式，展现广大海外华侨出洋谋生、心系家国的移民历程和开拓进取、不忘根脉的情怀。

11 月 17 日，由罗湖区委宣传部主办、香港联合出版集团承办的"深港报刊出版文化对谈"在艺展中心举行。以"深港报刊出版文化"为主题，邀请到文化学者、香港商报副总编辑王军，深港两地资深出版人、香港商务印书馆副总经理兼副总编辑于克凌，香港三联《读书杂志》执行主编林冕，以及香港建筑设计师、DFA 香港青年设计才俊奖得主黄泽源四位嘉宾，结合行业发展及个人经历进行了分享。

11 月 17 日，由大鹏新区综合办公室举办的第四届全国"大鹏生态文学奖"暨"生态文学看大鹏"交流活动在大鹏新区深圳银湖会议中心举办，共收到来自国内外参赛作品 6500 余篇（首）。鼓励广大文学艺术家积极投身山海林田湖和生态建设一线，体验生活、积累素材，推出更多文质兼美的生态文学佳作。

11月17日，由坪山区委宣传部、深圳市文化广电旅游体育局主办，深圳市坪山区图书馆承办的文化进"四区"——"大家书房"会客厅——"如何利用信息提高生活与工作质量"活动于深圳高级中学（集团）东校区小学初中部图书馆举办。活动中，嘉宾通过"提问互动＋图文"形式，引经据典，娓娓道来，带领现场观众领略文化的气象万千、雄浑壮丽。线上线下共有5万余人参与其中。

11月18日，由国家图书馆、深圳市委宣传部、深圳市文化广电旅游体育局指导，深圳图书馆、北京大学信息管理系主办，深圳图书情报学会承办的"公共图书馆体系建设与'图书馆之城'高质量发展研讨会"在深圳图书馆举行。来自全国各地的高校学者和图书馆馆长充分交流，挖掘全国公共图书馆体系建设的区域特色和成功经验，探讨新时期"图书馆之城"建设高质量发展路径。研讨会通过多个新媒体平台全程同步直播，13.3万人次线上观看。

11月18日，由深圳市文化广电旅游体育局指导，深圳图书馆、深圳图书情报学会主办的第七届"阅在深秋"公共读书活动在深圳图书馆水幕广场举办。活动紧扣"处处可读、时时可读、人人可读"主题，全市14家市、区和高校图书馆以阅读为媒，从多个维度，展示全民阅读新生态，与市民读者共享阅读盛宴。活动累计吸引参与读者9.2万人次，相关话题阅读量20.2万人次，各类媒体报道191篇次。

11月18日，由宝安区青少年服务中心主办的"名师伴我读好书"读书月主题系列活动在宝安青少年宫举办。活动邀请文学作家为青少年、家长带来主题为"怎样让孩子爱上阅读"的精彩讲座，并为2023年度"阅读之星"的阅读小达人颁发荣誉证书。

11 月 18 日，由光明区文化广电旅游体育局主办、光明区公共文化艺术和体育中心承办的"科学里的光明"对话沙龙暨第二十四届深圳读书月光明区书香系列评选颁奖仪式在虹桥公园自然教育中心——光明区图书馆特色分馆森书房举行。本次沙龙特邀海洋文化学者梁二平作为特别主持人参与到活动中，邀请了上海交通大学讲席教授江晓原、文化学者杨浪带领大家走进一个不同寻常的科幻世界。

11 月 18 日—19 日，由深圳市委宣传部、杭州市委宣传部、深圳读书月组委会主办，深圳出版集团承办，深圳书城中心城实业有限公司具体执行的第二十四届深圳读书月"当创新之城遇上浪漫之都：深圳·杭州的文化对视"系列活动在深圳书城中心城举办。共计开展 4 场名家对谈活动，探讨深杭双城的城市精神与文化记忆，展现城市文化的互融共通，让文化精神与内核在两座城市的彼此交流中碰撞出精彩火花。活动辐射人群逾 1万人次，通过大众媒体和人际传播影响、辐射达 50 万人次。

11 月 18 日—19 日，由深圳市文化广电旅游体育局指导，深圳图书馆、深圳图书情报学会主办，深圳市福田区图书馆承办的第七届"阅在深秋"公共读书活动在深圳图书馆水幕广场举办。本次活动以"City Read（城市阅读）"为主题，展示福田区图书馆近几年持续打造的新型公共阅读文化空间，融合城市书房、休闲空间、沉浸式阅读体验，树立福田文化品牌。

11 月 18 日—19 日，由深圳市文化广电旅游体育局指导，深圳图书馆、深圳图书情报学会主办，罗湖区图书馆等公共、高校图书馆承办的"悦罗湖·阅无界"2023 年第七届"阅在深秋"公共读书活动在深圳图书馆水幕广场举行。活动聚焦"时时可读、处处可读、人人可读"主题，联动全城公共图书馆、高校图书馆及社会组织的阅读力量，打造阅读嘉年华。

11月18日—19日，由深圳图书馆、深圳市图书情报学会主办，龙岗区图书馆承办的2023年第七届"阅在深秋"公共读书活动在深圳图书馆水幕广场举办。龙岗区图书馆以"阅鉴龙岗 悦享书香"为主题打造"龙岗馆"展区，共接待市民读者8659人次，直播平台参与人数24812人次，媒体报道100余篇。

11月20日，由罗湖区图书馆主办的深港儿童绘本馆（罗湖区图书馆东方格林幼儿园分馆）揭幕开馆。不仅为深港两地儿童、老师、家长提供便捷的图书馆阅读服务，同时也为深港两地文化交流搭建起了阅读的桥梁。

11月21日，由南山区委宣传部、深圳报业集团深圳商报社、深圳市深商传媒有限公司、深圳市侨城坊创意园文化发展有限公司主办的"悦听书车南山行"城市快闪活动（侨城坊站）在侨城坊南广场启动。精选的55本有声书涵盖了科学、经济、文学、教育、通识等多个领域，满足市民不同的阅读需求。

11月21日，由宝安区委宣传部主办、深圳书城宝安城实业有限公司承办的"高质量发展"主题书展在宝安区政府启动。本次主题书展陈列图书品种丰富，共计300余个品种，满足区委机关广大党员干部的阅读需求，深受广大党员干部和职工的喜爱。

11月25日，由深圳市委宣传部、深圳读书月组委会主办，深圳出版集团承办，深圳书城新华书业连锁总部有限公司执行的第二十四届深圳读书月"名家荐书马拉松"于百姓书房举办。围绕"我的年度之书"主题展开策划，组织邀请毕飞宇、周国平、东西、梁永安、海漄等业界名家接力参与，编排推出24小时不间断的线上直播。全网观看人数达40万人次，微博直播一度高居热度榜第一。《光明日报》、中国新闻网、《南方都市报》等在内的 18 家媒体对活动特色及"我的年度之书"书单进行报道。

11 月 25 日，由深圳报业集团主办，EyeShenzhen、Shenzhen Daily、关山月美术馆承办的"诗文共此时"多语种跨文化交流会在关山月美术馆举行。该活动是第二十四届深圳读书月重点主题活动之一，同时也是关山月美术馆"博物馆之夜"系列品牌活动之一。作为一次跨文化国际传播的重要尝试，活动通过中外人士共同诵读、表演、聆听，共赏美好诗篇，沉浸式感受深圳的浪漫诗意。

11 月 25 日—26 日，由深圳读书月组委会办公室、深圳报业集团主办，南山区委宣传部、深圳特区报社、读特客户端承办的深圳读书月第十七届"诗歌人间"主题阅读活动在胡桃里（华侨城创意园店）举行。邀请 16 位全国当代著名实力派诗人，以"盛唐诗韵的当代存在——每个人心中都住着一个李白"为主题，就当代诗歌的传承与创新展开讨论。现场嘉宾达到近百人，通过读特 APP 直播的观看人数达到 17.6 万人次。读特 APP 全程跟踪，推出"诗歌人间"专题，总阅读量达到 317 万。

11 月 25 日—26 日，由深圳市深版文化商业管理集团有限公司主办的 2023"温馨阅读不眠夜"在深圳书城中心城举行，为广大市民群众打造一场"温馨""创意""多元"的文化盛宴。春雷中英文演讲协会会长刘建民评价道："你们在坚持做一件伟大的事"。多位市民更是对工作人员及在《第一现场》等采访时表示"此类活动对亲子家庭来说非常有意义""希望能够有更多此类的活动""希望每月都能有"等。

11 月 25 日—26 日，由罗湖区委宣传部、深圳出版集团主办，罗湖区文化广电旅游体育局、罗湖区图书馆、渔邨社区党委、莲塘街道畔山社区党委、深圳书城新华书业连锁总部有限公司、深圳书城罗湖城实业有限公司承办的书香进基层阅读活动在渔邨社区、畔山社区举行。现场设置"主题图书展销""居民换书会""阅读互动答题"三大内容版块，覆盖中外文学、社科经管、艺术科技、生活休闲、童书绘本、文创精品等多个图书类别。

11月28日，作为第二十四届深圳读书月主推活动之一的首个"深圳之窗"落地澳门大学，在澳门大学图书馆举行揭幕仪式，陈列200余种深圳地方特色文献，配套推出"深圳作家获奖作品展"巡展。2023年，在深圳市委宣传部、深圳市文化广电旅游体育局指导下，深圳图书馆启动"深圳之窗——图书馆走出深圳"项目，拟在国际国内城市图书馆设立"深圳之窗"专区，通过深圳地方特色文献交流、资源共享、联合办展、高端对话等形式，展示深圳历史文化、风土人情、经济与社会发展等，推进文化交融互鉴，提升城市形象。

11月28日，由香港商报主办的深港共读之"港深文学谈"系列活动——港深青年诗人文学分享对话交流活动在深圳市时代学校举行。活动邀请了冰心文学馆创始人王炳根和《香港文艺报》社长、香港当代文学艺术协会会长林琳，青年诗人、宝安区作家协会副主席何山现场与学校师生对话交流。现场气氛热烈，作家诗人向学生分享了自媒体时代阅读与写作、诗歌创作心得体会，鼓励学生多尝试、多表达，多通过参与征文比赛锻炼自己。

11月29日，由罗湖区委宣传部、深圳地铁集团、深圳读书月组委会办公室主办，深圳书城罗湖城承办的书香罗湖专列于2/8号线开展。该活动以"文旅融合"的创新思路，创新"移动阅读空间＋新型阅读载体＋主题阅读活动"的模式，打造一趟书香专列，结合罗湖特色元素展现"深港共读""书香五进"主题画面，并根据不同场景精选主题好书进行荐读；图书以"书封＋资源二维码"的方式呈现在地铁上，让市民乘客实现"码上阅读"的推广效果。

11 月，第二十四届深圳读书月圆满举办。以"阅历史文脉 读现代文明"为年度主题，在全市 11 个区设置分会场与 26 家成员单位通力协作，组织开展 339 项、2400 余场主题活动，其间隆重发布《深港"共读双城"共识》，深化深港文化交流。特别策划法国图书展，举办中法文学专家对话活动，促进中法文明交流互鉴。举办深圳与杭州双城文化对视活动，与深圳对口帮扶协作地区联动开展"圳兴乡村・同心共读"系列活动；首创"书・城市・生活"书店人大会。本届读书月共吸引超 1000 万人次参与，实现处处可读、时时可读、人人可读，推动将全民阅读打造为深圳极重要的品牌。

11 月，由深圳市委宣传部指导、南山区委宣传部主办，深圳书城南山城实业有限公司承办的第二十四届深圳读书月南山区分会场活动于蛇口海上世界文化艺术中心海景广场、深圳书城南山城开展。策划开展文化活动超 20 场，主题涉及了"科幻文学、自然科普、科学技术、传统文化、诵读传承、推广阅读"等多个领域以及题材，突出南山区"科技强区、文化强区"的特色。总参与人次近 15000，间接受益人数预计达 50000 人次，获得《深圳特区报》、中国企业网、深圳新闻网等 13 家各级各类型媒体宣传报道。

11 月，由深圳书城南山城实业有限公司主办的"书香四进"活动在校园、企业、狱园、社区开展。为深入学习贯彻习近平总书记重要讲话精神，推动主题教育走深走实，履行阅读推广的文化使命，深圳书城南山城在"4・23"世界读书日和深圳读书月连续开展"书香四进"活动，为广大市民读者送去"精神食粮"。

11 月，由深圳市宝安区总工会主办、部分活动由宝安区职工服务中心承办的 2023 年宝安区读书月系列活动在全区各级机关企事业单位工会举办。宝安十大书香企业和十大读书成才职工评选、线下图书漂流、基层工会职工书屋图书赠送、新业态职工线上读书抽奖等活动，支持新建设了 10 家基层工会职工书屋等。

11 月，由深圳读书月组委会、龙岗区委宣传部主办，深圳书城龙岗城实业有限公司承办的第二十四届深圳读书月龙岗区分会场系列活动在深圳书城龙岗城举办。特别策划深寻阅读活动、"书香丝路 美美与共"书展、龙岗作家签赠暨深圳名家分享会等创新品牌，邀请了张抗抗、樊希安、李潘、阿来、南翔、于爱成、欧阳德彬等名家大咖奉上精彩的阅读盛宴。推出超 20 项高品质文化活动，服务读者约 10 万人次，吸引超 2 万人次参与活动。

11 月，依托深圳读书月小程序，深圳出版集团、微信读书和华为阅读联袂开展"享数字阅读 悦云舒之美"线上活动；升级深圳读书月官方公众号，推出好书推荐、书店探宝、作家对话等精彩内容，策划开展"开卷有喜"系列品牌线上互动活动。活动为市民读者提供海量数字阅读资源，创新数字阅读文化体验，深圳读书月小程序"云上读书月"数字阅读累计时长 3.46 万分钟，访问量超 11.90 万人次。

11 月，由深圳市书城文化投资控股有限公司举办的第五届深圳书展简阅书吧分会场在南头古城开展。该活动由书城投控公司联合南头古城举办，将南头古城千年历史沉淀与书籍相结合，共同开展书展活动。活动募集 7 个不同行业供应商参展，在南头古城内举办展览及活动，覆盖游客及居民超 300 人次。

11 月，由深圳市书城文化投资控股有限公司举办的 2023 年读书月在简阅书吧观澜店开展。共计举办活动 20 场次，包括国学经典系列、乐器学习系列、礼仪姿态系列、儿童绘本系列、走读研学系列等，辐射市民读者超 600 人次。

11 月，由深圳报业集团主办、深圳报业集团出版社承办的"桂冠图书漂流"活动在深圳报业集团出版社官方微信公众号"共同体"发布。面向全体深圳市民，邀请 20 位读者免费阅读"人民文学奖""鲁迅文学奖"双奖得主路也的最新长篇小说《午后的空旷：仲宫镇童年》，以及广东省有为文学奖散文奖金奖得主、冰心散文奖金奖得主王国华的散文作品《街巷志：一朵云来》。

11 月，由罗湖区委宣传部主办、香港联合出版集团承办的"书香罗湖 阅无止境"在罗湖区 IBC 环球商务中心以及罗湖区委大院开展。共开展 5 场活动，通过线下活动与线上传播覆盖深港两地读者群体，扩大深港融合阅读文化影响力，向香港宣传"书香罗湖"品牌，活动参与人数多达 3000 人次。

11 月，由深圳市委宣传部、深圳读书月组委会、香港特别行政区政府文化体育及旅游局主办，香港出版总会、香港联合出版集团、深圳出版集团及深业商业管理有限公司承办，并得到深圳市福田区华富街道办事处、元宇宙体验党群服务中心大力支持的"深港共读 同阅未来"在深业上城幸福廊桥、深圳书城中心城、联合书店·本来艺文馆开展。"共读双城"共举行三场"深港文化对谈"和深业上城幸福廊桥书市，分别为：11 月 4 日在深圳书城中心城举办的"城市新视角——深港新人作家对谈暨作品展"，11 月 5 日在深业上城联合书店·本来艺文馆举办的"港深好设计——港深设计师分享会"和"梦想与荣耀——香港出版双年奖代表交流会"，同时在上述地点还举办了"香港出版双年奖和深圳读书月年度十大好书联展"和"想创你未来——初创作家出版资助计划"作品展。11

月 1 日至 30 日在深港两地多个场地举办"共读双城"主题海报邀请展。活动得到香港及深圳多家主流媒体报道。活动线上线下触达近 5000 人次。

11 月 25 日，由深圳市新闻出版局、深圳读书月组委会办公室联合主办，深圳市阅读联合会承办的深圳市第七批全民阅读示范项目、优秀推广人颁奖仪式在深圳市党群服务中心百姓书房 3 楼凝望空间举行。龙华区文化广电旅游体育局的龙华城市书房，深圳市坪山区图书馆，深圳市爱阅公益基金会·书目研制项目，盐田区图书馆"海系阅读"，深圳市委组织部打造、深圳市深版文化商业管理集团有限公司运营的百姓书房《书都·走读深圳》获深圳市第七批全民阅读示范项目。

11 月—12 月，由深圳市新闻出版局主办、深圳市阅读联合会总承办的"书香少年欢悦读"——2023 年深圳市未成年人阅读推广计划在全市 10 个区（新区）的街道图书馆、社区党群服务中心、社区书吧、学校等举行。该活动是原"阅读推广人下基层"公益活动，自 2015 年起已连续开展 9 年，共开展了 1780 场阅读推广活动。该活动在 2020 年获评深圳市关爱行动"百佳市民满意项目"，2021 年列入深圳市"我为孩子办实事"十大项目。

11 月—12 月，由深圳市深汕特别合作区党政办公室主办、深圳新华书店集团有限公司承办的阅读"进机关、进社区、进校园"活动成功举办。举办"阅读四大名著""阅读古诗词""写作分享""营养学分享"等 8 场次读书讲座，邀请湖南省作家协会主席王跃文、鲁迅博物馆副馆长黄乔生等 8 位学者，与市民近距离交流互动，活动覆盖近 1000 人次。

12 月

12 月 1 日，深圳报业集团出版社的《你好，红树林》在由深圳市大鹏新区综合办公室主办的 2023 第六届"大鹏自然童书奖"评选中获得大鹏自然童书奖（在地关怀奖）；《你好，红树林》在由国家林业和草原局科技司主办的 2023 年优秀林草科普作品评选中获得 2023 年优秀林草科普作品。

12 月 1 日，由深圳市委宣传部、读书月组委会、深圳广播电影电视集团举办的"蓬勃的生长——第二十四届深圳读书月经典诗文朗诵会"在深圳广电大厦 1800 平方米演播大厅举行。经典诗文朗诵会活动是"深圳读书月"的重点活动之一，是我国到目前为止坚持时间最长、影响最广泛的朗诵艺术品牌活动。市政协副主席吴以环、宣传部副部长吴筠、市政数局局长刘佳晨及各区宣传文化部门领导和市民一起观看了演出。此次朗诵会全媒体矩阵宣传，获得 50 多家媒体报道，众多市民在线观看、收听了这场"声音的盛宴"。

12 月 2 日，"2023 自然生态优秀图书大赏暨第二届 NSK 获奖图书作者演讲会"在深圳图书馆举办。此次活动汇聚了深圳读书月三大自然生态图书奖"坪山自然博物图书奖""盐田海洋图书奖""大鹏自然童书奖"，实现"榜中榜"的优质自然图书推荐，结合 NSK 主题演讲和图书展览形式举办图书大赏，邀请知名自然博物学者现场演讲，为读者带来一场自然、科学与常识共享的盛宴。

12 月 2 日，由深圳市读书月组委会办公室、宝安区委宣传部、深圳市文学艺术界联合会、深圳出版集团等单位主办，深圳书城宝安城实业有限公司承办的 2023 深圳读书月"十大劳动者文学好书榜·非虚构榜"颁奖典礼在深圳书城宝安城举办。由专家评选和大众投票产生了"十大劳动者文学好书榜·非虚构榜"名单，如：林小英《县中的孩子》、谢友义《焊花照亮世界》、叶 耳《深圳的我们》、邬 霞《我的吊带裙》、张小满《我的母亲做保洁》、周齐林《大地的根须》、陈 泽《玩月记事》、侯 军《报人孙犁》、王国华《街巷志：拥挤的影子》、塞壬《无尘车间》均出自劳动者作家之手。

12月3日，由大鹏新区综合办公室举办的第六届"大鹏自然童书奖"颁奖活动在大鹏新区、深圳书城中心城举行。本届"大鹏自然童书奖"颁奖现场共有来自全国各地的嘉宾、作者和少年儿童300余人，以"自然拥抱儿童"为主题，发布"黑脸琵鹭卡通阅读推广大使"，希望借此鼓励更多作家为大湾区和海洋生态创作更多作品。

12月10日，由全国28所图书馆联合承办的2023"我最喜爱的童书"颁奖典礼在深圳市银湖实验小学报告厅举办。历时近一年，28家图书馆全员出动、国内175所学校参与，总计选票864184张。30本童书脱颖而出，入围2023"我最喜爱的童书"提名，其中18本童书分获儿童文学、图画书、知识性读物三大类别金银铜奖。

12月14日，由龙岗区委宣传部、深圳出版集团主办，深圳书城龙岗城实业有限公司承办的"圳兴乡村·同心共读"深寻书香家庭交流会在江西省寻乌县开展。"十大书香门第"获奖家庭代表蔡朝霞母女走进江西寻乌，带来"传承国学经典，培养少年君子"主题分享，并与寻乌书香家庭代表张璐华女士一同座谈分享，颂扬独具本土特色的家风良训。持续在帮扶地区推出线上线下活动10余场，捐赠图书码洋价值近6万元，惠及两地市民读者2000余人。

12月15日，由深圳市总工会、深圳市文明办、深圳读书月组委会办公室联合主办的第十七届"深圳十大书香企业""深圳十大读书成才职工"评选在深圳书城中心城举行。专家评审小组根据候选企业书香资源、书香保障、书香活动、书香成效因素，根据候选职工学历/技能提升情况、荣誉基础、事迹亮点等因素进行评选。活动自2007年启动以来，至今已成功举办十七届，共评选出 170 家书香企业和 170 名读书成才职工，已成为学习型企业建设的有效载体，为职工读书学习创造了良好条件。

12 月 16 日，第二十四届读书月的创新策划——"最理想的阅读"城市阅读空间创意征集活动正式公布了"文字感受阅读""空间激发阅读""拍摄记录阅读"三个方向的征集成果。自启动以来，活动面向公众及设计师征集阅读空间的文字、设计和摄影作品，鼓励各界力量共同思考如何在公共空间和城市中布局创新的阅读空间和方式。

12 月 16 日，由深圳市委宣传部、深圳市文化广电旅游体育局、深圳市总工会等单位联合主办，深圳市工人文化宫承办，百姓书房协办的"湾区职工说"在百姓书房举行。活动现场两位来自不同领域、不同行业的优秀青年通过青春的话语、灵活新颖的表现方式，分享了他们在粤港澳大湾区、深圳先行示范区努力奋斗、施展抱负的青春正能量故事。

12 月 18 日，由南山区宣传文化体育事业发展专项资金资助，南山区委宣传部、深圳市南山区文化广电旅游体育局主办，前檐书店承办的2023 年南山读书月主题活动"大学故事的书写与阅读"在深圳湾万象城前檐书店举办。

12 月 21 日，位于莲花山公园内的公园书吧——紫陌书吧正式揭牌亮相，紫陌书吧是深圳出版集团与深圳市城市管理和综合执法局、公园管理中心共同打造的全新"公园书吧"文化品牌，由深圳出版集团旗下深圳市深版文化商业管理集团有限公司负责整体运营，旨在进一步完善全市公共文化服务体系和网络，打造"复合型""烟火气""书香氛围"的深圳公园文化，也是探索"城市公共文化空间 +"及"城市文化空间筑梦师"理念的新起点。书吧位于莲花山公园南门附近，面积约 124 平方米，日均接待200—300 人次。启动至今联合市城管局、公园管理处、福田莲花街道等部门举办了包括新春送福字、口琴音乐会、元宵汉服走秀、非遗风筝手工制作、创意插花等多场多元化主题活动，通过对阅读的引导及各项活动的举办，受到市、区各级领导与市民的关注与赞扬。

12月28日，湾区书城作为粤港澳大湾区标志性公共文化设施和市重大文体惠民工程，历经两年紧锣密鼓施工建设，主体建筑顺利封顶。深圳出版集团在已有6座大型书城的经验基础上，对湾区书城项目进行全新的迭代升级，创新业态和品牌规划，打造沉浸式、体验式、复合式文化主题融合空间，建设全新一代文化综合体，吸引年轻客群和来深旅游客群。

12月28日，深圳图书馆北馆正式开馆。北馆是深圳市首批建设并完工的新时代重大文化设施，建筑面积约7.2万平方米，地上6层，地下3层，设计藏书量800万册，提供座位2500个，是集文献收藏、全民阅读、社会教育、思想交流、文化传承与创意创造于一体的大型综合性、智慧型图书馆。

12月28日，由坪山区委宣传部、深圳市文化广电旅游体育局主办，深圳市坪山区图书馆、深圳晶报传媒有限公司承办的书话坪山之"和坪山一起文学"主题沙龙——"我们的文学缺了什么"于东北师范大学附属中学深圳学校礼堂举办。活动陆续邀请国内10位名家大咖做系列主题分享。线上线下共有146万余人参与其中。

12月29日—31日，由深圳出版集团、深圳巴士集团联合主办的第十九届深圳"创意十二月"——"书都漫游——爱阅号走读深圳"活动开展。项目以优质书籍、名家资源与巴士漫游体验结合，以"在地文化"的理念，策划多条城市漫游主题线路，目的在于引导市民认识深圳、传播深圳。

12月30日—31日，由深圳市妇女联合会、福田区莲花街道办事处、共青团福田区委员会指导，深圳市爱阅公益基金会主办，福田区志愿者联合会协办的"2023 亲子共读节"嘉年华在深圳书城中心城举办。活动集中呈现了 2 场重磅主题圆桌对谈、1 场儿童变装赛事、5 位童书作家的分享签售会、3 场儿童绘本剧 & 诗剧表演、9 个主题互动馆，多维度倡导"阅读从 0 岁开始"，倡导亲子共读。

12 月，由深圳市教育局主办，各区（新区、深汕特别合作区）教育行政部门协办的深圳市首届学生阅读节系列活动之"悦读行走，书香少年"研学实践活动陆续于平安金融中心、深圳党史馆、深圳改革开放展览馆、华大国家基因库、二十四史书院、大鹏地质公园、南海水产研究所深圳基地等举办。活动共有全市近千名中小学生参加，按照五条深圳市内特色研学路线进行参观学习。

12 月，由深圳市教育局主办，各区（新区、深汕特别合作区）教育行政部门协办的 2023 最美校园图书馆评选于深圳市南山外国语（集团）沙河小学启动。本次评选活动得到了各区、校的大力支持和积极响应，深圳市靖轩小学等 10 所学校图书馆获评 2023 最美校园图书馆。

12 月，由深圳市作家协会、深圳市文艺评论家协会、福田区委宣传部、深圳市福田区文化广电旅游体育局主办，深圳市福田区图书馆、深圳市福田区群众文化学会承办的"深圳十大佳著"十周年活动在粤港澳大湾区举行。

12 月，光明区少年儿童图书馆建成并投入使用。27 日开始试运行，试运行期间以团体形式预约开放，开放期间共接待 11 个团体，共 365 人次。未来将有助于提升本地少年儿童公共文化服务水平。精心打造专业的儿童文学主题图书馆，并联通区域中小学，集"两馆一中心"（少年儿童图书馆、儿童文学馆、馆校共享中心）于一体，打造以少儿阅读为主体的儿童文化艺术空间。

12 月 12 日，全国总工会宣传教育部发布"2023 年全国工会职工书屋建设典型成果名单"，深圳出版集团旗下白鹭坡书吧入选"全国工会品牌职工书屋示范点"。

12 月，深圳市爱阅公益基金会·早期阅读公益项目"阅芽计划"在数央网、数央公益举办的第十三届公益节中获全国第十三届公益节 2023 年度公益项目奖。

后记

　　在推动"全民阅读"这一国家发展战略实施的过程中，深圳锚定广东省委"1310"具体部署，坚定文化自信，扎实推进文化强市建设，在努力交出物质文明和精神文明两份好的答卷上，展现了文化深圳高质量发展的新样态。在深圳市委、市政府的领导下，开展了一系列主题鲜明、内容丰富、形式多样、融合互动的文化活动，从"读书"到"读城"，从纸质书阅读到数字阅读，从"点亮"城市"心灯"到打开读者书香世界大门，深圳以书为媒，拉近你我，沟通世界，联通未来，形成文化产业的新质生产力。

　　《深圳全民阅读发展报告 2024》全面而深入地剖析了深圳全民阅读的现状、趋势和挑战，详细记录了深圳在全民阅读推广方面所取得的显著成就，对其未来的发展方向和目标提出了富有前瞻性的建议。本书设有"序言""总报告、"'阅读高质量发展'专题报告""年度观察：一座城市的阅读之光与文化繁荣""深港共读""数字阅读""阅读建言""阅见世界""附录"等内容版块，每个板块包含若干篇论文和研究报告。其中"深港共读""数字阅读"与往年相比有了新突破。"深港共读"以香港首次设立"香港全民阅读日"为契机，推出深港"共读双城"系列活动，联合发布《深港"共读双城"共识》，通过共同阅读、分享心得等方式，增进了两地居民的相互了解，推动了两地文化融合与发展，实现了文化的交流与共享，这种新的文化交流方式为未来其他地区的文化交流提供了有益的借鉴和启示。

《深圳全民阅读发展报告 2024》以纸质版图书 +U 盘版电子书同步出版，以"线上全平台发行 + 线下全方位服务"的方式，构建全民阅读新生态，线上全平台发行扩大阅读资源的覆盖范围，提升阅读的便捷性；为市民带来全新智能化的阅读体验，这一模式不仅推动了数字阅读的发展，也满足了大众对多元化、个性化阅读的需求，是数字阅读的一大创新实践。

凡是过往，皆为序章。未来，我们将继续携手广大市民和读者，共同推动深圳全民阅读事业的发展，让阅读成为深圳城市文化的亮丽名片，为构建书香社会、提升国民素质、建设文化强国作出更大的贡献。在此衷心感谢各供稿单位及作者对本书编辑出版工作的鼎力支持，同时感谢社会各界一如既往地支持并助力深圳全民阅读事业的高质量发展行稳致远。

编者

2024 年 4 月